Ingo von Münch · Peter Mankowski

Promotion

Ingo von Münch · Peter Mankowski

Promotion

4., völlig neu bearbeitete Auflage

Mohr Siebeck

Ingo von Münch, geboren 1932; 1957 Promotion, 1963 Habilitation in Frankfurt/Main; 1965–1973 Professor für Öffentliches Recht an der Ruhr-Universität Bochum; 1973–1998 Professor für Öffentliches Recht an der Universität Hamburg; 1987–1991 Zweiter Bürgermeister, Wissenschaftssenator und Kultursenator der Freien und Hansestadt Hamburg; Dr. h.c. (Rostock) 1994; zwischen 1995 und 2001 Gastprofessor in Australien, Frankreich, Neuseeland, Südafrika und den USA.

Peter Mankowski, geboren 1966; 1994 Promotion in Hamburg, 2000 Habilitation in Osnabrück; seit 2001 Professor für Bürgerliches Recht, Internationales Privat- und Prozessrecht und Rechtsvergleichung und Direktor des Seminars für Internationales Privat- und Prozessrecht an der Universität Hamburg; 2008–2013 Direktor des Seminars für Bürgerliches Recht und zivilrechtliche Grundlagenforschung der Universität Hamburg.

1. Auflage 2002
2. Auflage 2003 (durchgesehen)
3. Auflage 2006
Nachdruck 2008 (unverändert)
Nachdruck 2012 (unverändert)
4. Auflage 2013

ISBN 978-3-16-152988-7

Die Deutsche Nationalbibliothek verzeichnet diese Publikation in der Deutschen Nationalbibliographie; detaillierte bibliographische Daten sind im Internet über *http://dnb.dnb.de* abrufbar.

Das Buch wurde von Gulde-Druck in Tübingen aus der Bembo gesetzt, auf alterungsbeständiges Werkdruckpapier gedruckt und von der Buchbinderei Nädele in Nehren gebunden.

Vorwort

Die Promotion steht seit dem Fall Guttenberg so stark im Blickpunkt der Öffentlichkeit wie schon lange nicht mehr, vielleicht wie noch nie. Immer neue Vorwürfe gegen Dissertationen immer weiterer Politiker erscheinen in den Medien. Dies hat eine neue Diskussion über das Wie und Warum von Promotionen ausgelöst, die weit über die konkreten Einzelfälle hinausreicht. Einige wenige Stichworte mögen genügen, um Aktualität wie Brisanz der Fragen zu unterstreichen: Intensität und Qualität von Betreuung; strukturierte Doktorandenausbildung; Plagiate; Ghostwriting; Titelkauf. All dessen nimmt sich diese Neuauflage von »Promotion« an. Wir hoffen, dass sie ihre Leichtigkeit nicht verloren hat, obwohl die Themen ernster geworden sind.

Bücher haben ihre eigenen Schicksale. »Promotion« hat jetzt die Gnade einer vierten Auflage erreicht. Der Begründer, Ingo v. Münch, dessen feiner Humor und dessen unvergleichliche Schreibweise diesen Erfolg bewirkt haben, hat sich dazu entschlossen, das Werk in jüngere Hände zu legen. Dadurch verschieben sich natürlich wie bei jedem Autorenwechsel einige Akzente. Z.B. enthält das Werk mehr statistische Angaben als noch in der Vorauflage. Wer in die Endnoten blickt, wird dort auch Internetfundstellen finden. Vielleicht ist die Betrachtung an manchen Stellen auch »rechtsförmlicher« und »juridischer« als zuvor, insbesondere wenn es um

Verfahrensfragen geht, die rechtlicher Beurteilung standhalten müssen.

Eine erhebliche Kontinuität gibt es bei der Profession
der Verfasser: Sowohl Ingo v. Münch als auch Peter Mankowski sind Professoren an der Fakultät für Rechtswissenschaft der Universität Hamburg. Beide wollen ihre
fachliche wie akademische Herkunft nicht verleugnen,
denn diese bestimmt zugleich die Sichtweise auf viele
Dinge. Juristen denken nun einmal anders als Naturwissenschaftler. Promotionen sind stark beeinflusst von der
jeweiligen Fachkultur. Eine ausschließliche Ausrichtung
an naturwissenschaftlich geprägten Maßstäben würde
der Promotion in vielen Fächern nicht gerecht. Sie würde
schon die großen Unterschiede bei der Zahl externer
Promotionen ungerechtfertigt einebnen. Die gegenwärtig vorherrschende Wissenschaftspolitik neigt leider stark
dazu, zu Unterscheidendes über den gleichen Leisten zu
schlagen.

Das vorliegende Werk ist ein Gemeinschaftswerk, auch
wenn intern die beiden Autoren die Verantwortung für
einzelne Kapitel tragen. Neue, von Peter Mankowski
verantwortete Kapitel tragen namentlich den neu aufge-
tretenen Brennpunkten Rechnung. Zugleich galt es, Ge-
wichtsverschiebungen zu berücksichtigen, wie sie sich im
Laufe der Zeit ergeben haben. Manches, was früher üblich war, ist es heute nicht mehr. Aber der Mai hat nicht
alles neu gemacht, und bei vielem kann man sich fragen,
ob der Wegfall von Traditionen nicht ein Verlust für die
Promotionskultur ist. Vielerorts leben, wenn auch
manchmal mit einem neuen Etikett, traditionelle Ele-
mente wie z.B. Promotionsfeiern wieder auf.

Peter Mankowski dankt seinem Wissenschaftlichen Mitarbeiter Till Gerhardt (in nicht allzu ferner Zukunft hoffentlich Dr. Till Gerhardt) für tatkräftige Unterstützung.

Für die Verfasser   Peter Mankowski

Gliederung

Vorwort   V

Einführung   I

I. *Ein Mensch mit Doktortitel –*
etwas Besonderes?   15

   1. Besondere Erwartungen an Promovierte?   15
   2. Die Promotion als Eintrittskarte
     für eine wissenschaftliche Karriere?   20
   3. Statistik zur Promotion   22

II. *Warum promovieren?*
Gründe dafür und dagegen   24

   1. Kuriositäten   25
   2. Karriere an einer Hochschule   26
   3. Karriere in der Wirtschaft   30
   4. Persönliche Gründe   34
   5. Testfragen   35

III. *Doktorvater und Doktormutter*   37

   1. Voraussetzungen der Zulassung
     zur Promotion   37
   2. Die Suche nach einem Doktorvater   39
   3. Ablehnung eines Promotionsanliegens . . .   43
   4. Abschiebung eines Promotionsanliegens . .   45
   5. Annahme eines Promotionsanliegens . . .   46
   6. Wie viele Doktoranden kann
     ein Doktorvater verkraften?   48
   7. »Abhanden kommende« Doktorväter . . .   50

Gliederung

IV. *Thema der Dissertation*   52

  1. Wer wählt am besten aus?   52
  2. Doppelvergabe von Themen
    an verschiedenen Lehrstühlen
    oder Universitäten   58
  3. »Themennot« und die Folgen   60
  4. Dissertationsthema
    und berufliche Tätigkeit   63
  5. Kuriositäten   65

V. *Doktorandenbetreuung*   67

  1. Denkbare Typen von Betreuern   68
  2. Verschiedenheit der Perspektiven
    von Doktoranden und Betreuern   69
  3. Unterschiede bei den Kulturen
    der einzelnen Fächer   71
  4. Räumliche oder persönliche Nähe
    zum Betreuer   72
  5. Freiheit – und die Kunst,
    mit ihr umzugehen   75
  6. Gliederungen   78
  7. Exposés   79
  8. Sinn und Unsinn regelmäßiger Termine
    beim Betreuer   80
  9. Die Emanzipation des Doktoranden   81
  10. Die persönliche Chemie muss stimmen . .   82
  11. Coda   83

VI. *Finanzierung der Promotion*   84

  1. Kosten einer Dissertation   84
  2. Familie   85
  3. Mitarbeiterstellen   87
  4. Drittmittelstellen   91
  5. Staatliche Stipendien   93
  6. Stipendien parteinaher
    oder kirchlicher Stiftungen   95

7. Stipendien anderer Stiftungen 96
8. Förderung durch Wirtschaftsunternehmen 98
9. Graduiertenkollegs und Graduiertenschulen 99
10. Fehlen von Gebühren
    für die eigentliche Promotion 103

VII. *Unvollendete Dissertationen* 107

1. Aussteiger und Lebensläufe 107
2. Gründe für einen Ausstieg 110
   a) Berufseinstieg und berufliche Chancen 111
   b) Fehlende Neigung
      zur wissenschaftlichen Arbeit 112
   c) Private Veränderungen 113
   d) Zuschnitt der Dissertation 114

VIII. *Die Dauer des Schreibens* 116

IX. *Die Dauer des Verfahrens* 124

X. *Von non rite bis summa cum laude –*
   die Benotung 136

1. Notengebung 136
2. Erst- und Zweitvotant I 137
3. Befangenheit 139
4. Erst- und Zweitvotant II 141
5. Die Notenskala 143
6. Prinzipielles Wohlwollen 145

XI. *Die mündliche Prüfung* 148

1. Der Termin 149
2. Das Ambiente 152
3. Die Sprache 153
4. Der Inhalt 154
5. Die Präsentation 157
6. Die Leistungen der Prüfer 158

Gliederung

XII. *Danach: Promotionsfeier,*
   Veröffentlichung, Titelführung 162
   1. Formlose Promotion, insbesondere
      »durch die Post« 162
   2. Promotionsfeiern 164
      a) Streichquartette und Festreden 165
      b) Doktorhüte 167
   3. Pflicht zur Veröffentlichung
      der Dissertation 168
   4. Wege zur Veröffentlichung 171
      a) Hängepartien 171
      b) Veröffentlichung in einer Verlagsreihe . 172
      c) Elektronische Veröffentlichung online . 174
      d) Dissertationsverlage 175
      e) Kumulative Promotion 176
      f) Publikationsbasierte Dissertation 176
   5. Finanzierung der Veröffentlichung 177
   6. Das Vorwort 183
   7. Die Widmung der Dissertation 186
   8. Die Widmung von Dedikationsexemplaren 187

XIII. *Summa cum fraude: Plagiate* 189
   1. Die prominenten Plagiatsfälle der 2010er . . 189
   2. Politische Dimensionen 191
   3. Rückwirkende Verschärfung
      von Maßstäben 193
   4. Qualitative Feststellung von Plagiaten:
      ein schwieriges Geschäft 194
   5. Verantwortung von Betreuern 197
   6. Einsatz von Plagiatssoftware und andere
      Gelegenheiten der Aufdeckung 199

XIV. *Die erste gern verschwiegene Grauzone:*
   Ghostwriter 202

XV. Die zweite gern verschwiegene Grauzone:
Titelhandel 205

   1. Erwerb von einem deutschen
     Hochschullehrer 206
   2. Erwerb im Ausland 207
   3. Ein bitteres Ende 209

XVI. Dr. honoris causa und Dr. pecuniae causa . . . 211

   1. Dr. h.c. und Dr. h.c. mult. 212
   2. Dr. h.c. und Mitehrung der Fakultät
     des Geehrten 215
   3. Ausweitung des Kreises
     der Ehrungswürdigen 216
   4. Politiker und Ehrendoktorate 218
   5. »Wissenschaftliche Verdienste« 225
   6. Dr. h.c. und finanzielle Zuwendungen . . . 226
   7. Kirchliche »Ehrendoktorate« aus den USA 227
   8. Zu guter Letzt 228

XVII. Böses Nachspiel:
Entziehung des Doktorgrades 229

Anmerkungen 233

Einführung

> Schon mit seiner Promotion war er für seine Verwandten zu einem Gestirn geworden, zu dessen Ruhm und Preis man sich samstags in den Vorgärtchen traf, wobei der am meisten bestaunt wurde, der Alwin zuletzt persönlich gesprochen hatte.
>
> Martin Walser*

Im Jahre 1886 schrieb der später weltberühmte Kunsthistoriker Heinrich Wölfflin[1] im Alter von 22 Jahren seine Doktorarbeit »Prolegomena zu einer Psychologie der Architektur«. Wölfflin verfasste die 43 Seiten umfassende Arbeit, die nichts weniger als den Versuch enthielt, »Kunstgeschichte« philosophisch zu behandeln, in einem Monat.[2] Die zunächst heftig kritisierte Schrift wurde ein Standardwerk; 113 Jahre später wurde sie nachgedruckt.[3]

Heinrich Wölfflin hatte seinen Doktortitel mit einer genialen Arbeit erworben. Andere wollen »den Doktor« nicht mit Genius, sondern mit Geld erlangen.[4]

Als »Zahl des Tages« wurde genannt, dass elf Prozent aller Großunternehmen in Deutschland schon einmal Mitarbeiter mit gefälschtem Doktor-Titel enttarnt haben; nur jedes dritte Unternehmen lasse sich von Bewerbern Originalurkunden vorlegen.[5] Bei der Lust auf den Doktortitel handelt es sich offensichtlich nicht um eine typisch deutsche Krankheit (auch wenn der Doktor zuweilen als »der deutsche Vorname« bezeichnet wird). So

musste in Tschechien 1996 der stellvertretende Ministerpräsident Jan Kalvoda von seinem Amt zurücktreten,
weil der Doktortitel auf seiner Visitenkarte der genaue-
ren Betrachtung nicht standhalten konnte.[6]

Wer seinen Doktortitel weder teuer kaufen will noch
auf die eher ungewisse Verleihung eines Ehrendoktors
warten mag, muss den Doktor normal »machen«. Das bedeutet, dass zunächst das entsprechende Studium mit Erfolg abgeschlossen sein muss, und dass die in der Promotionsordnung der jeweiligen Fakultät aufgestellten Voraussetzungen erfüllt sind. Sodann muss ein Doktorvater
oder eine Doktormutter gesucht und gefunden werden[7],
was sich nicht selten als ein frustrierendes Vorhaben her-
ausstellt. Hat diese Suche Erfolg gehabt, so beginnt die
Suche nach einem geeigneten Thema für die Dissertation. Das gefundene Thema kann hochpolitisch oder banal
sein – aber was ist banal? Als ein französischer Thronfol-
ger (der spätere König Ludwig XVI.) eine österreichische
Erzherzogin (die spätere Königin Marie Antoinette) heiratete, stellten sich aus damaliger Sicht höchst wichtige,
aus heutiger Sicht ziemlich gleichgültige Fragen: »In
zahllosen Dissertationen rechtsüber, linksüber den Rhein
erwägt und erörtert man heikle Doktorfragen, etwa diese, wessen Name an erster Stelle im Heiratskontrakt genannt sein solle, derjenige der Kaiserin von Österreich
oder des Königs von Frankreich, wer zuerst unterzeich-
nen dürfe, welche Geschenke gegeben, welche Mitgift
vereinbart werden solle, wer die Braut zu begleiten, wer
sie zu empfangen habe, wie viele Kavaliere, Ehrendamen,
Militärs, Gardereiter, Ober- und Unterkammerfrauen,
Friseure, Beichtiger, Ärzte, Schreiber, Hofsekretäre und
Waschfrauen dem Hochzeitszug einer Erzherzogin von

Österreich bis zur Grenze gebühren und wie viele dann der französischen Thronfolgerin von der Grenze nach Versailles.«[8] Nicht nur Zeiten, sondern Welten liegen zwischen diesen Themen und dem, über das der Hamburger Chirurg und Frauenarzt Hans Harald Bräutigam berichtet: »Es fällt einem nicht dauernd Weltbewegendes ein, wenn es darum geht, einem hoffnungsvollen Mediziner ein Thema für seine Promotion zu geben. So beauftragte ich einmal einen Studenten mit der Untersuchung der Herstellerbehauptung, die neuen Operationstücher und Kittel aus einem bestimmten Papier könnten die hygienischen Bedingungen im Operationsumfeld am Tisch entscheidend verbessern. Ich wollte das nicht einfach so abtun, denn womöglich entginge mir dann ein wirklicher Fortschritt ... Eine signifikante Korrelation fand sich nicht, wie ich schon vermutet hatte; jetzt konnte ich es beweisen. Der Student baute das Ergebnis in wenigen Wochen zu einer durch eindrucksvolle Grafiken geschmückten Dissertation aus. Sie wurde zwar nicht ›Magna cum laude‹ bewertet, aber das interessierte den Prüfling auch wenig. Er hatte seinen Dr. med. gebaut, und das ohne großen Aufwand. Dabei hatte er seine EDV-Kenntnisse vertieft und außerdem eine unerwartete Auszeichnung eingeheimst: Die intensive Beschäftigung mit der Klinikwäsche hatte den jungen Forscher in Kontakt mit der Reinigungsfirma gebracht, die für uns wusch. Der Preis dafür wurde nach Gewicht berechnet, und unser Doktorand entdeckte, dass das Dienstleistungsunternehmen die Wäsche vor dem Wiegen immer leicht wässerte, was einen satten Zugewinn brachte. Unser kaufmännischer Direktor war über die Enttarnung dieses Betrugs so entzückt, dass er dem frischgebackenen

Frauenarzt eine schriftliche Belobigung mit auf den Weg gab und ihm eine Flasche Whisky spendierte.«[9]

Der Phantasie bei der Themenfindung sind keine Grenzen gesetzt. So wurde einem Literaturwissenschaftler aus Lübeck von der Universität von Colorado in Boulder (USA) der Doktortitel für eine Arbeit über Vampire verliehen.[10]

Das Schreiben einer Dissertation ist oft eine langwierige Angelegenheit. Eine Dissertation in wenigen Wochen fertig zu stellen, wie Heinrich Wölfflin es mit dem Thema »Prolegomena zu einer Psychologie der Architektur« und der Hamburger Doktorand mit dem Thema Operationstücher und -kittel aus bestimmtem Material es vermochten, ist heute, jedenfalls in den Geisteswissenschaften, wohl kaum möglich. Generell lässt sich feststellen, dass der Umfang der Doktorarbeiten in den letzten Jahrzehnten nicht unerheblich gewachsen ist. Erhöht hat sich auch das durchschnittliche Lebensalter der Doktoranden. Während der typische Doktorand früher ledig war, ist sein heutiger Kollege nicht selten Familienvater oder -mutter. Bei den jungen oder auch nicht mehr ganz jungen Ehepaaren oder nichtehelichen Lebensgemeinschaften ist auch ein gegenüber früheren Zeiten verändertes Rollenverständnis insofern zu beobachten, als die Väter sich mehr um die Erziehung der Kinder kümmern als dies zur Zeit ihrer Väter üblich war; ein solches – für die Kinder gewiss schönes Engagement der Väter – geht in der Regel vom Zeitbudget für die Anfertigung der Doktorarbeit ab. Es kommt auch vor, dass einer der gestressten Elternteile – sei es die Mutter, sei es der Vater – die Arbeit an der Dissertation aufgibt. Für diesen Fall gilt der Seufzer eines Hochschullehrers, an dessen heimische Arbeitszimmertür seine Kinder ausdauernd klopften: »Meine ungeschriebenen Bücher widme ich meinen Kindern.«

Wenn trotz aller Belastungen die Dissertation endlich fertig ist und abgegeben (»eingereicht«) ist, so hängt die weitere Dauer des Verfahrens von nun an im wesentlichen von der Gutwilligkeit und Einsatzfreudigkeit der Gutachter ab, konkret: des Doktorvaters und seines Kollegen.[11] Wie immer gibt es auch hier »solche und solche«, in der Sprache des Sports: Geher und Sprinter. Die Doktoranden hoffen natürlich auf eine schnelle Durchsicht; dass eine rasche Durchsicht in der Praxis vorkommt, ist so manchem Dissertationsvorwort zu entnehmen, in welchem der Doktorand dem Doktorvater für die zügige Erstellung des Gutachtens dankt.[12]

Leider gibt es aber auch unzügige Durchsichten, d. h. Verzögerungen beim Votieren, für die es im jeweiligen Einzelfall gute oder schlechte Gründe geben mag. Was immer die Gründe sind – der Doktorand ist verärgert, wenn er (genauer: seine Dissertation) längere Zeit ungelesen bleibt und ein Ende dieses Zustandes nicht absehbar ist. Ich (IvM) erinnere mich in diesem Zusammenhang an ein Gespräch mit der Gattin des damaligen Frankfurter Juraprofessors und Bundestagsabgeordneten Franz Böhm (1895–1977). Dieser hatte die Delegation der Bundesrepublik Deutschland geleitet, die mit dem Staat Israel und mit den jüdischen Weltverbänden (der »Claims-Conference«) die so genannten Luxemburger Wiedergutmachungsverträge verhandelt hatte[13], die zu der damals als hoch empfundenen Entschädigungsleistung von drei Milliarden DM an den Staat Israel und 450 Millionen DM an die jüdischen Weltverbände führte.[14] Als Franz Böhm ein Sprengstoffpaket zugeschickt wurde, das glücklicherweise nicht explodierte, glaubte jeder an einen Anschlag mit antisemitischem Hintergrund. Als ich Frau Böhm (eine Tochter von Ricarda Huch) darauf ansprach und ihr mein Mitgefühl aussprechen wollte, entdramatisierte sie die Situation mit der – natürlich nicht ernst gemeinten – Bemerkung: »Ach wissen Sie, ich glaube eher, es war die Handlung eines der Doktoranden meines Mannes, dessen Doktorarbeit mein Mann noch immer nicht durchgesehen hat.«

Ist die Arbeit schließlich durchgesehen und votiert, und hat der Doktorand die mündliche Prüfung bestanden, so muss »nur« noch die Veröffentlichung unter Dach und Fach gebracht werden. Die Bandbreite der denkbaren Publikation reicht vom Eigendruck über Zwischenstufen bis hin zur Veröffentlichung in einem der angesehenen Fachverlage, der finanzielle Aufwand dafür kann sich auf unter 1.000 Euro bis 10.000 Euro oder mehr belaufen. Geht es um hohe Beträge, wird die Finanzierung schwierig – wie überhaupt die Finanzierung eines Promotionsvorhabens nicht selten ein Problem darstellt. Nur ein schwacher Trost ist, dass schon früher Doktoranden insoweit auf finanzielle Hilfe anderer angewiesen waren, eine Hilfe, die gelegentlich rückerstattet wurde. In einem der Romane von Honoré de Balzac war es der einzige Trost des schwermütigen Freundes eines jungen Mediziners, diesem die Kosten seiner Dissertation zu bezahlen: »Wenn Sie sich einmal meine Doktorarbeit ansehen, werden Sie bemerken, dass sie ihm gewidmet ist. Im letzten Jahre meiner Assistentenzeit verdiente ich schon so viel, um ihm meine Schuld abzahlen zu können, indem ich ihm einen Gaul und ein Wasserfaß kaufte.«[15]

Überstanden ist alles, wenn der Doktorand die Verleihungsurkunde erhalten hat. Nun ist er/sie promoviert[16] und kann nun zum zweiten Mal (nach bestandener mündlicher Prüfung als erstem Mal) die Glückwünsche von Eltern, Lebensgefährten, Freunden, Kollegen etc. entgegennehmen. Bemerkenswert ist in diesem Zusammenhang, was der Nationalökonom Erich Preiser in seiner Gedenkrede zur 100. Wiederkehr des Geburtstages des bedeutenden Nationalökonomen und Soziologen Franz Oppenheimer (1864–1943) als eines der Zeichen von dessen Kavalierhaftigkeit erwähnte: »... die Verbeugung vor der Leistung des Anderen, mit der er den soeben promovierten Studenten als Kollegen begrüßte.«[17]

Was ändert sich mit der Promotion? Als der in Hamburg lebende Box-Weltmeister im Schwergewicht[18] Vitali Klitschko mit einer 246 Seiten umfassenden Dissertation über »Sportbegabung und Talentförderung« an der Universität Kiew promoviert worden war, wurde ein Interview mit ihm in einer deutschen Zeitung eingeleitet mit: »Guten Tag, Herr Doktor. Haben Sie schon ein neues Türschild, ein Briefpapier mit Ihrem Titel? Werden Sie darauf bestehen, bei Ihrem Kampftag in Berlin im Ring als Doktor Vitali Klitschko angekündigt zu werden?«[19] Wer nicht ein promovierter Box-Weltmeister ist und nicht (wie Klitschko) den Spitznamen »Dr. Faust« trägt[20], wird in der Regel auch nicht interviewt. Immerhin erzählte mir ein normaler Promovierter: »Nach der Promotion bekommt man Angebote für den Erwerb von Eigentumswohnungen und für alles mögliche Andere.« Als Promovierter kann man z. B. in Kiel dem »Verein Kieler Doctores iuris e.V.« beitreten, einer sehr nützlichen Förderorganisation für Juristen. Man kann sich auch Visiten-

karten mit dem frisch erworbenen Titel drucken lassen.
Aus den Lebenserinnerungen von Marcel Reich-Ranicki
wissen wir, dass die Präsentation einer Visitenkarte mit
Doktortitel ein Gespräch in Gang setzen kann: »In Frankfurt traf ich einen ziemlich robust wirkenden Verlagsan-
gestellten, der mir ein wenig unsicher und linkisch vor-
kam und zugleich tüchtig und ehrgeizig. Jemand verriet
mir, er sei Peter Suhrkamps junger Mann und habe vielleicht eine große Zukunft vor sich. Seiner Visitenkarte
war zu entnehmen, dass er einen Doktortitel hatte. Ich
fragte ihn, Siegfried Unseld, worüber er promoviert
wurde. Das ergibt, wenn es sich um einen Geisteswissenschaftler handelt, stets ein willkommenes Gesprächsthe-
ma und hat auf die Stimmung einen guten Einfluß, weil
der Befragte sich ohne Schwierigkeiten entfalten kann.«[21]
    Visitenkarten können verloren gehen, der Doktortitel
bleibt. Man hat ihn, im Prinzip, für immer: »Der Doktortitel ist bei ordnungsgemäßer Verleihung unwiderruf-
lich«, schrieb 1949 einer der Altmeister des deutschen
Verwaltungsrechts, Hans Peters, und setzte zugleich fort:
»Wenn jemandem wegen Widerstands gegen den Natio-
nalsozialismus und seine für ihn typischen Institutionen
(auch wegen Wehrkraftzersetzung) der Doktortitel ›in-
folge Unwürdigkeit‹ entzogen wurde, so ist eine solche
Verfügung – als offensichtlich gegen jedes Recht versto-
ßend – nichtig und braucht nicht erst zurückgenommen
zu werden.«[22] Tatsächlich sind Aberkennungen des Doktorgrades, die in der NS-Zeit aus politischen oder rassi-
schen Gründen erfolgt waren,[23] von den Universitäten,
an denen der Betroffene promoviert hatte, rückgängig
gemacht worden. Für sittenwidrig und nichtig hat 1998
die Humboldt-Universität zu Berlin auch die Aberken-

nung der akademischen Titel erklärt, die zwischen dem 8. Mai 1945 und dem 2. Oktober 1990 auf die Tatbestände des »Verrats der DDR« oder des »illegalen Verlassens der DDR« und einer als feindlich eingestuften politischen Betätigung gestützt worden waren.[24]

Anders als in einem Unrechtssystem kann im Rechtsstaat der Doktortitel – wenn überhaupt – nur aufgrund eines Gesetzes und nur wegen schwerer individueller krimineller Verfehlungen, z. B. wegen Erschleichung des Titels, aberkannt werden. Großes Aufsehen hat bekanntlich der Fall des Germanisten und späteren Rektors der Technischen Universität Aachen Hans Schwerte alias Hans Ernst Schneider (1909–1999) erregt.[25] Hans Ernst Schneider war vor dem Krieg in Königsberg promoviert worden und brachte es später zum Hauptsturmführer in der SS. Nach 1945 ließ Schneider sich für tot erklären. Er schuf sich unter dem Namen Hans Schwerte eine neue Identität, heiratete die Witwe des Hans Erich Schneider (also seine eigene Ehefrau), promovierte ein zweites Mal (1948 mit einer Arbeit über den Zeitbegriff bei Rilke) in Germanistik, diesmal in Erlangen, und machte eine glänzende akademische Karriere als linksliberaler Hochschullehrer, der die Ideen der Aufklärung, der Demokratie und des Fortschritts propagierte. Als die Wahrheit herauskam, wurde der Promotionsausschuss der Philosophischen Fakultät der Universität Erlangen-Nürnberg mit dem Antrag befasst, Schwerte/Schneider den Doktortitel abzuerkennen, was der Ausschuss jedoch ablehnte.[26]

Ebenfalls atypisch, indes mit einem völlig anderen Hintergrund, ist auch der Fall Elizabeth Teissier. Gegen die Verleihung des Doktors in Soziologie an die prominente Astrologin hatten sich im Mai 2001 nicht weniger als 370 französische Soziologen verwahrt und vom Rektor der Sorbonne verlangt, die Verleihung des Doktortitels an Madame Teissier rückgängig zu machen – ohne Erfolg. Der zum Berichterstatter berufene Soziologieprofessor Bernard Lahire befand, die Arbeit der Doktorandin sei weder schlecht noch mittelmäßig, habe aber mit Soziologie nichts mehr zu tun; nicht die Autorin, sondern die Universität sei für den Skandal verantwortlich: Die Sorbonne »sei zum Refugium von Professoren ohne wissenschaftliche Disziplin« geworden, die sich »gelegentlich gezielt antirationalistisch« gebärdeten.[27]

Im Schatten der Prominenten leben die Nicht-Prominenten. Nach Angaben des Statistischen Bundesamtes waren im Jahr 2003 insgesamt 853.000 Personen in der Bundesrepublik Deutschland promoviert (1,3% der Bevölkerung).[28] Allein in Deutschland gibt es mehr als 25 verschiedene Doktorgrade, vom Dr. agr. (agronomiae) bis zum Dr. troph. (trophologiae [Ernährungswissenschaft]). Die Liste der Doktorgrade ist dabei kein numerus clausus – es kommen vielmehr immer wieder neue hinzu. So kann man seit 1998 an der Technischen Universität Berlin zum Doktor der Gesundheitswissenschaften/Public Health promoviert werden.[29] Schon vorher hatten Künstlerische Hochschulen sich das Promotionsrecht erkämpft, das ihnen bis dato verweigert worden war.[30] Einen neuen Weg beschritt auch die Hochschule für Musik und Theater in Hamburg, die eine Promotion unter anderem in künstlerischen Studienfächern anbietet und hier den Grad des Dr. sc. mus. (scientiae musicae) verleiht.[31] Man sieht: Seitdem im Dezember 1265 die erste Promotion stattfand[32], hat sich diese Erscheinung des akademischen Lebens immer mehr ausdifferenziert.

Unterschiedlich ist auch das Gewicht, d. h. die Bedeutung der Dissertationen für die Wissenschaft. Die Dissertation des Nachfolgers von Jürgen Habermas auf dem Lehrstuhl von Max Horkheimer in Frankfurt am Main, Alfred Schmidt, zum Thema »Der Begriff der Natur in der Lehre von Marx« wurde in alle Weltsprachen übersetzt.[33] Wolfgang J. Mommsens Dissertation gilt als für die Erforschung von Max Webers politischem Wollen und Denken »wegweisend«; sie »löste eine ebenso langdauernde wie hitzig geführte Debatte über Webers politischen Standort und dessen Konsequenzen für sein soziologisches Werk aus«.[34] Der Dissertation von Peter Häberle über »Die Wesensgehaltgarantie des Artikel 19 Abs. 2 Grundgesetz« wird bescheinigt, sie sei »ein wichtiges Ereignis der Verfassungsentwicklung, auch wenn sie weder ›h. L.‹ gebildet hat noch je bilden wird«.[35]

Wo viel Licht ist, ist auch viel Schatten. Auf viele Dissertationen fällt kein Sonnenstrahl einer wärmenden Rezension, sondern entweder kühle öffentliche Nichtbeachtung oder gar der kalte Regen eines Verrisses. Unter der Überschrift »Wann Rezensenten streiken« wird zur erstgenannten Alternative in einem Leserbrief »zum Stickigen in der geistigen Atmosphäre der Gegenwart« als Beispiel genannt: »Eine hervorragend benotete Bonner Dissertation von Volker Kronenberg («Ernst Nolte und das totalitäre Zeitalter – Versuch einer Verständigung», Bouvier Verlag 1999) wird von den Experten inoffiziell hoch gelobt. Doch zur Rezension fühlt sich so recht keiner bereit angesichts des Packeises, das Nolte umgibt. »Ihr Buch wird wohl traurigerweise totgeschwiegen werden«, steckte man dem jungen Autor ...«[36] Ein kalter Regen kann über eine Dissertation auf eine ganze Personen-

gruppe niedergehen, wenn etwa geurteilt wird: »Es handelt sich um eine für Juristen nicht untypische, trockene,
technische, langweilige Abhandlung. Mehr wird für den
Doktortitel nicht verlangt. ... Aber warum muss ein solcher Text auf den Buchmarkt geworfen werden? ...«[37]
Nicht sehr ermutigend scheint auch eine Buchbespre-
chung zu sein, die mit der Frage beginnt: »Wer liest schon
eine Dissertation, noch dazu eine juristische, obendrein
eine rechtsgeschichtliche?« Glücklicherweise antwortet
der Rezensent jedoch: »Hier ist eine, die zu lesen sich
lohnt«, und schließt mit dem Hinweis: »Lehrreiche Lektüre für Bundesjustizminister«.[38]

Generell gilt aber für Rezensionen von Dissertationen,
wenn sie denn überhaupt stattfinden, die allgemeine Regel für Besprechungen, jedenfalls bei den Juristen: verhalten freundlich. Das war nicht immer so. Vor 1914 waren Rezensenten keineswegs immer freundlich einge-
stellt; nicht selten flogen die Fetzen, z.B. so: »Es handelt
sich um eine Doktorfrage, bei der man nach der einen
oder anderen Richtung seinen juristischen Scharfsinn
zeigen kann. Insoweit wäre die Arbeit eine harmlose
Spielerei. Was soll man aber dazu sagen, dass er über 40
Seiten mit ganz ernsthafter Miene der politischen Un-
wahrscheinlichkeit und Unmöglichkeit der Rückabtre-
tung widmet und dabei alle möglichen Eventualitäten
erörtert? Eine einzige Zeile hätte genügt und wäre auch
noch überflüssig gewesen. Verf. sagt selbst, die Tagespres-
se hätte von seiner Doktordissertation geurteilt, ihre Er-
örterungen wirkten erheiternd. Das ist etwas hart. Aber
schädlich im höchsten Maße kann es wirken, wenn dem
Auslande gegenüber in Deutschland solche angeblichen
Ansprüche noch ernsthaft besprochen werden. Das Ver-

dienst des Verf. wäre noch größer, wenn die Schrift un-
gedruckt geblieben wäre.«[39]

Letztlich wird es aber den meisten Doktoranden (jedenfalls denen, die nicht eine Hochschulkarriere anstreben) relativ gleichgültig sein, ob – und wenn ja wie – ihre
Dissertation besprochen wird. Gleichgültig sollte es jedenfalls sein, ob der Doktortitel im Personalausweis in
die Namensspalte oder in die Spalte für Berufsangaben
einzutragen ist (eine Frage, mit der immerhin das Bundesverwaltungsgericht befasst wurde[40]), ob es genügt,
dass im Personalausweis der Doktortitel überhaupt erscheint oder Herr Dr. einen Rechtsanspruch darauf hat,
dass die Eintragung in Form des »Dr. Ing.« erfolgt (zutreffend verneint vom Oberverwaltungsgericht Saarlou-
is[41]), schließlich ob die Unterschrift unter ein Gesetz mit
oder ohne Doktortitel zu erfolgen hat.[42]

Die Hauptsache für jeden Promovierten ist das Gefühl:
»Es ist geschafft.« Eine erfolgreiche Ärztin, nach ihrer
Promotion befragt, antwortete: »Die Leidensfähigkeit
der Mediziner ist enorm. Ich kenne Kollegen, die zwei
Doktorarbeiten angefangen haben, aber erst die dritte
wurde etwas. Wir hatten oft zwölf Stunden Dienst in der
Klinik und häufig Nachtdienst. Aber mir war eines klar:
Die Dissertation muss abgeschlossen werden; wenn man
später in einer eigenen Praxis arbeitet, schafft man es nie
mehr. Für die Arbeit an meiner Dissertation habe ich
mehr als einen Urlaub drangegeben. Rückblickend weiß
ich: Die entscheidende Frage war: ›Will man oder will
man nicht?‹« Eine andere Medizinerin erzählte: Als der
Vater, ein promovierter Facharzt, verstorben war, be-
merkte ihre Mutter (ebenfalls eine promovierte Medizinerin), dass der Steinmetz den Doktortitel des Verstorbe-

nen auf dem Grabstein vergessen hatte. »Meine Mutter war traurig; denn der Doktortitel ihres Mannes war ihr wichtig.«

I. Ein Mensch mit Doktortitel –
etwas Besonderes?

> »Da fährt ein Mann durchs Hinterland,
> ein promovierter Träumer. Ich bin nun
> schon ein Jahr älter als Monsieur Boulan-
> ger damals war, als er auf dem Nachhause-
> weg in Gedanken Madame Bovary erst-
> mals auszog und dabei eine Erdscholle mit
> dem Spazierstock zerschlug.«
>
> Arnold Stadler*

1. Besondere Erwartungen an Promovierte?

In ihrem Roman »Berliner Aufklärung« schildert Thea Dorn[1], die sich selbst als »Deutschlands brutalste Autorin« bezeichnet, die Abwicklung eines Mordes: Die Leiche des Philosophie-Professors Rudolf Schreiner, in 54 Einzelteile zerlegt und in Frischhaltebeutel verpackt, wird auf die 54 Postfächer der Mitarbeiter des Philosophischen Instituts der Freien Universität Berlin verteilt. Bevor die Hauptperson des Romans, die athletische Doktorandin Anja, den Mörder aufspürt, auf einer Damentoilette an-kettet und foltert, wird eine Kollegin des Ermordeten, die Philosophie-Professorin Rebecca Lutz, von der Poli-zei verdächtigt und von einem Kriminalkommissar ver-hört. Über die Gefühle des Kommissars bei der Verneh-mung der Professorin lesen wir: »Für wen halten Sie sich eigentlich? Wenn Sie glauben, dass Sie sich hier alles erlauben können, nur weil Sie einen Doktortitel haben, so irren Sie sich gewaltig. Ich weiß, dass in Ihren Augen unsereiner doch nur der letzte Trottel ist, aber ich warne Sie! Ich werde Sie von Ihrem hohen Roß schon noch runterholen!«[2]

Ein Mensch mit Doktortitel – (nur) arrogant oder sogar vernagelt? Bei Volker Kaminski findet sich in seinem Roman »Spurwechsel« der folgende Dialog: »›Bist Du promoviert, Louis?‹ Ich verneinte. ›Besser so, die Doctores haben meistens ein Brett vor dem Kopf. Es kommt darauf an, zur rechten Zeit an der richtigen Stelle zu sein und bei den richtigen Leuten das Richtige zu sagen.‹ Auf eben dieses Glück musste ich hoffen.«[3] Der Leser solcher Charakterbeschreibungen könnte geneigt sein, sie als romanhafte Übertreibungen beiseite zu legen. Aber kein moderner Romanschreiber, sondern schon Friedrich der Große beklagte in einem Brief an Voltaire vom 12. Juli 1775: »Es ist schwieriger, einen Doktor der Rechte zur Vernunft zu bringen, als die Henriade zu verfassen.«[4] (Freilich sollte man dabei Friedrichs generelle Abneigung gegen Juristen nicht außer Acht lassen.)

Weder aus einem Roman noch aus einem königlichen Brief, sondern aus dem beruflichen Alltag stammt folgende Kurzgeschichte eines erfolgreichen Bankers: In seiner ersten Position erhielt der damals bei der Deutschen Bundesbank tätige junge Jurist eine Ausarbeitung von seinem (unpromovierten) Vorgesetzten zurück mit der Bemerkung: »Auch wenn Sie promoviert sind – Ihre Ausarbeitung gefällt mir nicht.«

Der »Neid der Besitzlosen«, also das innere Minderwertigkeitsgefühl nicht Promovierter gegenüber Promovierten, soll sich übrigens keineswegs auf den Banksektor

beschränken, sondern auch in der Justiz und in Anwaltssozietäten bekannt sein. Mancher bereits promovierte
Rechtreferendar verzichtet aus gutem Grund und wohl-
weislich bei der Anmeldung zum Zweiten Examen darauf, den Doktortitel anzugeben …

Nicht selten wird von einem Doktor – gleichgültig
welchen Faches – ein bestimmtes intellektuelles Niveau
erwartet, d.h. dass er/sie keinen Unsinn redet oder
schreibt[55]. Wird diese Erwartung nicht eingelöst, sind
Enttäuschung oder (im schlimmsten Fall) Entsetzen groß.
Ein Beispiel dafür findet sich in Sebastian Haffners »Geschichte eines Deutschen. Die Erinnerungen 1914–1933«,
nämlich im Zusammenhang mit Begründungen für den
Antisemitismus in den ersten Jahren des NS-Regimes:
»Man untersuchte, ob der prozentuale Anteil der Juden
an der Mitgliederzahl der Kommunistischen Partei nicht
zu hoch und der an der Gefallenenzahl des Weltkrieges
nicht etwa zu niedrig sei. (Tatsächlich, auch dies letztere
habe ich erlebt, von Seiten eines Mannes, der sich zu den
»gebildeten Ständen« rechnete und einen Doktortitel
führte …).«[6]
Für die Annahme, dass eine promovierte Person eben
doch etwas Besonderes ist, könnte schließlich auch sprechen, dass an diese Person strengere moralische Ansprüche gestellt werden als an andere, etwa wenn die Tatsache
einer Promotion dem oder der Promovierten missbilli-
gungsverschärfend angehängt wird. Katja Kessler ist ein
Beispiel für eine solche Charakterisierung, die aus dem
Tagebuch der Prüderie stammen könnte. BILD-Zei-
tungsleser kannten lange Jahre das auf der jeweiligen Ti-
telseite des Blattes veröffentlichte Photo einer (meist)
mehr oder (selten) weniger nackten Frau und den dazu

gehörenden ironischen oder frivolen oder kessen Kasten-
text. Das Geheimnis der Autorschaft an diesen nicht namentlich gezeichneten Texten wurde im Jahre 1999 in
der Zeitschrift »Max« gelüftet: In einer Zehn-Zeilen-
Meldung wurde Katja Kessler geoutet (»Mehr als zehn
Millionen Menschen lesen ihre Zehn-Zeilen-Romane.
Jeden Tag«). Seitdem war die damals 29 Jahre junge Autorin ein begehrtes Objekt publizistischer Kommentie-
rung. So beschrieb das Feuilleton der WELT die »Mie-
zentext«-Autorin unter der Überschrift »Doktorspiele
mit Katja. Die erstaunliche Medienkarriere einer jungen
Zahnärztin, die mit Texten zu Nacktfotos literarische
Höhepunkte setzt und nun vom ›Playboy‹ gejagt wird«,
wie folgt: »Die allgemeine Überraschung erhöhte sich
nachgerade zur Fassungslosigkeit, als heraus war, dass
Frau Kessler Zahnärztin sei, mit bravourösen Studienab-
schlüssen. Zudem ist Frau Kessler auch promoviert. Ihre
belobigte Doktorarbeit trägt den Titel ›Eisensekretion
unter dem Chelator Deferipron und Antioxidantiensta-
tus bei Patienten mit homozygoter beta-Thalassämie.‹
Und Frau Kessler aus Kiel, deren Papa kein schöneres Le-
bensziel kannte, als dass Tochter Katja seine blitzende
Praxis übernehmen könnte – diese Frau Kessler ist nicht
nur studiert und promoviert, sie ist offenbar auch nicht
ganz bei Trost«[7]. Frau Kessler hat übrigens den langjährigen Chefredakteur der BILD-Zeitung, Kai Dieckmann,
geheiratet.

Die genannten, untereinander sehr verschiedenen Beispiele werfen die Frage auf: Was muss man von einer promovierten Person Besonderes verlangen? Die Antwort
kann nur lauten: Nichts. Denn Doktoren und Doktorin-
nen sind hierzulande freie Menschen in einem freien

Staat, mit dem jedem zustehenden Recht auf freie Meinungsäußerung und dem Recht, ihr Leben nach eigenen Vorstellungen zu gestalten. Ob Katja Kessler mit oder ohne BILD-Nackedei-Kasten promoviert ist oder nicht, ist deshalb insoweit unbeachtlich, jedenfalls nicht eines besonderen Aufhebens wert (und hat höchstens das Niveau der BILD-Zeitung auf erfreuliche Weise gesteigert).

Eine andere Frage ist: Kann man von einem Doktor oder einer Doktorin[8] Besonderes erwarten? Die Antwort hierauf muss lauten: Ja. Denn das Schreiben einer Dissertation erfordert – jedenfalls in der Regel – zumindest ein gewisses Maß an Ausdauer, Fleiß, Gründlichkeit, Selbstdisziplin, intellektueller Redlichkeit und Kreativität. Wird ein Unpromovierter, wie Uwe Schulten-Baumer, der Entdecker und frühere Trainer der erfolgreichen Dressurreiterin Isabell Werth, »der Doktor« genannt[9], so liegt darin offensichtlich die Anerkennung besonderer Fähigkeiten. Wegen ganz anderer besonderer Fähigkeiten, aber ebenso anerkennend, nannten die Komplizen des jungen Bandenchefs Werner Gladow, der am 10. Februar 1950 wegen mehrfachen Mordes und zahlreicher Raubüberfälle in der DDR mit dem Fallbeil hingerichtet wurde, »Doktorchen«.[10]

Bei aller Wertschätzung des Doktortitels ist, um unzulässige Verallgemeinerungen zu vermeiden, zweierlei zu bedenken: einmal die – über alles gesehen – nicht geringe Anzahl der Promovierten, zum anderen die ausgesprochen große Unterschiedlichkeit der Fächer, in denen der Doktortitel erworben werden kann. Entsprechend groß sind die Unterschiede in den Promotionskulturen zwischen den einzelnen Fächern, die sich schon in der Zahl der Promotionen und in der relativen Häufigkeit von

Promotionen im Vergleich zu den Absolventenzahlen des einzelnen Fachs zeigen. Die Promotion ist in den Naturwissenschaften (mit Ausnahme des Fachs Chemie) eine weitaus seltenere Erscheinung als in den Geisteswissenschaften[11] und insbesondere als in Medizin und Jura.

2. Die Promotion als Eintrittskarte
für eine wissenschaftliche Karriere?

Man sollte sich übrigens schnell von dem Irrglauben frei machen, den Doktoranden ginge es um die Eintrittskarte für eine wissenschaftliche Karriere. In der weit überwiegenden Mehrzahl ist dies nämlich nicht der Fall. Nur 9 (neun!) % der Doktoranden bleiben in der Forschung und an den Universitäten.[12] Der einfache Grund: Es gibt gar nicht so viele weiterführende Stellen, dass sie alle erfolgreichen Doktoranden aufzunehmen vermöchten. Historisch trennten sich Lehrberuf und Doktortitel, wodurch der Titel seine eigenständige Bedeutung gewann.[13] Wirkliche Eintrittskarte in die Wissenschaft ist prinzipiell die Habilitation, nicht die Promotion.[14] Und überragend attraktiv ist die Wissenschaft aus der Sicht von Doktoranden, die Geld verdienen wollen, auch nicht. Eine wissenschaftspolitische Ausrichtung danach, dass die Promotion *regelhaft* Vorstufe zur Habilitation oder zur eigenständigen Forschung sei, ist wirklichkeitsfern. Der Postdoc und die Emmy-Noether-Stipendiatin sind die seltene Ausnahme, nicht die Regel. Die viel geschmähte »Visitenkarten-Promotion«, die man gegenüber Wissenschaftspolitikern und den von ihnen abhängigen so genannten Forschungsförderungsinstitutionen gar nicht mehr erwähnen darf und für die namentlich die Fächer Chemie, Medizin und Jura so viel Prügel haben einstecken müssen,[15] ist vielmehr faktisch die Regel – und dies in einem Ausmaß, wie es Universitätspräsidenten, die aus anderen Fächern stammen, nie werden wahr haben wollen. Die Promotion war eine Art von Möglichkeit zur Selbstadelung für Bürgerliche.[16] Komplementärkategorien waren der Leutnant der Reserve und der echte Adel.[17] Neben den statuts academicus, ja eigentlich noch vor diesen trat der effectus civilis.[18] Und schließlich darf man nicht vergessen, dass Dissertationen in aller Regel die Erstlingswerke ihrer Verfasser sind,[19] die sich kaum vom Studium gelöst haben und die keine wissenschaftliche Karriere anstreben. Man sollte sich damit zufrieden geben, wenn sie Mosaiksteinchen bringen, keine Durchbrüche.[20] Dass neben einer Berufstätigkeit ausschließlich dünne Bretter gebohrt werden könnten, würde externe Doktoranden unter einen unzulässigen Generalverdacht stellen.[21] Im Gegenteil können gerade berufliche Erfahrungen Erkenntnisse erzeugen und befruchten.[22] Dies schließt freilich nicht aus, wie in Großbritannien und den Niederlanden zukünftig zwischen forschungs- und professionsorientierten Doktoraten zu unterscheiden.[23] Der professionsorientierte Doktortitel ist und bleibt ein begehrtes Distinktionsmerkmal.[24] »Titelhuberei«[25] und »Adelstitel für Bürgerliche«[26] sind gefährliche Vorwürfe, zumal aus Politikermund. Unter Juristen ist übrigens umstritten,[27] ob akademische Grade der Eintragung in die Personenstandsregister der Standesämter fähig sind[28] (was der persönlichen Eitelkeit und der Visitenkartenpromotion natürlich Vorschub leisten würde) oder nicht[29].

3. Statistik zur Promotion

Eine weltweite, verlässliche Statistik über die Anzahl der Promotionen in allen Staaten existiert vermutlich nicht. In dem Werk »Universitäten in Deutschland« wird die Zahl der hiesigen Promotionen von 1980 bis 1992 in allen Fächern mit 18 600 angegeben, davon 40% in Medizin[30]. Allein an den Hamburger Hochschulen wurden in einem Jahr (2000) 875 Doktortitel erworben[31]. In der am 16. Mai 2000 veröffentlichten Vergleichsstudie der Organisation für Wirtschaftliche Zusammenarbeit und Entwicklung (OECD) wird der Bundesrepublik Deutschland ein gutes Abschneiden bei den höheren Forschungsabschlüssen wie dem Doktortitel attestiert, weil Deutschland hinter der Schweiz, Finnland und Schweden mit einer Abschlussquote von 1,8% den vierten Platz belegt.[32] 2009 lag Deutschland mit einem Anteil von 2,3% von Promovenden an der Abschlussquote europaweit an der Spitze.[33] In absoluten Zahlen waren dies 25.000 Promovenden, 44% davon Frauen.[34] Chemiker streben nach ihrem eigentlichen Studienabschluss zu 97% die Promotion als weiterer Abschluss an, Humanmediziner zu 82%, während Architekten und Pharmazeuten dies kaum tun.[35] Für die Ingenieurwissenschaften werden 2% genannt, für Jura gegen 10%, für die Sprach- und Kulturwissenschaften 4,4%.[36] Hinsichtlich der Verteilung zwischen den Fakultäten dominieren Medizin (30,8% aller Promotionen), Mathematik und Naturwissenschaften (29,7% aller Promotionen), Jura und Wirtschaftswissenschaften (zusammen 14,2% aller Promotionen).[37] 2011 ergab eine weitere Studie für Deutschland einen Promotionsanteil von 6,9% der Absolventen (den zweithöchsten unter allen OECD-Ländern)[38] und 26.981 Promotionen an deutschen Hochschulen. Schon war die Rede von einer Doktor-Inflation.[39] Indes ist die Anzahl der Promotionen insgesamt in Deutschland seit ungefähr 1998 nahezu konstant.[40] Verlässliche Statistiken zur Anzahl der Doktoranden, zur Promotionsdauer und zu Abbrecherquoten gibt es leider nicht.[41]

II. Warum promovieren?
Gründe dafür und dagegen

> Als ich den Doktor gemacht hatte, sagte
> mein Mann: »Dass Du den Doktor hast
> und ich nicht, das halte ich nicht aus.«
>
> Ehefrau eines Doktoranden

Abgesehen von der Verleihung eines Ehrendoktors bekommt man Doktortitel nicht geschenkt. Voraussetzung für eine »normale« Promotion ist ein erfolgreicher Abschluss eines Hochschulstudiums, dies in der Regel mit einer überdurchschnittlichen Note; eine erfolgreiche Suche nach einem Betreuer der Dissertation, d.h. einem »Doktorvater« oder einer »Doktormutter«; eine erfolgreiche Suche nach einem geeigneten Thema für die Doktorarbeit; in den nicht seltenen Fällen, in denen die Finanzierung des Promotionsvorhabens nicht von Hause aus gesichert ist, die erfolgreiche Suche nach einer bezahlten Promotionsstelle (meist an einer Hochschule) oder nach einem Stipendium; ein oft jahrelanges Schreiben der Doktorarbeit; das Bestehen der mündlichen Doktorprüfung; die Suche nach einem Verlag für die Veröffentlichung der Doktorarbeit; die Finanzierung der Veröffentlichung. Alles zusammengenommen ist das Promovieren ein ziemliches Kreuz – warum (er-)trägt man es, geduldig oder ungeduldig?[1]

1. Kuriositäten

Die Motive zu promovieren sind ausgesprochen unterschiedlich und divergent. Dieter Wedel, Produzent und Regisseur von Filmen und Mammut-Fernsehproduktionen (z. B. »Der große Bellheim« [1993]; »Der König von St. Pauli« [1998]; »Die Affäre Semmeling« [2002]), promovierte im Fach Theaterwissenschaften mit einer 450 Seiten umfassenden Dissertation über »Erscheinungsformen des Expressionismus, nachgewiesen am Beispiel der Frankfurter Theater von 1921 bis 1928«. Seinen Doktor machte er, wie er selbst sagt, »seiner Mutter zuliebe«.[2] Nicht »nur« um eine Mutter, sondern um ganze Generationen ging es in der Familie von Pfuel. Die Pfuels gehörten nicht nur zu den Familien mit den größten Besitzungen und Einkünften in Brandenburg, bekleideten nicht nur hohe Staatsstellungen, sondern allein 32 Pfuels studierten bis zum Ende des 18. Jahrhunderts an der Universität Frankfurt an der Oder: »Den Doktor der Rechte zu erwerben, war Familientradition.«[3]

Ein ungewöhnliches Motiv, den Doktortitel zu erwerben, schildert Theodor Fontane, der nicht nur in seinen »Wanderungen durch die Mark Brandenburg« die Besitztümer der Pfuels aufzählt, sondern der in seinem Roman »Der Stechlin« von einem Musiker berichtet, der »aus einer Art Verzweiflung Doktor geworden ist«. Konkret geht es um Dr. Wrschowitz, dessen Vater, »ein kleiner Kapellmeister von der tschechisch-polnischen Grenze«, aus Schwärmerei für den damals bedeutendsten Musiker der Romantik in Dänemark, Niels Gade, seinen Sohn auf den Vornamen Niels hatte taufen lassen. Für den inzwischen erwachsenen Sohn wurde jedoch Niels Gade zum

»Inbegriff alles Trivialen und Unbedeutenden«. Die Romanfigur des alten Graf Barby, für dessen Tochter Armgard der junge Woldemar von Stechlin sich interessiert, lässt Fontane in einem Zwiegespräch mit Woldemar den zur Promotion führenden Verzweiflungsakt wie folgt erklären: »Wrschowitz hieß nämlich bis vor zwei Jahren, wo er als Klavierlehrer, aber als ein höherer (denn er hat auch eine Oper komponiert), in unser Haus kam, einfach Niels Wrschowitz, und er ist bloß Doktor geworden, um den Niels auf seiner Visitenkarte loszuwerden.«[4]

Die Geschichte des Dr. Wrschowitz, der auf den Gedanken kam, seinen (von ihm ungeliebten) Vornamen Niels »auf seiner Karte durch einen Doktortitel wegzueskamotieren«, ist eine Romangeschichte aus dem Jahre 1899. Wirklichkeit aus dem Jahre 1998 schildert die Bremer Sozialwissenschaftlerin Sibylle Tönnies, die die fehlenden Berufschancen der jüngeren Generation beklagt: »Da fährt ein Elektrotechniker Taxi und sieht sein mühsam angelerntes Wissen verfallen. Da wartet ein junger Theologe zusammen mit vierhundert anderen auf eine der fünfzig Pfarrstellen, die seine älteren Amtsbrüder durch Lohnverzicht freigemacht haben. Da macht eine Ernährungswissenschaftlerin ihren Doktor, nur weil sie nichts Besseres zu tun hat.«[5]

2. Karriere an einer Hochschule

Die genannten Motive, das Kreuz einer Promotion auf sich zu nehmen, sind allerdings mit Sicherheit nicht typisch. Für die Beantwortung der Frage nach dem Sinn des Promovierens lohnt sich ein Blick in die Geschichte des Promotionswesens, die an den Universitäten des Mittelalters beginnt.[6] Die mittelalterliche Universität – im Folgenden grob skizziert – gliederte sich in vier Fakultäten: die Artistenfakultät, die medizinische Fakultät, die juristische Fakultät und die theologische Fakultät. In der Artistenfakultät wurden die »Sieben Freien Künste« (»septem artes liberales« – daher »Artisten« genannt[7]) unterrichtet, d. h. eine Anzahl von »Schul«-Fächern in den Geistes- und Naturwissenschaften (Latein; Rhetorik; Dialektik; Logik; Metaphysik; Ethik; Mathematik).[8] Das Studium an der Artistenfakultät – in der heutigen Hochschulsprache eine Art »Studium generale« – war über das Mittelalter hinaus für diejenigen Studiosi obligatorisch, die an einer der »höheren« Fakultäten, also der medizinischen, juristischen oder theologischen[9], weiterstudieren wollten.[10] Die Titel »magister« und »doctor« (von docere = lehren) wurden bis in das 15. Jahrhundert hinein synonym verwendet; erst von dann ab wurde der magister als Abschluss des Studiums an der Artistenfakultät und der doctor als Abschluss des Studiums an einer der höheren Fakultäten gebräuchlich.[11]

Beide Titel, also sowohl der magister als auch der doctor, dienten eigentlich einem universitätsinternen Ziel, nämlich der Gewinnung des wissenschaftlichen Nachwuchses: Der magister artium unterrichtete die Studenten an der Artistenfakultät, die doctores lehrten an ihrer medizinischen, juristischen oder theologischen Fakultät. Die Doktoren von damals waren also die Professoren von heute.[12] Allerdings waren die Universitäten jener Epoche bald nicht mehr in der Lage, alle Doktoren als Lehrende aufzunehmen; die Zahl der Doktoren war dafür zu groß.[13] Es gab deshalb in Deutschland nun Doktoren (und Magister) auch außerhalb der Universitäten: »Dass ein Titelwesen, das eigentlich intern zur Nachwuchsregelung ausgebildet worden war, so ungeheuren auswärtigen Erfolg – bis heute – davontrug, ist wahrhaft erstaunlich und lässt sich ohne die Zuneigung und Förderung der Kirchen und der Höfe nicht denken.«[14] Jedenfalls bedeutete ein akademischer Grad sozialen Aufstieg: »Der Doktortitel war dem Adelsprädikat in etwa gleichwertig. Man konnte in den Staats- und Kirchendienst eintreten, wobei die Jurisprudenz und die Medizin als scientiae lucrativae (lukrative Wissenschaften) galten, während die artes liberales zumeist als ›brotlose Künste‹ angesehen wurden, da die Vielzahl der die Universität verlassenden magistri artium als Schreiber oder Lehrer kaum hohe Einkommen erlangte.«[15]

Historisch gesehen war also der Doctor zugleich der akademische Lehrer an den höheren Fakultäten der Universität. Selbst als die große Mehrzahl der Doctores nicht mehr an den Universitäten ihrem Broterwerb nachging, blieb die Promotion noch für lange Zeit die einzige Voraussetzung für die Qualifikation als Professor an einer Universität: Der doctor konnte ohne zusätzliche Prüfung überall (und über alles) lehren. Jedoch gelangte man Anfang des 19. Jahrhunderts, vor allem wegen der Misswirtschaft, die bei der Vergabe des Doktortitels eingerissen war, zu der Einsicht, dass die unbeschränkte Zulassung aller doctores zum akademischen Lehramt, insbesondere in der Medizin, nicht mehr tragbar sei. Die Universität Berlin, eine Frucht der Humboldtschen Universitätsreform, war die erste Universität in Deutschland, die in ihren Statuten von 1816 für die Erteilung der Lehrbefugnis zusätzlich zur Promotion eine weitere Qualifikation, nämlich die Habilitation, forderte. Dem Vorbild der Berliner Universität schlossen sich bald alle deutschen Universitäten an, zuletzt die Universität Kiel, die noch bis 1869 am doctor alter Form festhielt.

Die Habilitation war bis vor kurzem die regelhafte Voraussetzung für die Berufung auf eine Professur; allerdings waren Ausnahmen vom Erfordernis der Habilitation zulässig und durchaus üblich, z. B. bei Berufungen von Hochschullehrern aus dem Ausland oder bei Berufungen an technische oder künstlerische Hochschulen. Insgesamt gesehen war dieses System gut. [16] Demgegenüber ist die von der seinerzeitigen SPD/GRÜNE-Bundesregierung im Jahr 2002 eingeführte Juniorprofessur[17], mit der die Habilitation faktisch entwertet wird (da sie nicht mehr formelle Voraussetzung für die Berufung auf eine Professur ist), keine Verbesserung, sondern eine Qualitätsminderung. Jedoch bleibt auch unter der neuen Hochschulrechtslage die Promotion als regelmäßige Voraussetzung für eine Berufung als Hochschullehrer bestehen. Faktisch ist in vielen Fächern auch die Habilitation als Berufungsvoraussetzungen bestehen geblieben, da Habilitierte gegenüber Nicht-Habilitierten in Berufungsverfahren bessere Chancen haben. Für Juniorprofessoren bedeutet dies faktisch eine doppelte Belastung: zum einen den gegenüber den früheren Wissenschaftlichen Assistenten erhöhten quantitativen Anforderungen in Lehre und akademischer Selbstverwaltung gerecht zu werden und zum anderen zu habilitieren.

Da für keinen anderen Beruf die Promotion ein regelmäßig unerlässliches Qualifikationserfordernis ist, auch nicht – wie der Laie, der Arzt (Beruf) und Doktor (Titel) vermengt, irrtümlich oft meint – für den Beruf des Mediziners, liegt ein zwingender Grund zum Promovieren nur für diejenigen vor, die den Beruf des Hochschulleh-rers ergreifen wollen. Eine Besonderheit gilt zudem für die Tätigkeit als Anwalt in Kirchenrechtssachen nach dem innerkirchlichen Recht der römisch-katholischen Kirche: Diese Anwälte müssen katholisch sein und »Dok-tor im kanonischen Recht oder sonst wirklich sachkun-dig«; sie bedürfen der Zulassung (Approbation) durch den Diözesanbischof (Codex Iuris Canonici von 1983, Canon 1483).[18]

3. Karriere in der Wirtschaft

Außerhalb einer Hochschulkarriere ist das Erfordernis der Promotion höchst unterschiedlich intensiv. Für das Fach Chemie hat Helmut Schwarz, Professor an der Technischen Universität Berlin und Kurator des Fonds des Verbandes der chemischen Industrie, darauf hinge-wiesen, dass das Chemiestudium jedenfalls bisher sehr eng auf eine spätere Forschungstätigkeit in der Großin-dustrie ausgerichtet ist, woraus folgte: »Etwa 90 Prozent aller Chemiestudenten schließen eine auf Forschung aus-gerichtete Ausbildung mit der Promotion ab. Das hat dazu geführt, dass bis in die jüngste Vergangenheit die Promotion de facto der berufsbefähigende Abschluss war.«[19] Bestätigt wird diese Aussage von einer Studie der Gesellschaft Deutscher Chemiker, wonach 31% aller Chemiker nach ihrem universitären Abschluss erst ein-mal an der Hochschule bleiben, um zu promovieren.[20]

Wie bisher in der Chemie, so ist auch in der Bio-tech-Branche die Promotion stark gefragt: »Wer wirklich

Karriere machen will, muss promovieren« wird die Geschäftsführerin des Beratungsunternehmens Bioalliance zitiert.[21] Von der Biotechfirma Qiagen wird berichtet, sie setze selbst im Vertrieb nur Promovierte ein; als Grund dafür wird angegeben: Die Außendienstler müssten die Sprache der Kunden sprechen.[22]

Für andere Berufe spielt die Promotion eine unterschiedliche Rolle. Allgemeingültig ist vermutlich lediglich die Warnung des früheren Leiters Nachwuchsgruppe bei der Deutschen Bank, Ottmar Kayser: »Niemand sollte glauben, dass die Promotion einen Blankoscheck für eine bessere Karriere darstellt.«[23] Laut Angaben des Instituts für Wissenschaftsberatung in Bergisch Gladbach erzielen allerdings in der Wirtschaft tätige Akademiker deutlich höhere Einkommen, wenn sie eine Promotion abgeschlossen haben.[24] Im Laufe ihres Arbeitslebens verdienen danach Promovierte – je nach Fachrichtung – ein erkleckliches Mehr als Akademiker ohne Doktortitel; besonders hoch seien die Einkommensvorteile bei Chemikern und Juristen.[25] Doktortitel sind auch hilfreich, wenn es um Bewerbungen auf Führungspositionen geht.[26]

Was speziell die Promotion von Juristen betrifft, so weist der Kieler Jura-Professor Eugen D. Graue unter der Überschrift »Objektive Entbehrlichkeit und subjektiver Reiz der rechtswissenschaftlichen Promotion« zutreffend auf den Unterschied zwischen Pflicht und Kür in der Juristenausbildung hin: »Beim langen Marsch durch die juristischen Ausbildungsgänge bilden die Erste und Zweite Juristische Staatsprüfung das Pflichtprogramm; wer diese Hürden nicht überwindet, kann die Metamorphose vom Menschen zum Volljuristen nicht zum Abschluss bringen. Die Promotion dagegen ist Kür; wer sie erstrebt leistet sich ein Abenteuer, das ihn möglicherweise viel Mühe, Zeit und Geld kosten wird und dessen Ertrag schwer voraussehbar ist. In den öffentlichen Dienst, in eine Anwaltskanzlei oder in die Rechtsabteilung eines Unternehmens gelangt der Berufsanfänger auch ohne Doktorgrad, sofern nur seine Prüfungsnoten den dortigen Maßstäben entsprechen. Der Doktorgrad wird in der Regel nur bei sonst gleicher Papierform einen Wettbewerbsvorteil darstellen. ... Als Faktor der Karriereplanung eignet sich ein Promotionsvorhaben nur für denjenigen, der selbst das Unwägbare zu wägen versteht.«[27]

Jedenfalls wird man gerade auch bei den Juristen die Vielfältigkeit ihrer denkbaren späteren Berufsfelder und die daraus resultierenden unterschiedlichen Anforderungsprofile zu berücksichtigen haben: Während in der Justiz und in der Verwaltung der Doktortitel in der Regel keine besondere Rolle für die Karrierechancen spielt (dagegen – unter höchst bedauerlichem Verstoß gegen das vom Grundgesetz vorgeschriebene Leistungsprinzip [Art. 33 Abs. 4 GG] – sehr häufig das richtige Parteibuch) erhöht eine Promotion die Berufschancen in Anwaltskanzleien spürbar: »Von vielen Sozietäten wird sie erwünscht – wenn nicht sogar erwartet. Dabei achten Arbeitgeber selten auf das Dissertationsthema. Sie sehen in der Promotion vor allem den Nachweis selbständigen Arbeitens – und der Hartnäckigkeit, ein Ziel auch über Durststrecken zu verfolgen.«[28] Von einer renommierten Hamburger Anwaltskanzlei wird berichtet, sie erwarte von ihren Wunschkandidaten Promotion, Auslandsaufenthalt, eine Persönlichkeit mit »Ecken und Kanten«, keinen glatten Einheits-Wirtschaftsjuristen.[29] Die Zeiten wandeln sich freilich: In Großsozietäten wird heute neben dem Doctor iuris, ja sogar vorrangig der im Ausland erworbene LL. M. (Legum Magister) erwartet – als Ausweis dafür, dass der Bewerber Englisch kann.

Von anderen Berufen wird demgegenüber gesagt, in ihnen hätten »Einsteiger mit Promotion weniger Chancen als ohne, weil sie als überqualifiziert, praxisfern und übermäßig anspruchsvoll gelten«; dies betreffe vor allem Geisteswissenschaftler.[30] Auch im IT-Bereich gilt der Doktortitel nicht unbedingt als Karrierevorteil: Nach einer IT-Studie des Staufenbiel-Instituts kommt es den Unternehmen mehr auf das Praxiswissen an – ein Grund dafür, dass nur fünf Prozent der Informatikabsolventen promovieren; die Studie weist allerdings auch darauf hin, dass der Anteil der Promovierten in den Führungsetagen der IT-Unternehmen überdurchschnittlich hoch ist.[31]

Der Doktortitel kann Türen öffnen und eine Karriere in der Wirtschaft zu höheren Positionen erst ermöglichen.[32] Zumindest aber erhöht er die Chancen auf ein höheres Gehalt merklich und zeitigt insoweit eine monetäre Rendite.[33] Dies gilt insbesondere für Frauen.[34] Außerdem werden Promovierte häufiger ihrer Qualifikation angemessen beschäftigt als Nicht-Promovierte.[35] Promovierte sind zudem subjektiver zufriedener, weil sie für sich bessere Karriereperspektiven und Partizipationsmöglichkeiten sehen.[36]

Man müsste schon ein unverbesserlicher Idealist sein, um nicht zu erkennen, dass die Absicht von Doktoranden, ihre beruflichen Karrierechancen zu verbessern, ein wichtiges Motiv für den Entschluss zu promovieren bildet. Jedoch wäre es zu einfach gestrickt, wollte man alle Promotionen allein auf dieses Karrieremotiv reduzieren. In vielen Fällen wird es sich vielmehr um ein Bündel von

Motiven handeln, von denen ein wissenschaftliches Interesse an der Bearbeitung des Themas der Dissertation nicht zu gering eingeschätzt werden sollte. Bei Juristen spielt allerdings auch die Überbrückung der Wartezeit zwischen bestandener Erster Juristischer Prüfung (dem sog. Referendarexamen) und dem Beginn des juristischen Vorbereitungsdienstes (dem Referendariat), die in einigen Bundesländern skandalös lang ist[37], eine gewisse Rolle. Nicht selten werden die Motive sich auch im Laufe der Bearbeitungszeit verschieben; ein zu Beginn vorhandenes Motiv kann im Verlauf der Arbeit an der Dissertation hinter einem anderen, sich erst entwickelnden Motiv zurücktreten. Ein Doktorand oder eine Doktorandin können an einem ihnen zunächst spröde erscheinenden Thema »Feuer fangen«. Doktorarbeiten von herausragender Qualität werden ohne ein erhebliches Interesse an der wissenschaftlichen Bearbeitung des Themas kaum »produziert« werden können.

4. Persönliche Gründe

Neben karriereorientierte und berufliche Gründe können persönliche Gründe treten:[38] Dass man in den Doktorvater oder die Doktormutter verliebt ist, ist ein ganz schlechter – und bei Lichte betrachtet, überhaupt kein – Grund. (Zudem lässt es den Doktorvater erschaudern und das Schlimmste befürchten; das Albtraumszenario aus dem Roman »Der Campus«,[39] Pflichtlektüre für jeden verantwortungsvollen Hochschullehrer, legt dem Doktorvater eiskalt die Hand auf die Schulter und liegt ihm schwer auf der Seele.) Dass ein Elternteil promoviert ist,

ist kein besserer, sondern ebenfalls überhaupt kein Grund. Dass man nicht weiß, was man sonst machen soll, stimmt ebenfalls nicht hoffnungsfroh. Allerdings können Promotionsvorhaben einen doppelten Sinn haben, wenn sie Wartezeiten sinnvoll ausfüllen, z. B. jene auf das Rechtsreferendariat. Angst vor dem Eintritt in den Beruf und der Wille, in der Universität noch eine Art »Warteschleife« zu drehen, sind wiederum nicht akzeptabel.

5. Testfragen

Aus dem persönlichen Bereich können einem Promotionsverfahren objektive Hindernisse entgegenstehen. Gunzenhäuser/Haas haben dazu folgende Checkliste entwickelt:[40]

– Sind im Leben des Promotionswilligen turbulente Zeiten, existenzielle Neuerungen oder Phasen des Umbruchs zu erwarten?

– Ist die Zeitplanung des Promotionswilligen bereits vor Beginn der Promotion ausgereizt, oder ist er schon zuvor in seiner Lebensführung überfordert?[41]

– Steht das engere soziale Umfeld des Promotionswilligen dessen Promotionsplänen skeptisch oder ablehnend gegenüber?

– Hat der Promotionswillige Angst vor Veränderungen, Stresssituationen oder Neuerungen im Leben?

– Neigt der Promotionswillige dazu, auf oder in Stresssituationen dadurch zu reagieren, dass er krank wird?

Erst wenn möglichst alle diese Fragen negativ beantwortet werden, dürfte dem Promotionsvorhaben auf der Seite des Promotionswilligen kein größeres Hindernis im Wege stehen.[42] Jeder Promotionswillige sollte bedenken, dass eine Promotion ein Langstreckenlauf ist und nicht so eben linker Hand nebenher zu bewältigen ist. Jede Promotion bringt unausweichlich Stresssituationen mit sich, mögen sich diese aus der Aufteilung des Zeitbudgets mit Karriere oder Familie, mögen sich diese aus einem Gefühl, nicht mehr weiter zu wissen und sich nicht mehr vom Fleck zu bewegen, entspringen. Wer promovieren will, muss sich darüber klar sein, dass solche Situationen eintreten werden und dass er sich ihnen stellen muss. Abend- oder Wochenendarbeit sind das Mindeste, was droht und realistischerweise einzuplanen ist.[43]

III. Doktorvater und Doktormutter

> Ein Federstrich des Doktorvaters genügt,
> um vermeintlich hochwissenschaftliche
> Ergebnisse monatelanger Arbeit in den
> Orkus der Banalität zu werfen. Die ganze
> Bandbreite menschlicher Beziehungen
> wird ausgeschöpft. Man kann seinen Pro-
> fessor am Ende vor Gericht wiedersehen
> – oder hat ihn als Schwiegervater.
>
> Ferdinand Schuster*

1. Voraussetzungen der Zulassung zur Promotion

Ein Mensch, universitär oder staatlich geprüft, beschließt
– aus welchen Gründen auch immer – zu promovieren.
Ein erster Blick sollte der Promotionsordnung derjenigen
Fakultät gelten, an der er/sie den Doktor »bauen« will.
Die Zulassungsvoraussetzungen sind von Fach zu Fach
und von Fakultät zu Fakultät unterschiedlich. Vorausset-
zung der Zulassung ist in der Regel ein abgeschlossenes
Universitätsstudium.

Um Promotionstourismus zu verhindern, fordern die
Promotionsordnungen in der Regel auch, dass der die
Zulassung Beantragende eine bestimmte Zahl an Semes-
tern an der Fakultät studiert hat, die ihn promovieren
soll. In dem Briefwechsel zwischen Theodor Heuss und
Elly Knapp, der Tochter des damaligen Rektors der
Reichsuniversität Straßburg, findet sich dazu die Schilde-

rung eines Beispiels für Rektorstolz vor Kaiserthron. Elly Knapp schreibt 1907 an ihren späteren Ehemann Theodor Heuss: »Es ging das Gerücht, dass der 4. Sohn des Kaisers, der jetzt in Bonn ist, hierher kommen soll, und das wäre dem Papa als Rektor höchst unbequem und langweilig ...[1] Gestern abend war der Papa beim Kaiser zur Abendtafel eingeladen. Der Statthalter und alle haben gezittert und gebebt, weil ihnen der Papa schon gesagt hatte, dass der kleine Prinz hier keinen Doktor bekommt, außer wenn er die vorgeschriebene Zahl von Semestern aufzuweisen hat und eine ordentliche Arbeit geschrieben. Niemand hat die Courage, das dem Kaiser zu sagen. So bleibt es auf dem Papa hängen. Der Kaiser hat aber gehört, dass er Schwierigkeiten macht und hat ihn deshalb gar nicht gefragt oder gesprochen. Der Papa ist heilfroh, dass es so abgelaufen ist. Nun wird die Sache wohl schriftlich erledigt, was ja weit angenehmer ist.«[2]

In den Fächern, in denen im Abschlussexamen nicht nur mit »Sehr gut« und »Gut« benotet wird, sondern in denen – wie vor allem in Jura – die Notenskala von oben bis unten ausgeschöpft wird (d. h. oben seltener als unten), verlangen Promotionsordnungen oft auch eine bestimmte Note (ein so genanntes Prädikatsexamen); von diesem Erfordernis kann allerdings nach einigen Promotionsordnungen eine Befreiung (Dispens) erteilt werden. Rechtlich umstritten war früher die Frage, ob der die Zulassung Beantragende bereits einen Betreuer vorweisen muss. Dies ist zu verneinen, da nicht eine einzelne Person den Doktoranden/die Doktorandin promoviert, sondern die Fakultät.

2. Die Suche nach einem Doktorvater

Dennoch kann jedem eine Promotion Anstrebenden nur dringend geraten werden, sich vor dem Zulassungsantrag einen Betreuer selbst zu suchen, also einen Doktorvater oder eine Doktormutter. A propos »Doktormutter«: Obwohl der Anteil der Hochschullehrerinnen im Verhältnis zu dem der Hochschullehrer noch immer unverhältnismäßig gering ist (allerdings von Fach zu Fach verschieden), so gibt es natürlich schon seit langem auch die Doktormutter. Interessanterweise (oder bezeichnenderweise?) hat das Wort »Doktormutter« aber erst in die 22. Auflage des »Duden« im Jahr 2000 Eingang gefunden.[3] Die Aufnahme des Wortes »Doktormutter« müsste eigentlich als Erfolg feministischer Sprachbemühungen bewertet werden. Christine Windbichler, Juraprofessorin an der Humboldt-Universität zu Berlin, sieht dies jedoch anders, wenn sie bekennt: »Den Begriff der ›Doktormutter‹ lehne ich persönlich ab, die Metapher passt da nicht mehr. Das wissenschaftliche Produkt muss der Doktorand oder die Doktorandin selber austragen.«[4] Jedenfalls gilt: Wenn im Folgenden von »Doktorvater« die Rede ist, so ist dieser Ausdruck hier im Sinne von genus, nicht von sexus gemeint; er umfasst also auch die Doktormutter (also ganz altväterlich: femininum a masculino comprehenditur).

Was den Ausdruck »Doktorvater« betrifft, so ist auch interessant, dass dieser inzwischen in die englische Sprache unübersetzt übernommen wird, so wie z. B. auch »Kindergarten«, »Rucksack«, »Leitmotiv« und anderes mehr. Im Vorwort einer in Hamburg in englischer Sprache geschriebenen Dissertation eines Doktoranden aus

Tanzania liest sich dies so: »The successful completion of this work has been possible through the support I received in generous measure from a number of people and institutions within and outside Germany. I owe a special debt of gratitude to my Doktorvater, Professor Dr. Ulrich Karpen, for taking a keen interest in my work and assisting me to separate the grain from the chuff in the material that I profusely collected in the last three years.«[5] Auch die für deutsche Leser ungewohnte Schreibweise »my ›Doktor Vater‹« kommt vor.[6]

Was nun die Suche nach einem Doktorvater betrifft, so ergibt sich in vielen Fällen der Doktorvater nahezu von selbst, nämlich dann, wenn es sich bei dem Bewerber um einen Wissenschaftlichen Mitarbeiter des gewünschten Doktorvaters handelt, oder wenn der die Promotion Anstrebende während des Studiums oder im Examen einem Hochschullehrer positiv aufgefallen ist, so dass dieser von sich aus eine Betreuung anbietet. Wenn allerdings kein aufmerksamer oder gütiger Blick eines Hochschullehrers auf den potentiellen Doktoranden fällt, so kann ein Dritter – etwa ein Wissenschaftlicher Mitarbeiter des »angepeilten« Doktorvaters – einen Kontakt vermitteln oder zumindest auf eine Promotionsmöglichkeit aufmerksam machen. In der Autobiographie einer früheren Aachener Studentin, die während ihrer späteren Recherchen für ihre Dissertation über eine Analyse der politischen Rolle der Frau in der DDR[7] vom Ministerium für Staatssicherheit der DDR als Spionin angeworben wurde, schildert die Autorin, wie ihr »Mitte der 60er Jahre jenes Angebot unterbreitet (wurde), das meiner Lebensplanung die entscheidende Wende gab. Auf der Suche nach personellem Ersatz für einen studentischen Mitarbeiter war Mehnerts

Assistent auf mich aufmerksam geworden. Er bat mich zu einem Gespräch, schilderte mir die Tätigkeit, die ich im Institut verrichten sollte, und schlug schließlich einen weiten Bogen in die Zukunft: ›Wenn Sie wollen, können Sie später auch bei Mehnert promovieren, so wie die anderen Mitarbeiter hier‹.«[8]

In den meisten Fällen bleibt dem eine Promotion Anstrebenden die eigene Suche nach einem Doktorvater nicht erspart, insbesondere in den Massenfächern, in denen die Hochschullehrer nur wenige ihrer Studenten und Studentinnen persönlich kennen. Je schwächer die Examensnote ist, umso intensiver wird das Klinkenputzen sein, d. h. um so mehr Hochschullehrer werden aufgesucht werden müssen. Blindflüge von Kandidaten, die egal wo und egal bei wem eine Doktorarbeit schreiben wollen, sind leider keine Ausnahme. Beispiele solcher Blindflüge finden sich gelegentlich in Anzeigen in Fachzeitschriften, etwa: »Rechtsanwalt ... sucht seriöse Promotionsmöglichkeit ... bundesweit und im deutschsprachigen Ausland.«[9] »Verwaltungsjurist (Direktor) ... sucht trotz hoher beruflicher Beanspruchung berufsbegleitende Promotionsmöglichkeit ...«[10] »Wiss. Ass. gesucht? 28 J., freischwebender Linker (SPD, ÖTV), 2 J. stud. SV (SR, FS-Sprecher) ... kann und will (verh., 2 Kinder) nicht ›akademisch klettern‹ sondern braucht gleich Geld; sucht Prof. od. FB der ihn in Ruhe (verfassungstheoretisch promovieren) lässt. Nur ernstgemeinte Angebote unter ... an ...«[11]

Häufiger ist heute allerdings die verdeckte Rundmail an sämtliche Professoren des betreffenden Fachgebiets in Deutschland. Der Promotionsinteressent wirft gleichsam ein Netz aus in der Hoffnung, dass sich ein Fisch darin

verfangen möge. Der einzelne Empfänger der Mail weiß
nur aus Erfahrung, dass es sich keineswegs um eine (allein) an ihn persönlich gerichtete Mail handelt, sondern
um eine solche mit großem Empfängerkreis.

Die Regel ist, dass man sich zunächst das Gebiet aus-
sucht, auf dem man seine Arbeit schreiben will, und man
sodann bei dem Hochschullehrer vorspricht, den man am
liebsten als Betreuer hätte. Die Auswahlkriterien für die
»Adoption« des Doktorvaters durch den Bewerber sind
unterschiedlich. Relevante Fragen hierfür können sein:
Ist der Betreuer eine Koryphäe seines Faches? Liest er
eingereichte Dissertationen zügig durch? Gibt er gute
Noten? Ist er hinsichtlich der Akzeptanz gegenteiliger
Meinungen liberal? Ist er einfach nett? Hat man ihn im
Studium bereits kennen gelernt, und stimmt die Chemie
mit ihm?

Bevor unser Kandidat einem potentiellen Doktorvater
sein Promotionsanliegen vortragen kann, muss der Kandidat allerdings erst die mitunter tief gestaffelten Vertei-
digungsgräben eines deutschen Professorenvorzimmers
überwinden. Hier gilt offensichtlich der von dem Staatsrechtler Helmut Ridder – in anderem Zusammenhang –
geprägte Satz: »Was im Vorhof geschieden werden kann,
zerre man nicht ins Heiligtum!«[12] Sind es mütterliche
oder andere Gefühle, die eine Sekretärin bewegen, als
aufdringlich empfundenen Doktoranden den Zutritt
zum Heiligtum zu verwehren und ihren Chef damit vor
weiteren Doktoranden zu beschützen? Ob die klassische
Auskunft einer Vorzimmerdame an einen Kandidaten,
die da lautete: »Wir nehmen keine Doktoranden mehr
an.« als verbürgt anzusehen ist, sei dahingestellt. Se non è
vero è ben trovato. Sicher ist aber, dass mehr als ein Pro-

motionsvorhaben im Festungsgraben des Sekretariats liegen geblieben ist.

Gelangt der Kandidat dagegen in das Heiligtum, d. h.
gelangt sein Brief auf den Schreibtisch, seine Mail auf
den persönlichen PC oder der Kandidat in Person in die
Sprechstunde des »Profs«, so gibt es drei Möglichkeiten,
und zwar in der Reihe ihrer Wahrscheinlichkeit (?): erstens Ablehnung; zweitens Abschiebung; drittens Annahme.

3. Ablehnung eines Promotionsanliegens

Im Fall einer Ablehnung machen manche Hochschullehrer es sich damit leicht, andere schwer. Am einfachsten
war die Anweisung, die ein Professor an seine Sekretärin
gab, indem er auf Bewerbungsschreiben vermerkte: »Ab-
sagen wie immer.« Der Standardtext des absagenden
Fünfzeilers enthält: 1. eine Empfangsbestätigung des Be-
werbungsschreibens; 2. die Erklärung, dass eine Annahme des Bewerbers als Doktorand nicht möglich sei; eine
dafür gegebene Begründung, die in der Regel mit Über-
belastung durch bereits angenommene Doktoranden erfolgt (jede Zahl über 25 wirkt dabei einleuchtend); 4.
eine Erklärung des Bedauerns, dass eine andere, positive
Entscheidung unter diesen Umständen leider nicht möglich sei; 5. ein aufmunterndes Schulterklopfen, dass der
Bewerber mit seinem Anliegen vielleicht bei einem anderen Kollegen mehr Erfolg haben könnte.

Eine unehrliche Form der Ablehnung ist beharrliches
Schweigen. Man kennt die Fälle: Jemand bewirbt sich bei
einem Professor um Annahme als Doktorand. Der Pro-

fessor hört sich den Bewerber an, spricht mit ihm und beendet das Gespräch mit einem freundlichen: »Ich werde mir die Sache überlegen; Sie hören wieder von mir.« Der Bewerber wartet eine, zwei, drei, vier Wochen – der Professor schweigt. Soll er, so fragt sich der Bewerber, den Professor anrufen oder in anderer Form – vielleicht über das Vorzimmer – nachfragen? Aber könnte das nicht, so befürchtet der Bewerber, als ungehöriges Drängen aufgefasst werden? »Hänschen piep' einmal« möchte man dem schweigenden Professor zurufen – aber er piept nicht oder moderner, mit dem berühmten Funkspruch aus der Apollo 13-Mission: »Houston, wir haben ein Problem. Bitte melden!« »Houston« meldet sich aber nicht. Zwei Monate sind seit jenem Gespräch verstrichen; der Professor schweigt immer noch. Inzwischen fragt der Bewerber sich: Wenn der Prof. so lange über seiner Entscheidung betreffend Annahme oder Nichtannahme brütet – wie lange wird er später brauchen, um die Dissertation durchzusehen? Nach drei Monaten beharrlicher Funkstille resigniert der Bewerber (zwischenzeitlich hatte er in einem höflichen Schreiben an seine Bewerbung erinnert, auch unter Hinweis darauf, dass er wegen der Frage des Beginns seiner Referendarzeit zeitlich disponieren müsse). Falls der Bewerber an der Institution des deutschen Hochschullehrers noch nicht völlig verzweifelt ist, geht unser Bewerber erneut auf Suche nach einem (anderen) Doktorvater – vielleicht findet er diesmal einen Nichtschweiger. »Welche Eigenschaften sollte ein Hochschullehrer haben?« fragt der Hochschulverband in einem der seit etlichen Jahren beliebten publizistischen Fragebogen. Die Antwort könnte sein: Ein Hochschullehrer sollte »ja« oder »nein« sagen können; jedenfalls sollte er

aber den ihm anvertrauten jungen Menschen nicht deren
Zeit stehlen.

4. Abschiebung eines Promotionsanliegens

Die Abschiebung ist demgegenüber eine versüßte Form
der Ablehnung: Ein Hochschullehrer mag einen Bewerber aus wirklichen oder angeblichen Gründen nicht als
Doktoranden annehmen, möchte aber rücksichtsvoller-
weise kein hartes »Nein« im Raume stehen lassen oder
sich verschweigen. Süßstoff ist in einer solchen Situation
ein Ratschlag an den Bewerber oder ein Empfehlungsschreiben für ihn an einen Kollegen. Der Ratschlag, es
mit der Bewerbung bei einem anderen Hochschullehrer
zu versuchen, kann im ersten Anlauf (der – genau gezählt
– ja schon ein zweiter ist) zum Erfolg führen; er kann
aber auch ein Karussell von Tür zu Tür in Bewegung
setzen. Frank Thiess, der Autor des früher viel gelesenen
Seeschlachtromans »Tsushima«, beschreibt in seiner Autobiographie »Verbrannte Erde« eine (seine) solche Dok-
torandenbewerbungstour: »Am Ende verdankte ich es der
bildsäulenhaften Gleichgültigkeit meiner Professoren,
dass ich nach drei Semestern Berlin verlassen konnte. Ich
meldete mich bei Erich Schmidt als Doktorand und sagte,
ich wolle über Hebbel und Elise Lensing, deren Briefe
sich gewiss noch auffinden ließen, arbeiten. Er hielt meinen Vorschlag für unglücklich, weil ich bestimmt nichts
Neues zutage fördern würde. Da ich, wie er wußte, auch
bei Max Hermann hörte, möge ich mir von ihm ein Dissertationsthema geben lassen. Max Hermann war sehr
freundlich und sagte, er wolle darüber nachdenken. Als

ich wieder zu ihm kam, riet er mir, über die Stellung der Schwaben zu Goethe meine Dissertation zu verfassen. Dazu könne ich freilich nicht in Berlin bleiben, sondern müsse nach Tübingen gehen. Das Thema war steifledern, aber in Tübingen lebte ich auf ...«[13]

Hinsichtlich Empfehlungsschreiben wird ein Hochschullehrer, der einen Bewerber (weiter-)vermitteln will, zurückhaltend sein, denn eine Ablehnung des Empfohlenen durch den Briefempfänger ist für alle Beteiligten ungut: Der Ablehnende gibt einem – vielleicht an sich hochgeschätzten – Kollegen einen Korb; der Empfehlungsschreiber verliert gegenüber dem Bewerber sein Gesicht; der Bewerber schließlich schaut »in die Röhre« und ist enttäuscht. Immerhin: Macht ein Hochschullehrer von Empfehlungsschreiben nur sparsam Gebrauch, ist er also kein professioneller »Abschieber«, und gibt es einen sachlichen Grund (z.B. aufgrund des von dem Bewerber ins Auge gefassten Themas) sich an den Adressaten zu wenden, so kann eine solche Empfehlung durchaus auch einmal zum Erfolg führen.

5. Annahme eines Promotionsanliegens

Noch besser für den Bewerber ist es natürlich, wenn er für die Annahme als Doktorand keines Empfehlungsschreibens bedarf, sondern seine eigenen Leistungen ihn ohnehin qualifizieren. Eine exzellente Examensnote beim Abschluss des Studiums ist schon fast ein automatischer Türöffner für die Promotion. Solche Kandidaten verursachen dem Doktorvater keine Zusatzmühen zusätzlicher Begründungen oder qualifizierter (was auch

immer dies ist) Gutachten gegenüber dem Promotionsausschuss.

Auch ein überzeugendes Seminarreferat kann positive
Spätfolgen haben. So berichtet Karl Friedrich Fromme,
nachmals ein Herausgeber der FAZ, er habe im Frühjahr
1954 Tübingen verlassen »mit einem, aus einer Seminar-
arbeit, die ein sprödes Lob aus Eschenburgs Mund erfahren hatte, entstehenden Doktorarbeits-Plan«.[14] Dagegen
schließt der heutige Massenbetrieb in vielen Fächern es
oft von vornherein aus, dass der spätere Doktorand ein
früherer Schüler des Doktorvaters gewesen sein muss.
Untypisch ist deshalb die Begründung einer Ablehnung
mit den Worten eines Hochschullehrers: »Ich nehme nur
solche Doktoranden an, die ich herangezüchtet habe«,
oder eine Ablehnung wegen eines »provinziellen Le-
benslaufes« eines Bewerbers. Überholt ist somit auch der
Eindruck, den der spätere amerikanische Historiker
Henry Adams, Enkel des 6. Präsidenten der USA John
Quincy Adams und Urenkel des 2. Präsidenten der USA
John Adams, während seines Studiums an der Friedrich-Wilhelm-Universität Berlin von den dortigen Vorlesungen gewann: »Der Professor murmelte seine Kom-
mentare und die Studenten schrieben einige Bemerkungen nieder oder schienen es zu tun; sie hätten aus
Büchern oder in Diskussionen an einem Tage mehr lernen können als in einem Monat von ihm, aber sie mussten sein Gehalt bezahlen[15], seine Vorlesungen besuchen
und seine Schüler sein, wenn sie promovieren wollten.«[16]
Zum Thema Heranzüchten noch ein Nachtrag: Es scha-
det bestimmt nicht, wenn der Promotionsinteressent sich
bereits als Studentische oder Wissenschaftliche Hilfskraft
am Lehrstuhl des ins Auge gefassten Doktorvaters be-

währt hat. Leider scheitert dies heute häufig an der Stellensituation.

6. Wie viele Doktoranden kann ein Doktorvater verkraften?

Heutzutage wird ein Hochschullehrer sich vor seiner Entscheidung über die Annahme eines neuen Doktoranden vergewissern, wie hoch sein Doktoranden-»Bestand« schon ist. Wie viele Doktoranden kann ein einzelner »Doktorvater« »verkraften«? Die Antwort auf diese Frage wird von Fach zu Fach verschieden sein und vom unterschiedlichen Betreuungsaufwand für die einzelnen Doktoranden und von der Arbeitskapazität des betreffenden Hochschullehrers abhängen. Jung berufene Hochschullehrer fangen mit null Doktoranden an, weshalb sie gern von Bewerbern »angeflogen« werden. Dem Autor v. Münch geschah es, dass kurz nach seiner Berufung auf seine erste Professur an der damals neu gegründeten Ruhr-Universität Bochum eines Morgens kurz nach 8 Uhr vier junge Männer unangemeldet vor der Tür seines Dienstzimmers standen; sie waren – wie sich herausstellte – mit dem Schlafwagen aus München gekommen, wo ihnen wegen ihrer schwachen Examensnoten eine Promotion an der Juristischen Fakultät verschlossen war. Die Schlafwagenfahrer hofften, dass sie bei dem jungen Professor »landen« könnten, was aber eine Fehleinschätzung war. »Promotionstourismus« wird generell nicht gern gesehen; wer zu schwach ist, um an seiner Heimatfakultät promovieren zu dürfen, hat auch auswärts kaum Chancen – denn wer möchte sich schon dazu bekennen, geringere Anforderungen als jene Heimatfakultät aufzustellen? Auch das »Anfliegen« junger Professoren hat sich verringert; in vielen Fällen wissen Absolventen gar nicht, dass es solche Neuankömmlinge unter den Professoren überhaupt gibt.

Naturgemäß steigt im Verlauf des akademischen Lebens eines Hochschullehrers die Zahl seiner Doktoranden an. Wer der bisher zeugungskräftigste Doktorvater gewesen ist, ist nicht bekannt. In den nichtmedizinischen Fächern ist vermutlich eine Zahl von über 100 Doktoranden überdurchschnittlich hoch. Von dem Professor für pharmazeutische Chemie Herbert Oelschläger (Frankfurt am Main) wird berichtet, er habe 114 Dissertationen (und 14 Habilitationen) betreut.[17] Gerhard Schiedermair, Professor für Bürgerliches Recht und Zivilprozessrecht, hat während seiner dreißigjährigen Lehrtätigkeit (ebenfalls in Frankfurt am Main) 120 Doktoranden promoviert und zehn Habilitanden betreut.[18] Hans Peter Ipsen führte als Professor für Öffentliches Recht und Europarecht 148 Doktoranden und sieben Habilitanden an das Ziel ihres Wunsches.[19]

Solche Zahlen legen den Gedanken an eine Selbstbeschränkung von Betreuern nahe. Schließlich gelangt jeder irgendwann an die Grenzen seiner persönlichen Kapazität und kann eine verantwortungsbewusste Betreuung nicht mehr gewährleisten. Freilich hätte auch solche Selbstbeschränkung ihre Kehrseiten: Zum einen wird die Quantität von Betreuungen, also die Zahl von Promotionen, (leider) häufig als Kriterium für Mittelvergabe und Mittelverteilung benutzt.[20] Tonnenideologie zählt bedauerlicherweise für Universitätsleitungen und so genannte Forschungsförderung, weil es ja so einfach ist,

simple Zahlen zu lesen, statt qualitative Kriterien heran-
zuziehen; sie setzt bedauerliche Fehlanreize.[21] Zum anderen arbeiten Doktoranden in vielen Fächern auf Drittmittelstellen. Selbstbeschränkung bei ihrer Zahl hieße dann
auch Beschränkung bei der Zahl zu beantragender Drittmittelstellen und damit bei der Höhe von Drittmitteln.[22]

7. »Abhanden kommende« Doktorväter

Während Doktoranden häufig abhanden kommen, d. h.
ihre Dissertation nicht fertigstellen, bleibt der Doktorvater im Regelfall erhalten. Ein Wechsel des Doktorvaters
an eine andere Hochschule beendet ein Doktorandenverhältnis nicht. Es ist wohl ein nobile officium, dass der
Doktorvater, sofern dies technisch möglich ist, seine
Doktoranden weiter betreut, d. h. sie nicht einfach aus-
setzt und sie damit seinen ehemaligen Fakultätskollegen
aufbürdet. Die Entpflichtung (nach altem Recht: die
Emeritierung) eines Hochschullehrers beendet in der
Regel nicht die Mitgliedschaft an der Universität, so dass
z. B. ein Emeritus wohl weiter betreuen kann, dies aber
nicht tun muss. Otto B. Roegele zitiert in seinem Beitrag »Rückblicke auf die Universität, wie sie war« seinen
Vorgänger im Amt des Vorstandes des Instituts für
Zeitungs-Wissenschaft in der Philosophischen Fakultät
der Ludwig-Maximilians-Universität München, Hanns
Braun, »er habe sich auch mit Promotionen zurückgehal-
ten, da nach der Emeritierung d'Esters[23] eine nicht genau
bestimmbare Zahl, jedenfalls fast hundert Dissertations-
zusagen eingefordert worden seien, mit denen er nur all-
mählich und unter großen Mühen habe fertig werden

können«.[24] Eine bevorstehende Emeritierung wird allerdings in der Regel dazu führen, dass der betreffende Hochschullehrer keine neuen Doktoranden mehr annehmen wird. Berechtigt und verständlich war daher die Ablehnung einer Bewerberin mit der Begründung: »Ich werde demnächst emeritiert und habe noch 45 Doktoranden.« Der Kollege, der dies sagte, verstarb bald danach – ein trauriges Ereignis nicht nur für die Angehörigen, sondern auch für seine Doktoranden. Eine Fakultät, an der ein verstorbener Hochschullehrer tätig war, ist allerdings gehalten, seine Doktoranden auf andere promotionsberechtigte Mitglieder zu verteilen, es sei denn, die durch den Todesfall betroffenen Doktoranden klären die Nachfolge in ihrer Betreuung selbst.

In dem bereits erwähnten Kriminalroman »Berliner Aufklärung« wird ein solches Gespräch zwischen der Doktorandin Anja und dem von ihr aufgesuchten Professor Wogner so geschildert: »Anja stand in der Mitte des Zimmers, und Wogner machte keinerlei Anstalten, sie zum Setzen aufzufordern. ›Ich weiß nicht, ob Ihre Sekretärin Ihnen bereits mitgeteilt hat, worum es geht. Ich suche einen neuen Doktorvater, nachdem Professor Schreiner ermordet wurde‹. Ein kleiner Ruck ging durch den schwachen Körper Hinrich Wogners. ›Wie? Sie arbeiteten bei diesem Herrenmensch-Ideologen?‹ ... Ohne sich nach Anja umzudrehen, begann er erneut zu reden: ›Was immer die irrigen Hoffnungen waren, die Sie zu mir geführt haben, ohne alle Ausnahme werde ich mich weigern, eine Doktorarbeit zu betreuen, die bei diesem unseligen Kollegen begonnen wurde.«[25]

IV. Thema der Dissertation

> Ein gutes Dissertationsthema zu stellen,
> kommt einer wissenschaftlichen Entde-
> ckung gleich.
>
> Levin Ludwig Schücking*

Der Ausspruch des Anglisten Levin Ludwig Schücking
(1878–1964), ein gutes Dissertationsthema zu stellen
komme einer wissenschaftlichen Entdeckung gleich, mag
für eine normale Dissertation etwas übertrieben klingen.
Richtig ist aber – wie der Regensburger Strafrechtler
Friedrich-Christian Schroeder festgestellt hat –, dass es
bei Dissertationen eine »Themennot« gibt: »Themen, die
früher typischer Gegenstand von Dissertationen waren,
sind heute weitgehend bereits von Kollegen aufgegriffen
und ›abgegrast‹.«[1] Richtig ist auch, dass ein gutes Thema
schon »die halbe Miete« ist: Der Doktorand ist motiviert,
der Doktorvater ist interessiert. Die Arbeit selbst wird,
wenn nicht unvorhergesehene Ereignisse dazwischen-
kommen, in angemessener Zeit fertiggestellt werden. Ein
Verlag wird anspringen. Rezensionen sind zu erwarten.

1. Wer wählt am besten aus?

Aber wann ist ein Thema für eine Dissertation »ein gutes
Thema«? Was sind die Maßstäbe für diese Qualität? Vor

allem: Wer sollte das Thema aussuchen – der Doktorvater oder der Doktorand?

Für die Auswahl durch den Doktorvater spricht sein größerer Überblick über das Gebiet, seine größere Kenntnis des Faches und seine größere Erfahrung mit erfolgreichen oder gescheiterten Doktoranden. Der Doktorvater kann den Doktoranden davor bewahren, sich mit einem zu schwierigen oder zu weiten Thema zu überfordern oder sich mit einem Thema, in welchem nicht genug »Musik« steckt, zu unterfordern. Trotz vorhandener »Themennot« wird der Doktorvater in der Regel einen gewissen Fundus an Themen haben, von denen er überzeugt ist, dass sie bearbeitungsfähig, bearbeitungsbedürftig und bearbeitungswürdig sind. Nicht selten hat ein Doktorvater sogar ein spezielles eigenes Interesse an der Bearbeitung des von ihm ausgegebenen Themas. Von einem der großen Ökonomen der Vergangenheit wird erzählt, er habe an ihn erteilte Gutachtenaufträge auf Doktoranden verteilt, d. h. das Gutachten jeweils in verschiedene Dissertationsthemen zerlegt. Ob er die Doktoranden – gewissermaßen als seine Subunternehmer – auch an seinem Gutachterhonorar beteiligt hat, ist nicht bekannt. Ausgesprochen selten dürfte dagegen der Fall sein, in dem eine Dissertation aus einem an den Doktoranden selbst erteilten Gutachtenauftrag entsteht.[2] Vom Doktorvater gestellte Themen lassen Doktoranden anfangs schneller in Motivationslöcher fallen.[3] Vielen Doktoranden fällt es schwer, den Einstieg zu finden. Andererseits kann gerade der externe Einfluss einen eher technischen Umgang mit dem Thema erleichtern und dadurch die Bearbeitung fördern.[4]

In der Regel erwartet der Doktorvater, jedenfalls in den geisteswissenschaftlichen Fächern, dass der Doktorand selbst einen Themenvorschlag macht, am besten sogar mehrere. Der Vorschlag kann z.B. aus bereits während des Studiums geleisteten Vorarbeiten erwachsen sein, etwa aus einem Seminarreferat des (späteren) Doktoranden. Über Max Kaser, den bedeutenden Professor für Römisches Recht und Bürgerliches Recht (1906–1997) wird berichtet, er habe in seiner Zeit an der Hamburger Universität (1959–1971) 13 Dissertationen betreut, »die fast ausschließlich aus den Seminaren hervorgegangen sind, unter ihnen hervorragende Arbeiten und vier Spitzenleistungen«.[5]

Die Anregung zu dem Themenvorschlag kann aber auch aus einem Praktikum oder aus einem Auslandsaufenthalt oder aus einer zwischenzeitlich aufgenommenen beruflichen Tätigkeit des Doktoranden kommen. Sinnvoll ist es schließlich, wenn der Doktorvater mehrere (etwa drei) Themenvorschläge des Doktoranden erwartet, unter denen er – gegebenenfalls unter Berücksichtigung der vom Doktoranden angegebenen Priorität – den ihm (dem Doktorvater) am Geeignetsten erscheinenden auswählt.

Die Vergabe eines von dem Doktoranden selbst vorgeschlagenen Themas hat den großen psychologischen Vorteil, dass der Doktorand sich mit dem Thema seiner Dissertation identifiziert,[6] was bedeutet, dass er das Thema nicht als ihm aufoktroyiert empfinden kann. Die Handhabung vieler Doktorväter, von ihren Doktoranden Themenvorschläge zu fordern, kann deshalb nicht als mangelnde Betreuung kritisiert werden. Allerdings sollte der Doktorvater den Doktoranden nicht eine unziemlich lange Zeit »durchhängen« lassen. Deshalb haben beide Autoren jeweils die Praxis gepflegt, von ihren Doktoranden zwar in der Regel einen Themenvorschlag zu verlangen, aber gleichzeitig zugesagt, falls sie damit überhaupt nicht »zu Potte« kommen sollten, ein Thema zu benennen. Eine solche subsidiär eingreifende Hilfestellung gehört – vielleicht nicht rechtlich, aber moralisch – zur Fürsorgepflicht des Doktorvaters. Außerdem können Doktorväter mit ihrer Erfahrung eher als Doktoranden überblicken, ob ein Thema zu breit oder zu schmal ist (und damit zwei der Hauptstolpersteine auf dem Weg zu einer erfolgreichen Promotion[7] aus dem Weg räumen). Identifikation mit dem Thema kann nämlich zu Distanzverlust und einem Mangel an Überblick führen.[8] Generell gilt als Faustregel: Je präziser ein Thema eingekreist ist, desto kürzer dürfte die Bearbeitungszeit werden.[9]

Wie mühsam für einen Doktoranden die Suche nach einem geeigneten Dissertationsthema sein kann, zeigt ein unter der Überschrift »Professorale Freundlichkeiten, studentische Resignation« abgedruckter Leserbrief:[10]

»Zum Brief von Leser Professor Heinz Wellhausen ›Professoren-Leistung nicht wie Akkordarbeit‹ (FAZ vom 25. April): Die Diskussion um eine insbesondere im Hinblick auf die Lehre und die Förderung des akademischen Nachwuchses leistungsorientierte Hochschullehrerbesoldung veranlaßt mich, eine Erfahrung mitzuteilen, die ich Anfang der sechziger Jahre als Student der Medizin in den klinischen Semestern an einer kleineren deutschen Universität gemacht habe. Die Studentenzahlen waren noch verhältnismäßig gering, an der dortigen Universität gab es 8000 Studenten. Mein damaliger Wunsch war es, noch vor dem Staatsexamen eine Promotionsarbeit zu erstellen. Um damit zu beginnen, erschienen mir die mehrmonatigen Sommersemesterferien besonders geeignet.

Der Abteilungsleiter des Anatomischen Instituts, den ich als ersten aufsuchte, unterhielt sich mit mir in verständnisvoller Weise, teilte mir aber zugleich mit, ein promotionsfähiges Thema sei zu seinem Bedauern zur Zeit an dem Institut nicht in Sicht. Ebenso freundlich verabschiedete er sich von mir und wünschte mir für meine zukünftigen Bemühungen alles Gute. Der Direktor der Augenklinik, an den ich mich als nächstes wandte, ermutigte mich zunächst mit dem Hinweis auf eine Sammlung präparierter menschlicher Glaukomaugen, an denen ich Kammerwinkelvermessungen vornehmen könnte. Zu diesem Zwecke verwies er mich an einen seiner Oberärzte, einen Privatdozenten. Dieser machte meine kaum aufkeimende Hoffnung jedoch bald mit der Feststellung zunichte, die Messungen seien technisch nicht durchführbar und würden nicht zu brauchbaren Ergebnissen führen. Statt dessen schlug er mir vor, mich experimentell den Durchblutungsverhältnissen am Katzenauge unter dem Einfluß verschiedener Medikamente zuzuwenden. Um mich in Beschäftigung zu halten, empfahl er mir, die pharmazeutischen Herstellerfirmen mit der Bitte um Übersendung der Substanzen anzuschreiben. Da ich nur Student war und keiner klinischen Arbeitsgruppe angehörte, erhielt ich nur von zwei Firmen jeweils ein Ärztemuster mit wenigen Wirkstoffampullen, die für die geplanten Untersuchungen in keiner Weise ausreichend waren. Da mir die Zeit inzwischen davonlief und ich bis dahin nichts erreicht hatte, suchte ich meinen designierten Doktorvater mehrfach in der Klinik auf, wo ich ihn immer seltener und schließlich gar nicht mehr antraf. Von dritter Seite erfuhr ich, dass er sich, sobald er mein Kommen bemerkt hatte, vor mir verborgen hielt und sich verleugnen ließ.

Der Direktor des Pharmakologischen Instituts, dem ich schließlich meine Aufwartung machte, empfing mich mit freundlichen Worten. Nachdem ich ihm mein Anliegen vorgetragen hatte, meinte er nach einigem Nachdenken, die Analyse verschiedener Fermente im Speichel des Meerschweinchens sei vielleicht ein geeignetes Dissertationsthema. Allerdings, so eröffnete er mir zugleich, könne ich leider mit keinerlei Unterstützung rechnen, da sowohl er selbst als auch seine wenigen Mitarbeiter zeitlich vollständig in Anspruch genommen seien. Einstweilen möge ich in der Institutsbibliothek nach entsprechender Fachliteratur Ausschau halten. Nachdem ich nur weniges zusammengebracht hatte, erfasste mich ein Gefühl tiefer Resignation. Dem Professor erklärte ich, mich einer so schwierigen Aufgabe ohne jede Fremdhilfe nicht gewachsen zu fühlen und mein Promotionsvorhaben zunächst zurückstellen zu wollen. Freundlich reichte er mir die Hand und sagte: ›Ich beglückwünsche Sie zu Ihrer Entscheidung.‹ Die Semesterferien waren inzwischen verstrichen.«

In der schöngeistigen Literatur wird das Problem des themasuchenden Doktoranden kürzer, allerdings auch drastischer dargestellt: In dem Roman »Liebesleben« der israelischen Erfolgsautorin Zeruya Shalev erzählt die Hauptperson Ja'ara: »… und die ganze Zeit hatte ich Angst, er könne es meinem Vater erzählen, er könne ihm einen anonymen Brief schicken und ihm mitteilen, dass seine Tochter mit alten Kerlen fickte, statt sich um ihre

Dissertation zu kümmern, und ich versuchte, mich auf meine Arbeit zu konzentrieren, in Gedanken den Kreis der Themen durchzugehen und mir endlich eines auszuwählen, und plötzlich wurde ich ohnmächtig.«[11]

2. Doppelvergabe von Themen an verschiedenen Lehrstühlen oder Universitäten

Ein nicht fiktiver, sondern reeller Anlass, in Ohnmacht zu fallen, kann gegeben sein, wenn ein Doktorand nach vielmonatiger oder gar mehrjähriger Arbeit an seiner Dissertation feststellt, dass dasselbe Thema bereits an einer anderen Universität von einem anderen Doktoranden bearbeitet wird. Eine solche Doppelvergabe eines Dissertationsthemas ist der Alptraum jedes Doktoranden. Wenn ein Doktorand aus diesem Grund sein Dissertationsthema wechseln muss, und dann auch noch womöglich der Doktorvater wechselt, ist eigentlich das für den Doktoranden erträgliche Maß an Leiden erreicht. Jedenfalls gilt in einem solchen Fall: chapeau! Hut ab vor einem Doktoranden, der trotz solcher Widrigkeiten eine (neue) Dissertation beginnt und abschließt, und der den doppelten Wechsel in dem seiner Dissertation beigefügten Lebenslauf ohne Wehklagen erwähnt:

»Im Wintersemester 1968/69 begann ich an der Christian-Albrechts-Universität in Kiel mit dem Studium der Rechtswissenschaften und bestand am 12. Februar 1974 vor dem Justizprüfungsamt bei dem Schleswig-Holsteinischen Oberlandesgericht in Schleswig die erste juristische Staatsprüfung. Anschließend betraute mich Herr Professor Dr. Kewenig mit der Bearbeitung des Promoti-

onsthemas ›Der Finanzplanungsrat und der Konjunktur-
rat‹. Gleichzeitig nahm ich in Kiel ein volkswirtschaftli-
ches Ergänzungsstudium auf. Dieses beendete ich 1977
mit dem Erwerb des Vordiploms, weil ich kurz vor Vollendung meiner Dissertation festgestellt hatte, dass das
oben genannte Thema von Schechinger in München er-
schöpfend abgehandelt worden war. Herr Professor Dr.
Kewenig stellte mir als neue Aufgabe ›Das Notbewilligungsrecht des Bundesministers der Finanzen‹. Nachdem
Herr Professor Dr. Kewenig Senator in Berlin geworden
war, übernahm Herr Professor Dr. Fiedler freundlicher-
weise die Betreuung der vorliegenden Arbeit. Hierfür
bin ich ihm zu großem Dank verpflichtet.«[12]

Der Hochschulverband hat das Problem der Doppelvergabe von Dissertationsthemen schon vor Jahren mit
dem Vorschlag zu lösen versucht, eine zentrale Dokto-
randenkartei einzurichten, in der ausgegebene Themen
registriert werden sollten. So überzeugend diese Idee auf
den ersten Blick erscheint – sie löst das Problem nicht;
denn ein Erfolg würde voraussetzen, dass tatsächlich alle
Doktorväter die Themen aller ihrer Doktoranden anmel-
den (was unwahrscheinlich ist). Problematischer ist aber
noch, dass mit der Aufnahme in die Kartei nicht nur diejenigen Themen blockiert werden würden, die tatsächlich zu einer abgeschlossenen Dissertation führen, sondern auch Themen, die nicht zu Ende bearbeitet wurden,
weil die betreffenden Doktoranden ihre Dissertation
nicht fertig stellen, sondern – wie dies in vielen Fällen
geschieht – vorher »aussteigen«.

Um einer Doppelvergabe zu entgehen, schreiben zuweilen Doktoranden diejenigen Hochschullehrer an, von
denen aufgrund ihrer Forschungsgebiete angenommen

werden kann, dass sie dasselbe Thema ausgeben wie das-
jenige, das der Doktorand wählen möchte. In einem solchen Anfragebrief wird der Briefschreiber zunächst das
von ihm beabsichtigte Thema vorstellen, sodann darüber
informieren, wer der voraussichtliche Betreuer der Arbeit
sein wird, und schließlich sein Anliegen vortragen.

3. »Themennot« und die Folgen

Angesichts der bereits erwähnten »Themennot« wird sich
allerdings die Vergabe von zumindest ähnlichen Themen
nicht gänzlich vermeiden lassen. Jedoch bestehen heute
mehr Informationsmöglichkeiten als in früheren Zeiten.
Freilich werden Promotionsthemen und deren Bearbeiter
auch heute kaum über das WWW annonciert. Auch gilt
der Erfahrungssatz: »Wenn zwei dasselbe tun, ist es nicht
dasselbe.« Die Gefahr, dass inhaltlich identische Arbeiten
geschrieben werden, ist deshalb relativ gering, sofern
nicht eine bewusste Abschrift vorliegt, nach dem studentischen Motto: »Einmal abschreiben: Plagiat; zweimal
abschreiben: Referat; dreimal abschreiben: Dissertation.«
Eine parallele oder zeitlich dicht aufeinander folgende
Behandlung desselben Problems in mehreren Dissertationen kann man auch (durchaus mehrdeutig) als »Verdich-
tung« einer wissenschaftlichen Diskussion bezeichnen.
Friedrich-Christian Schroeder illustriert dies an einem
Beispiel aus der Strafrechtswissenschaft: »Zu der Frage,
ob das eigenmächtige Geldwechseln Diebstahl ist, liegen
aus neuerer Zeit vier Aufsätze und fünf Dissertationen
vor. Spätere Rechtshistoriker müssen zu dem Eindruck
kommen, dass das eigenmächtige Geldwechseln[13] sich

Ende des 20. Jahrhunderts in Deutschland zu einer Epidemie entwickelt hat.«[14] Jedes neue Gesetz und jeder neue europäische Rechtsakt, ja jedes höchstrichterliche Urteil von einer gewissen Bedeutung zieht nahezu unweigerlich einen Rattenschwanz von Dissertationen quer durch Deutschland nach sich,[15] eben weil es noch nicht abschließend behandelt und noch nicht »ausgeschrieben« ist. »Ausgeschriebene« Themen, also Klassiker, zu denen sich seit Jahrzehnten Schriften und Veröffentlichungen finden, sollten im Eigeninteresse der Doktoranden nicht vergeben werden; denn sie werden dazu kaum etwas Neues oder Weiterführendes finden und entwickeln können.[16]

Spezielle Themen wird der Doktorvater gern ausgeben, wenn und soweit sie zugleich seinen eigenen Forschungsinteressen entgegen kommen. Sie wird er umso lieber ausgeben, je besser sie sich sogar in eines seiner gerade laufenden Forschungsprojekte einpassen; allerdings wird er sie vorzugsweise an seine Wissenschaftlichen Mitarbeiter oder sonstige interne Doktoranden ausgeben, weil er dann die Fortschritte besser beobachten und besser einpassen kann.

Wenn von »Themennot« die Rede ist, muss man sich allerdings darüber klar sein, dass die Themennot sich immer nur auf ein ganz bestimmtes, engeres Fachgebiet bezieht. Im Übrigen ist die Themenwelt offen und riesengroß. Ein einziges Ereignis der Geschichte oder eine einzige Person können Doktoranden anlocken wie Motten das Licht. Die Anzahl der allein über Goethe, Kafka, Thomas Mann und Bertolt Brecht verfassten Dissertationen geht in die Hunderte. Den Wettstreit, über wen jeweils mehr Doktorarbeiten geschrieben wurden, können die Witwen austragen. Über einen solchen Wettstreit berichtet Marcel Reich-Ranicki im Zusammenhang mit der Schilderung eines Besuches von Hans Meyer und ihm bei der Witwe von Thomas Mann in Kilchberg im April 1967: »Hans Meyer hatte in der Hand einen großen Blumenstrauß, den ihm aber Frau Mann gar nicht abnehmen wollte. Er wurde von ihr ziemlich barsch angefahren: ›Sie haben geschrieben, das Spätwerk meines Mannes bröckele ab.‹ Meyer, immer noch mit den Blumen in der Hand, war verlegen wie ein Schuljunge und stammelte hilflos: ›Aber Gnädige Frau, ich bitte, ich bitte höflichst, bedenken zu wollen …‹ Katia Mann unterbrach ihn sofort: ›Widersprechen Sie nicht, Herr Meyer, Sie haben geschrieben, Thomas Manns Spätstil sei ein Abbröckeln. Sie sollten wissen, dass über meinen Mann alljährlich in der ganzen Welt mehr Doktorarbeiten eingereicht und gedruckt werden als über diesen, diesen Kafka!«[17] In Bezug auf einen anderen großen Dichter behauptet Paul Ingendaay, »Hemingways Unfähigkeit, Frauen anders als funktional für seine Macho-Welt zu zeichnen, hat Hunderte von harschen Doktorarbeiten hervorgerufen«.[18]

Die breite Masse der Dissertationen kreist allerdings nicht um Unfähigkeit oder Fähigkeit von Titanen. Vielmehr geht es meist um ziemlich handfeste Probleme, etwa – um Beispiele von juristischen Dissertationen zu nennen – um die Frage: »Ist die zwangsweise vorgenommene medikamentöse Beruhigung tobender Gefangener zulässig, wenn deren Toben die Sicherheit und Ordnung in der Vollzugsanstalt stört?«[19], oder um »Die Biene im deutschen Recht von den Anfängen bis zur Gegenwart«[20], oder um die »Integration künstlicher neuronaler Netze in regelbasierte juristische Expertensysteme«, oder um »Die ARD auf dem Prüfstand. Notwendige Reformen zur künftigen Erfüllung des klassischen Rundfunkauftrages bei gleichzeitiger Bündelung der Kräfte und Erzielung von Synergieeffekten«.[21] Zuweilen kommt es vor, dass der Verfasser einer Dissertation meint, mit einem Titel und einem Untertitel nicht auszukommen und deshalb einen weiteren Untertitel hinzusetzt; der genannte Titel lautet dann etwa: »Der erweiterte Grundrechtsschutz in den Landesverfassungen. Zu Erscheinungsformen, Wirksamkeit und Bestand weitergehender Landesgrundrechte im Bundesstaat des Grundgesetzes – Zugleich ein Beitrag zur Verfassungsrechtsvergleichung im Bundesstaat.«[22]

4. Dissertationsthema und berufliche Tätigkeit

Nicht selten gibt eine berufliche Tätigkeit Stoff für ein Dissertationsthema. Unüblich ist und war es allerdings, wenn ein Gruppenleiter im Bundesamt für Verfassungsschutz, zuständig für die Abwehr der »Nachrichtendienste der DDR«, Landesverrat begeht, sich in die DDR absetzt und dort eine Dissertation verfasst mit dem Thema »Die Abwehrarbeit der Ämter für Verfassungsschutz in der Bundesrepublik Deutschland« (Fall Hansjoachim Tiedge; Note der Dissertation: magna cum laude).[23] Seltenheitswert hat auch der Fall, in dem ein Doktorand eine Dissertation mit dem Thema »Die Ministerverantwortlichkeit in der Bundesrepublik Deutschland« schrieb und später selbst Bundesminister wurde, so geschehen im Fall des 1959 in Würzburg zum Dr. iur. promovierten und 1982 zum Bundesminister für Raumordnung, Bauwesen und Städtebau ernannten Oscar Schneider.

Manchmal ergänzen sich Dissertationsthema und praktische Arbeit auf das Trefflichste dergestalt, dass die praktische Arbeit von der Bearbeitung des Promotionsthemas profitiert und umgekehrt diese beeinflusst. Ein Beispiel: Sabine Lisicki ist Profitennisspielerin, bekannt geworden spätestens durch den Einzug ins Finale von Wimbledon 2013 und ausgezeichnet durch den zweithärtesten Aufschlag im Damententenniszirkus (nach Serena Williams). Ihr Vater und Betreuer Richard Lisicki hat in Köln (an der Sporthochschule) promoviert über »Trainingsmethoden für die Entwicklung der Schlaggeschwindigkeit unter Beibehaltung der Präzision«, von der allgemeinen Presse knackig als »Powertennis mit Präzision« zusammengefasst.[24] Man darf vermuten, dass die Tochter von der theoretischen Befassung ihres Vaters mit dem Thema im gemeinsamen Training und in ihrer Spielpraxis profitiert hat.[25] Eine enge persönliche Nähe zum Thema aus persönlichem Erleben, ja persönlicher Mitgestaltung darf man auch bei den Doktorarbeiten von Helmut Kohl[26] und Norbert Lammert[27] annehmen. Beide rühren in Strukturen der Jungen Union und der CDU.

Wird eine berufliche Tätigkeit im Ausland ausgeübt, so kann daraus ein auslandsbezogenes Dissertationsthema abfallen, wie z. B. »neben einer vierjährigen rechtsanwaltlichen Tätigkeit in Dubai und Abu Dhabi« eine Arbeit mit dem Thema »Das Seefrachtrecht der Vereinigten Arabischen Emirate: Darstellung der einschlägigen Vorschriften des Bundesgesetzes Nr. 26/1981 mit vergleichenden Hinweisen auf entsprechende deutsche und internationale Bestimmungen«.[28] Ausländische Doktoranden werden vorzugsweise ihre heimische Sachkenntnis einbringen wollen, weshalb z.B. rechtswissenschaftliche Dissertationen von Ausländern häufig vergleichende Untersuchungen zum deutschen und zum Recht des Heimatlandes des Doktoranden zum Gegenstand haben, etwa »Die Haftung des Spediteurs im deutschen und taiwanesischen Recht«[29] oder »Chancengleichheit der politischen Parteien in Griechenland. Eine Analyse der griechischen Rechtsprechung unter vergleichender Berücksichtigung des deutschen Rechtes«.[30] Über den Erkenntniswert solcher Arbeiten kann man streiten, zumal wenn die Betreuer der betreffenden ausländischen Sprache nicht mächtig sind und deshalb dem Doktoranden vertrauen müssen, soweit er sein Heimatrecht darstellt. Die deutschrechtlichen Teile solcher bilateral rechtsvergleichenden Arbeiten sind häufig rein referierend und kommen häufig nicht über das – sowieso nicht besonders hohe – Niveau deutscher Seminararbeiten hinaus. Richtig exotisch werden Themen, die aus jugendlicher Reisefreude erwachsen sind und sich z.B. dem Recht British Columbias oder Usbekistans zuwenden.[31]

5. Kuriositäten

Viel prosaischer sind demgegenüber die Themen, die der Romanist Hans Ulrich Gumbrecht in einem von Gerhard Rohlfs angelegten Karteikasten mit Themen für mögliche Doktorarbeiten fand: »Wunderbar weltfremde Projekte wie »Die Apfelbaumbezeichnungen im Sardischen« warteten in seinem Karteikasten darauf, vielleicht eines späten Tages noch vom wissenschaftlichen Nachwuchs einer neuen Gegenwart wachgeküsst zu werden, oder, etwas breiter angelegt, »Der i-Laut in der französischen Lyrik«, oder auch »Konjunktiv-Morpheme im Rätoromanischen des Oberengadin«.«[32]

Gar preisgekrönt, nämlich mit dem Studienpreis 2013 der Körber-Stiftung, wegen ihrer besonderen Relevanz wurde die Dissertation »Die Bedeutung des muslimischen Kopftuchs in Deutschland« von Reyhan Sahin, besser bekannt unter ihrem Künstlernamen Lady Bitch Ray.[33]

Über den englischen Buchautor, Dandy und Aufschneider Bruce Chatwin wird berichtet, er habe seinem Kollegen John Mallet bei Sotheby's erzählt, dass er eine Doktorarbeit zum Thema »Würste als Phallussymbole« geschrieben habe[34] – vermutlich ein Scherz.

V. Doktorandenbetreuung

Mein Doktorvater befand sich unter einer
Tarnkappe.

Ausspruch eines Doktoranden

Was heißt überhaupt »Doktorandenbetreuung«?[1] Das
Promotionsverhältnis besteht zwischen Betreuer und
Doktoranden.[2] Rechtsstreitigkeiten aus diesem Verhältnis, z.B. auf Verpflichtung des Betreuers, die Promotion
fortzuführen oder die Dissertation als Gutachter zu votieren,[3] gehören vor die Verwaltungsgerichte. Juristen
ordnen es als unvollkommen zweiseitiges öffentlichrecht-
liches vertragliches oder vertragsähnliches Betreuungs-
verhältnis ein,[4] nicht als Verwaltungsakt.[5] Der Doktorand
kann jenes Verhältnis durch einfache Erklärung ohne
Angabe von Gründen beenden.[6] Heute dokumentieren
gern von den Fakultäten als Mustertexte entworfene Betreuungsvereinbarungen die Pflichten des Betreuers.[7] Sie
dienen aber letztlich mehr der Selbstdisziplinierung der
Betreuer. Denn kann man sich ernsthaft einen Doktoranden vorstellen, der seinen Betreuer verklagt, weil dieser
seine Verpflichtungen aus der Betreuungsvereinbarung
verletzt[8] – anstatt den Betreuer zu wechseln? Für ihre
Graduiertenkollegs hat die Deutsche Forschungsgemeinschaft ein Pendant zu solchen Betreuungsvereinbarungen
entworfen.[9]

1. Denkbare Typen von Betreuern

Was gehört aber in der Sache zur Doktorandenbetreuung, was gehört nicht dazu? Wie wird Doktorandenbetreuung praktiziert? Die einfachste und zugleich zutreffende Antwort lautet: unterschiedlich. Glaubt man der Sprache der Alt-68er, so verharren jedenfalls assistierende Doktoranden der Rechtswissenschaft im Zustand der Leibeigenschaft des Feudalismus: »Ihrem Selbstverständnis nach befinden sich deutsche Juristen noch in der Feudalzeit. Der Rechtsprofessor ist auf Lebenszeit mit hohem Gehalt leistungsunabhängig verbeamtet und damit ›versorgt‹, erhält als Diener neben der persönlichen Sekretärin noch Assistenten, die über Promotion und Karriereweg von ihm wie Leibeigene abhängen.«[10] Ein früherer Professor an einer medizinischen Fakultät wurde im Hinblick auf die Betreuung seiner Doktoranden und Patienten als »Musterbeispiel einer gespaltenen Persönlichkeit« vorgestellt: »Auf der einen Seite der herrische, selbstsüchtige Wissenschaftler, der seine Doktoranden gern als ›Bauerntölpel‹ tituliert und zu Laborknechten degradiert habe, die ›nach seinem Gusto zu funktionieren hatten, wenn er mit eisenbeschlagenen Schuhen in die Abteilung marschierte‹ – auf der anderen Seite der freundliche und menschliche Arzt am Krankenbett, der sehr verständnisvoll mit seinen Patienten umgegangen sei.«[11]

Offensichtlich begegnen Doktoranden beim Promovieren aber nicht nur solchen Horrorgestalten. Ein Schüler des Freiburger Öffentlichrechtlers Werner von Simson schwärmt noch heute von der Atmosphäre, die sein Doktorvater verbreitete: »Für die Betreuung von Stipendiaten, Studenten, Doktoranden und Habilitanden war er geradezu passioniert. Häufig nahm er uns spontan zum Mittagessen in [seine Wohnung in] die Luisenstraße mit, wo die Gespräche weitergingen.«[12] Einladungen in die Privatwohnung eines Doktorvaters waren früher nicht ungewöhnlich. Heute sind sie dagegen selten geworden. Über die Gründe dafür mag man spekulieren. Häufig sind sie jedoch ganz profan: Die Partner der Betreuer sind heute in weit größerem Umfang berufstätig als früher. Es gibt daher weniger Rahmen für häusliche Bewirtung. Zudem haben sich auch die Arbeitszeiten der Betreuer ausgedehnt. Betreuer möchten sich gern ihre wenige verbleibende Privatsphäre bewahren.

Sogar der Gattin eines Doktorvaters wird gelegentlich für die Gastfreundschaft des Hauses gedankt, so z.B. in der Todesanzeige für die im Alter von 104 Jahren verstorbene Witwe des Rechtshistorikers Adalbert Erler: »Sie hat an der Seite ihres Gatten, Prof. Dr. iur. Dr. h.c. Adalbert Erler († 1992) an der Universität Frankfurt am Main für viele Generationen von Studenten, Doktoranden und Habilitanden durch ihr offenes Haus und ihre menschliche Wärme Freundschaft zu begründen und zu bewahren verstanden.«[13] Dieses Familienbild der den Haushalt versorgenden Ehegatten ist heute nicht mehr so regelhaft vorzufinden und vorauszusetzen wie früher.

2. Verschiedenheit der Perspektiven von Doktoranden und Betreuern

Außerdem hilft es, sich die grundsätzliche Verschiedenheit im Ausgangspunkt bei den Perspektiven vor Augen zu führen: Für den Doktoranden ist die Doktorarbeit zu-

mindest einer der zentralen Punkte, wenn nicht gar der
alles andere überragende Punkt in seinem betreffenden
Lebensabschnitt. Er lebt mit seiner Doktorarbeit. Er lebt
streckenweise für seine Doktorarbeit. Seine Doktorarbeit
ist für ihn etwas Einmaliges und sehr Wichtiges. Die Perspektive des Betreuers ist eine andere: Die einzelne Doktorarbeit ist für ihn nicht etwas Einmaliges. Er hat in aller
Regel mehrere Doktoranden. Schon dies relativiert. Für
den Doktoranden ist er selber ein ganz exzeptioneller
Einzelfall – für den Betreuer ist er dies nicht. Zehn si-
multane Einzelfälle relativieren sich wechselseitig, und
hundert sukzessive tun dies noch mehr. Außerdem hat
der Betreuer seine eigenen Sorgen, seine Vorlesungen
und seine eigenen wissenschaftlichen Projekte. Die eigenen wissenschaftlichen Projekte des Betreuers profitieren
von der Promotionstätigkeit des Doktoranden nur, soweit der Doktorand etwa in einem Forschungslabor einen Teil des Projekts bearbeitet oder sonst zu einem über-
geordneten wissenschaftlichen Programm beiträgt. Der
Doktorand, mit welchem der Betreuer zusammen einen
Aufsatz schreibt, hat für den Betreuer eine weit höhere
Wertigkeit und aktuelle Nützlichkeit als der normale
Doktorand, bei dem dies nicht der Fall ist. Betreuer werden solche Doktoranden lieber mögen, bei denen sie Be-
geisterungsfähigkeit und wissenschaftliches Feuer, ja »das
Zeug« für eine wissenschaftliche Karriere sehen.[14] Doktoranden pflegen verständlicherweise im Normalfall nur
ihre eigene Sicht auf die Dinge[15] – und lassen so genau
jene Empathie, jenes Eindenken in das Gegenüber, ver-
missen, die sie von ihren Betreuern wie selbstverständlich
erwarten. Insoweit bestehen schnell übersteigerte Erwar-
tungshaltungen (die von vielen auf dem Markt befindli-

chen Promotionsratgebern sogar noch gefördert werden, weil solche Ratgeber sich ja an Doktoranden verkaufen wollen).

3. Unterschiede bei den Kulturen der einzelnen Fächer

Was die Intensität der Doktorandenbetreuung in der Hochschule selbst betrifft, so lässt sich wohl – bei aller Problematik von Generalisierungen – feststellen, dass der Kontakt zwischen den Doktorvätern und ihren Doktoranden in der Medizin und in den Naturwissenschaften enger ist als in den Geisteswissenschaften. Dies folgt, jedenfalls bei experimentellen Dissertationen, schon aus der Arbeit auf Laborplätzen in einer Klinik oder einem Institut. Von der pharmazeutischen Abteilung des Chemischen Institutes der Universität Münster in den dreißiger Jahren des vorigen Jahrhunderts berichtet ein früherer Assistent: »Das Institut bot auch Platz für zahlreiche Doktoranden auf pharmazeutischem und fettchemischem Gebiet sowie für einige wissenschaftliche Assistenten, zu denen auch ich gehörte. Der Aufbesserung des Etats diente eine Abteilung zur Ausbildung chemisch-technischer Assistentinnen, sehr charmanter junger Damen, deren Studienerfolg vielfach durch Knüpfung lebenslanger Bindungen zu Doktoranden oder Assistenten bereichert wurde.«[16] Arbeitsgemeinschaften in den so genannten Lebenswissenschaften schmieden zusammen.[17] Während Doktoranden in Kliniken oder naturwissenschaftlichen Instituten unter den Augen des Doktorvaters arbeiten, tauchen viele Doktoranden in den geisteswissenschaftlichen Fächern für längere Zeit ab, manchmal jahrelang, ehe sie wie U-Boote nach Unterwasserfahrt wieder auftauchen. Der Arbeitsplatz dieser Doktoranden kann sich während des Abtauchens irgendwo – in der Universitätsbibliothek, in einer anderen Bibliothek, zu Hause oder wo auch immer befinden, auch in einer anderen Stadt, ja in einem anderen Land – jedenfalls außerhalb der Sichtweite des Doktorvaters.

4. Räumliche oder persönliche Nähe zum Betreuer

An einem entfernten Ort sollte Sebastian Haffner nach dem Willen seines Vaters seine Doktorarbeit schreiben. Auf die Ankündigung des Sohnes, er könne sich vorstellen, für eine Zeitung »von draußen« (also im Ausland) zu arbeiten, legte der Vater ihm folgenden Plan vor: »Du wirst jetzt ordentlich dein Assessor-Examen machen, wie es vorgesehen ist. Es geht nicht, dass du nach zwanzig Jahren Ausbildung einfach davonläufst und alles liegen lässt, gerade vor dem Abschluss. Das sind etwa fünf Monate. Wenn du danach die Dinge noch ebenso siehst, habe ich mir überlegt, dass du ja sowieso noch ein halbes Jahr gut hast, um deinen Doktor zu machen. Deine Doktorarbeit kannst du schließlich so gut in Paris wie hier schreiben. Du kannst dir also Urlaub nehmen, und ein halbes Jahr irgendwohin fahren, sagen wir also nach Paris meinetwegen, und an deiner Doktorarbeit arbeiten und dich bei dieser Gelegenheit umsehen.«[18]

Offenkundig ist eine persönliche Nähe zum Doktorvater beim Schreiben einer Dissertation nicht zwingend erforderlich. Auch von durchaus geschätzten und sehr gefragten Doktorvätern wird berichtet, eine Betreuung habe, von Doktorandenseminaren oder Doktorandenkolloquien abgesehen, nicht stattgefunden. Helmut Quaritsch, Professor für Öffentliches Recht und einer der 148 Doktoranden von Hans Peter Ipsen, schildert die Betreuungssituation am Lehrstuhl seines von ihm hoch geschätzten Doktorvaters so: »Die Atmosphäre um den Lehrstuhl bot einen guten ›wissenschaftlichen Nährboden‹, aber sehr eigener Art. Es fehlte das, was unter das Stichwort ›Betreuung‹ fällt. Doktoranden und Habilitanden konnten sich ihre Themen selbst wählen, Ratschläge gab es nur auf ausdrückliche Nachfrage.«[19]

Die in diesem Sinne fehlende Betreuung kann aber auch positiv gesehen werden, nämlich als Achtung vor der und Vertrauen in die Arbeit des Doktoranden: Der Doktorand schreibt nach seinen eigenen Vorstellungen und in eigener Verantwortung seine Arbeit[20], nicht die des Doktorvaters. Der Doktorand ist, so betrachtet, gewissermaßen ein junger, werdender Wissenschaftlerkollege. Betreuung darf nicht in Bevormundung ausarten. Die Dissertation soll und muss die eigene wissenschaftliche Leistung des Doktoranden (nicht des Betreuers!) bleiben.[21] Zu viele Zwischenbegutachtungen und daraus folgende Überarbeitungen drohen der Arbeit die Selbständigkeit zu nehmen.[22] Wer Diskontinuitäten im wissenschaftlichen Austausch beklagt,[23] orientiert sich zu stark am Modell des intern Promovierenden, der in eine wissenschaftliche Arbeitsgruppe eingebunden ist.

Für schwache Doktoranden mag dieses Auf-sich-selbst-gestellt-Sein Unsicherheit bedeuten. Viele Doktoranden empfinden Isolation, mangelnden Austausch und ein Informationsdefizit.[24] Für gute Doktoranden ist dies die Chance der eigenen Entfaltung. Sie bekommen die Freiheit für eigene Gedanken und Konzepte – und gute Doktoranden können mit solcher Freiheit umgehen, ja wissen sie zu schätzen. Friedrich Karl Fromme, bei Theodor Eschenburg mit einer vorzüglichen (für eine Dissertation ungewöhnlich: inzwischen in 3. Auflage erschienenen) Doktorarbeit promoviert[25], erinnert sich: »Das Promovieren bei Eschenburg stand nicht unter dem ständigen Druck der begleitenden Kritik des Doktorvaters. Auf eingeschickte Konzepte gab es (oft etwas spät) die Reaktion einer Postkarte. Wer ständig Feedback braucht oder Anerkennung, wird dazu neigen, von seinem als übergroß empfundenen Betreuer zu viel zu erwarten.[26] Doktorväter sind keine Väter und auch keine Ersatz-Väter. Als Ersatzfamilie und Fokus taugen sie nicht – und wollen sie auch gar nicht taugen. In den meisten Fällen werden sie im Gegenteil von sich aus bemüht sein, eine gewisse Distanz zu wahren. Den Ansprüchen des Doktorvaters genügen zu wollen, allerdings ist eine wertvolle Motivation.[27] Schließlich ist der Doktorvater der erste »offizielle« Leser der Arbeit. Zu warnen ist aber davor, jedes Wort des Doktorvaters auf die Goldwaage zu legen.[28] Wieder hilft es, sich die unterschiedlichen Herangehensweise vor Augen zu führen: Für den Doktoranden ist die eigene Dissertation etwas ganz Großes und Einmaliges, für den Doktorvater eine Arbeit unter vielen, die er gegenwärtig betreut und die er im Lauf seines Berufslebens betreuen wird. Die Doktorarbeit soll eine eigenständige Leistung des Doktoranden sein, und Betreuer sehen ihre Aufgabe deshalb mit Recht nicht in einer engmaschigen Kontrolle.[29] Dies entbindet den Doktorvater freilich keineswegs davon, insbesondere beim Zeitmanagement und in den unvermeidlichen, mit einer Dissertation nachgerade notwendig verbundenen Krisen Rat zu geben und mit Hilfestellungen zur Verfügung zu stehen.[30]

5. Freiheit – und die Kunst, mit ihr umzugehen

Mit Freiheit muss man freilich umgehen können. Viele Doktoranden sind damit überfordert. Sie sehnen sich nach Vorgaben und Plänen, an die sie sich anlehnen können. Die Verschultheit heutiger Studiengänge mit ihren Vorgaben und ihrer Unfreiheit hat ihnen die Kraft und den Mut genommen. Ein Weg, um dem abzuhelfen, ist nach den Vorstellungen der modernen Wissenschaftspolitik ein strukturiertes Promotionsstudium mit eigenen Promotionsvorlesungen extra für Doktoranden, häufig zu Grundlagen der betreffenden Wissenschaft.[31] Scheinbar kann man sich in den wissenschaftspolitisch tonangebenden Institutionen nicht vorstellen, dass es vielen Doktoranden zuvörderst an Zeit und Muße fehlt. Deshalb schneidet man mit solchen Programmen tief in das knappe Zeitbudget der Doktoranden ein. Sie verlängern tendenziell die Promotionszeit. Sie können eine vielen Doktoranden nur zu willkommene Entschuldigung dafür bieten, sich nicht mit der eigenen Doktorarbeit zu beschäftigen – denn dafür hat man ja nicht die nötige Zeit, weil man jenes Programm absolvieren muss. Ein strukturiertes Promotionsstudium kann für den Normaldoktoranden, der nachher nicht in Forschung und Lehre gehen will, nachgerade zum Zeitdiebstahl ausarten, ohne dass er selber es merken würde. Außerdem würde der zu er-

bringende Zeitaufwand externe Doktoranden, die neben
ihrer Berufstätigkeit promovieren, faktisch ausgrenzen[32]
– ohne dass dadurch z. B. die Wahrscheinlichkeit von
Plagiaten auch nur einen Deut verringert würde.[33] Jede
Empfehlung, gerade externe Doktoranden in strukturierte Programme zu stecken,[34] geht daher fehl. Der Spa-
gat zwischen Beruf und Promotion würde noch schlim-
mer und drückender, von einer Familie als drittem Faktor im knappen Zeitbudget ganz zu schweigen. Das
gleiche gilt mutatis mutandis für die nicht zu unterschätzende Anzahl externer Doktoranden, die nach einer Fa-
miliengründung neben der Kinderbetreuung promovieren wollen.[35] Die Pflicht zur Teilnahme an einem Programm vor Ort würde auch die Mobilität behindern und
droht namentlich bei beruflich bedingten Ortsverände-
rungen in schwere Konflikte und Zwickmühlen zu führen. Ein stukturiertes Promotionsstudium wäre ein Im-
port aus den USA, den man nur vor dem dortigen, ganz
anders gelagerten Hintergrund verstehen kann und der in
Deutschland nicht wirklich passt.[36] Kurz: Für viele Doktoranden passen strukturierte Programme schlicht nicht,[37]
ja führen in eine falsche Richtung. Mit seinem ureigenen
Thema muss jeder Doktorand unvermeidlich und unab-
änderlich allein kämpfen. Zu viel Rekurs auf Grundlagen
eines Faches ist in den meisten Fällen sogar eher schädlich
als nützlich, denn er belastet einleitende Teile und wie-
derkäut Bekanntes, vom Betreuer meist schon mehrfach
und viel zu oft Gelesenes. Neues findet man gemeinhin
nicht in gut erforschten Grundlagen, und Ausflüge in die
Methodik tun nur wenigen Arbeiten wirklich gut.

Andere, auch andere Doktoranden können bei dem
geistigen Kampf mit dem eigenen Thema in aller Regel

nicht weiterhelfen. Denn sie sind in diesem Thema nicht »drin«, und andere Doktoranden kämpfen mit ihrem jeweils eigenen Thema, nicht mit demjenigen des anlehnungsbedürftigen Kollegen. Nur wenn mehrere Doktoranden zusammen an einem Thema oder einem übergreifenden Komplex arbeiten, können sie sich wechselseitig wirklich helfen. Allgemeine strukturierte Doktorandenausbildungen sind daher ein bestenfalls zweischneidiges Schwert. Sie begünstigen Verzettelung und Ablenkung. Sie machen es Doktoranden schwerer, sich auf *ihre* Arbeit und *ihr* Thema zu konzentrieren. Ablenkung haben Doktoranden gemeinhin genug, und viele lassen sich durchaus nicht ungern ablenken; verlangt sind aber Konzentration und konzentrierte Arbeit. Mit Graduiertenkollegs, die weitaus stärker auf die konkreten Dissertationen der Teilnehmer bezogen sind, kann es sich aber je nach deren Zuschnitt anders verhalten. Möglichkeiten, eigene Forschungsvorhaben und Fortschritte zu präsentieren, sind generell zu begrüßen; man sollte sie nur nicht mit dem anders besetzten Etikett einer »strukturierten Doktoranden*ausbildung*« belasten und diesem unterordnen.[38]

Häufig findet heute die Kommunikation zwischen Doktorand und Betreuer per e-mail statt und werden Gliederungen, Kapitel und Entwürfe als Anhänge zu e-mails verschickt. Der Betreuer erhält so die ihm durchaus liebe Möglichkeit, seine Anmerkungen und Vorschläge im Änderungsmodus direkt in das vom Doktoranden geschickte Dokument einpflegen zu können. Dies mindert zwar den persönlichen Kontakt, ist aber oft förderlicher als ein ausuferndes persönliches Gespräch, in dem man nicht genügend auf den Punkt kommt. Das vom Doktoranden Eingereichte spricht für sich, ohne dass die Persönlichkeit des Doktoranden im Gespräch den Blick verstellen oder die Perspektive verändern würde. Dem Zweitvotanten gegenüber oder anderen Mitgliedern eines Dissertationsausschusses hätte der Doktorand eh keine Möglichkeit zur mündlichen Erörterung und Argumentation; ihnen gegenüber muss die Arbeit für sich selber sprechen. Was er sich bei seiner Arbeit gedacht hat, muss der Doktorand eben in die Arbeit selber einfließen lassen.

6. Gliederungen

Gliederungen sind sowieso ein guter Test dafür, welchen Überblick der Doktorand sich selber verschafft hat. Wer Monate braucht, um eine Gliederung zu verfassen, dürfte sich auch später mit dem Ausformulieren des eigentlichen Textes schwer tun. Seltenere Ausnahme dürfte sein, dass die Klärungsarbeit an der Gliederung schon so erfolgreich war, dass die eigentliche Arbeit nachfolgend wie von selber in die Feder – bzw. die Tastatur – fließt. Natürlich bedarf eine Gliederung zumindest im Detail der ständigen Überprüfung und Anpassung an neu gewonnene Erkenntnisse – schließlich soll unter einer Überschrift auch stehen, was die Überschrift verspricht.[39] Negatives Extrembeispiel und eine Figur aus dem Kabinett der Erfolglosen ist indes der Gliederungsfetischist, der immer neue Gliederungen entwirft und darüber gar nicht zum eigentlichen Text kommt.[40]

7. Exposés

Noch einen Schritt weiter als die Gliederung geht das
Exposé. Es muss bereits erste Sachaussagen enthalten. Es
kann sich nicht auf bloße Überschriften beschränken und
muss bereits ausformuliert sein. Viele neuere Promotionsordnungen verlangen ein solches Exposé als Voraussetzung für die Zulassung zur Promotion. Zu schlecht
scheinen die Erfahrungen mit Doktorarbeiten, die einfach so, ohne größere Vorarbeiten begonnen wurden.
Man verlangt vom Doktoranden ein größeres Commit-
ment, eine Art Selbstverpflichtung in Gestalt des Exposés, das zu einer ersten ernsthaften Befassung mit dem
Thema führen soll. Diese Idee ist an sich nicht schlecht.
Sie gibt Veranlassung, sich darüber klar zu werden, worum es bei dem Thema eigentlich geht, Fragestellungen
und Arbeitshypothesen zu formulieren und einen gro-
ben, selbstdisziplinierenden Zeitplan zu umreißen.[41] Das
Exposé wird in jedem Fall vor Beginn der eigentlichen
Promotionsphase erstellt und in aller Regel ohne größere
Betreuung.[42] Wenn alles gut, ja optimal läuft, ist es ein
inhaltlicher, methodischer und zeitlicher Projektplan.[43]
  Wie so vieles hat aber auch der Zwang, ein Exposé erstellen zu müssen, eine zweite, dunkle Seite: Viele Doktoranden verwenden etliche Monate auf die Erstellung
des Exposés und machen das Exposé zu einem eigenständigen Text, zu einer in sich runden Sache. Diese runde
Sache müssen sie gleichsam wieder auflösen, wenn sie
sich an die eigentliche Dissertation machen. Das Exposé
gerät schnell zum kleinen Dissertationsbruder, und seine
endliche Fertigstellung wird zum Einschnitt und löst
eine Erholungspause aus. Die Bitte des Betreuers um eine

Gliederung wird abschlägig beschieden, weil man ja erst das Exposé fertig stellen müsse. Das Exposé kann blockieren. Insbesondere kann es den Weg zum Abenteuer von Entdeckungen, die sich erst beim Erstellen der eigentlichen Dissertation ergeben können, ein Stück weit verstellen. Das Exposé verlangt einen Überblick, den schon zu Beginn der Arbeit zu haben schwer fallen muss. Dies gilt insbesondere für die gern verlangte Darstellung des bestehenden Forschungsstandes zu dem betreffenden Thema. Wie soll man diese seriös und guten Gewissens leisten, ohne alles zum Thema schon gelesen zu haben?

8. Sinn und Unsinn regelmäßiger Termine beim Betreuer

Regelmäßige Termine, gar jeden Monat, beim Betreuer mögen Doktoranden zwar aus ihrer persönlichen Sicht das Gefühl von Familiarität und Geborgenheit geben. Der Arbeit müssen sie jedoch nicht zwingend gut tun. Zum einen schreiten die meisten Arbeiten nicht so zügig voran, dass es wirklich sinnvoll ist, sie im Monatsabstand zu besprechen. Zum anderen schreibt nicht jeder vom Anfang zum Ende, zuerst Kapitel 1, dann Kapitel 2, von A über B zu C usw. Vielmehr arbeiten viele Doktoranden besser, wenn sie an verschiedenen Kapiteln parallel arbeiten. Für sie ist es weit sinnvoller, ein Kapitel dann vorzulegen, wenn es fertig ist, und nicht unter dem Druck zu stehen, monatlich etwas vorweisen zu müssen. Oft haben gerade jene Doktoranden einen viel besseren Überblick, die parallel an mehreren Kapiteln arbeiten. Werden Kapitel dagegen strikt nacheinander abgearbeitet, so kann es schnell an verbindenden Gedanken und an Verknüpfungen innerhalb der Dissertation insgesamt fehlen. Empfehlungen, sich jedes halbe Jahr zusammenzusetzen, wie sie etwa der Braunschweiger Betreuungskodex[44] der Fakultät für Maschinenbau der TU Braunschweig ausspricht, sind jedenfalls sinnvoller als monatliche Termine. So genannte Betreuungsvereinbarungen mögen zwar wissenschaftspolitischer Mode entsprechen, sollten aber Dispositionsmasse sein, wenn und soweit ihre Formulare sachlich nicht Sinnvolles vorgeben. Betreuungsaufwand und zu erwartende Qualität des Ergebnisses durch Betreuung müssen in einem vernünftigen und für beide Seiten tragbaren Verhältnis zueinander stehen.[45] Zu intensive Betreuung kann eine zu starke Einflussnahme und ein überforderndes Zuviel an Anregungen, z.B. je nach vom Betreuer gerade gelesenen aktuellen Aufsatz, zur Folge haben.[46]

9. Die Emanzipation des Doktoranden

Ab einem – allerdings schwer zu bestimmenden – Scheitelpunkt sollten sich Doktoranden klar machen, dass sie von ihrem persönlichen Thema im Zweifel mehr verstehen als sogar ihr Betreuer. Ihr Betreuer wird in den Einzelheiten des engeren Themas häufig nicht so »drin« sein wie der Doktorand, der einen großen Teil seiner aktuellen Lebenszeit auf diese Einzelheiten verwendet.[47] Ein kluger Betreuer wird dies berücksichtigen. Er kann immer noch wertvolle Anregungen geben. Seine Anregungen werden aber nicht selten Strukturierungen und mögliche Ergänzungen betreffen, weniger die Kritik am einzelnen Detail. Darin liegt keine mangelnde Auseinandersetzung, sondern vielmehr gebotener Respekt vor dem eigenen geistigen Werk des Doktoranden.

Kluge Betreuer werden auch die Freiheit lassen, jede Meinung zu vertreten, auch wenn diese von ihrer eigenen Auffassung oder ihrem eigenen Ansatz abweichen mag. Abnabelung vom Betreuer und Selbständigkeit gegenüber dem Betreuer sind ein wichtiger und positiver Bestandteil der Promotion. Aus dem Schatten seines Doktorvaters muss man sich langfristig ebenso lösen wie aus dem Schatten eines leiblichen Vaters.

10. Die persönliche Chemie muss stimmen

Manchmal stellt sich erst im Lauf der Promotion heraus, dass die Chemie zwischen Doktorand und Betreuer nicht stimmt, ohne dass einem von beiden dafür ein Vorwurf zu machen wäre. Es gibt mehrere Lösungen für dieses Problem: Zum einen können sich die Wege trennen, und der Doktorand sucht sich einen anderen Betreuer. Zum anderen kann man das Projekt Dissertation weiterführen. Kluge Betreuer werden sich selber zurücknehmen und den Doktoranden einfach »sein Ding« machen lassen. Auch aus einem Promotionsverhältnis ohne persönliche Chemie kann eine gute oder gar ausgezeichnete Dissertation erwachsen. Dies setzt freilich das Fortbestehen wechselseitigen Respekts vor den Fähigkeiten des jeweils anderen voraus. Nicht selten sind gerade im persönlichen Umgang schwierige Doktoranden die interessantesten. Es darf indes kein persönliches Zerwürfnis vorliegen. Zum dritten kann sich herausstellen, dass das ganze Promotionsvorhaben eigentlich ein Irrtum war und dass es nicht gut wäre, wenn der Doktorand weiter in es investieren, sozusagen gutes Geld dem schlechten hinterher werfen würde. Dann gilt es beiderseits, die harte, aber nötige und sinnvolle Konsequenz walten zu lassen.

11. Coda

Ein Kapitel über die Betreuung von Doktoranden möchte man gern mit einem positiven Zitat abschließen. Das folgende Lob stammt aus dem Vorwort einer Dissertation, die an der Technischen Universität Chemnitz entstanden und betreut worden ist: »Aufrichtig danken möchte ich zudem Herrn Prof. Dr. Ludwig Gramlich, meinem Doktorvater. Er hat den Fortgang dieser Arbeit in vielfältiger Weise gefördert. Besonders möchte ich ihm für die mir während des gesamten Erstellungszeitraums entgegengebrachte menschliche Wärme danken. Ich hatte immer das Gefühl, seine Tür offen vorzufinden. Während meines Studiums hätte ich mehr solcher um ihre Studenten bemühte Lehrer gewünscht.«[48]

Schön ist es auch, wenn einem Doktorvater aus schon lange zurückliegenden Tagen als dem »besten Doktorvater der Welt« gedankt wird, wie es in einer Traueranzeige dem Münchener Historiker Peter Bernhard Weiß geschah.

VI. Finanzierung der Promotion

> An Iris, deren Problem ihre vielseitige
> Begabung war, schrieb er, sie habe jetzt
> fünf Jahre studiert und plane weitere acht
> Semester. Danach sei er »allenfalls bereit«,
> ihr »noch eine eventuelle Doktorarbeit zu
> finanzieren«.
>
> Wieland Wagner
> an seine Tochter Iris*

1. Kosten einer Dissertation

Wir gehen von der glücklichen Konstellation aus, dass
unser jemand einen Doktorvater und ein Thema für seine
Doktorarbeit gefunden hat, und dass sein Doktorvater
ihn mehr oder weniger intensiv betreuen wird. Damit
sind aber noch längst nicht alle Probleme gelöst. Abgesehen davon, dass der Doktorand nun »nur« noch die Arbeit
schreiben muss, stellt sich das Problem der Finanzierung
– am Ende das der Finanzierung der Veröffentlichung,
vorher das der Finanzierung des Lebensunterhaltes während der Arbeit an der Dissertation und der mit der Arbeit selbst verbundenen Kosten, d. h. von Sachkosten wie
Kopien, Chemikalien etc., gegebenenfalls auch von Rei-
sekosten zum Besuch von Archiven, Bibliotheken etc.

Geht man von einer mindestens einjährigen Dauer der
Arbeit an der Dissertation aus, ein Zeitraum, der sich keineswegs selten, sondern eher regelmäßig verdoppelt, ver-

dreifacht oder gar vervierfacht[1], so wird klar, dass es sich
dabei jeweils um nicht unerhebliche finanzielle Aufwen-
dungen handelt. Als »Kostenträger« in der Sprache des
Verwaltungsrechts, als »Finanzier« in der Umgangsspra-
che kommen verschiedene Personen oder Institutionen
dafür in Betracht: der Doktorand selbst oder seine Angehörigen, d. h. in der Regel seine Eltern, gelegentlich auch
ein Ehepartner (so genannte Eigenmittel); die Hochschule oder ein Hochschulinstitut, wenn der Doktorand
hier beschäftigt ist (Haushaltsmittel); ein Zuwendungs-
geber an eine Hochschule oder an ein Hochschulinstitut
(Drittmittel); der Staat, Stiftungen oder andere Organi-
sationen, die den Doktoranden unmittelbar finanzieren
(Stipendien); ein Arbeitgeber, der dem bei ihm beschäf-
tigten Doktoranden für die Anfertigung der Dissertation
bezahlten Urlaub gewährt (Freistellung).

2. Familie

Hinsichtlich der Inanspruchnahme der verschiedenen
»Kostenträger« ist unübersehbar ein tiefgreifender Wan-
del eingetreten. Bis zur Mitte des 20. Jahrhunderts war
die Finanzierung eines Promotionsvorhabens durch die
Eltern des Doktoranden die normale, ja fast ausschließliche Form der Kostentragung. Der Brief von Richard
Wagners Enkel Wieland Wagner an seine Tochter Iris ist
hierfür ein interessanter Beleg. Doktoranden stammten
in der Regel aus großbürgerlichen oder zumindest bürgerlichen Familien, so dass ein mehr oder weniger ausrei-
chendes finanzielles Polster für den Unterhalt des Doktoranden vorhanden war. Auch war die Zeitspanne, die für

die Anfertigung der Dissertation finanziell zu überbrücken war, erheblich kürzer als heute. Schließlich waren wohl auch die Ansprüche der Doktoranden an den Lebensstandard, jedenfalls in den zwanziger und dreißiger Jahren des vorigen Jahrhunderts, niedriger als heute: Ein Doktorand mit eigenem Auto war damals, anders als heute, eine seltene Ausnahmeerscheinung. Alle diese Feststellungen sollen nicht besagen, dass die finanzielle Unterstützung eines Doktoranden durch seine Angehörigen früher problemlos war. Durch Inflation und Weltwirtschaftskrise waren auch viele Familien aus dem Bürgertum verarmt. Dennoch bleibt die Aussage richtig, dass die meisten Doktoranden von ihren Eltern finanziell »durchgezogen« wurden, dies auch deshalb, weil Assistentenstellen, die heute als Promotionsstellen benutzt werden, früher kaum vorhanden waren, insbesondere in den Geisteswissenschaften. Im Laufe der Zeit ist vielfach der Ehepartner oder Lebensgefährte mit eigenem Einkommen als Hauptfinanzier an die Stelle der Eltern getreten.

Der Hinweis auf die Vergangenheit sollte allerdings nicht dahin missverstanden werden, dass die Familie sich heute von der Finanzierung eines Promotionsvorhabens völlig entfernt hätte. Nach wie vor werden zahlreiche Doktoranden von ihren Angehörigen ganz oder teilweise finanziell über Wasser gehalten. Es gibt auch Fälle, in denen Doktoranden staatliche Mittel oder Stipendien in Anspruch nehmen könnten, aber fairerweise darauf verzichten. Eine Doktorandin der Kunstgeschichte in Hamburg, die aufgrund ihrer hervorragenden Examensnote und anderer zusätzlicher Qualifikationen sich vermutlich mit Erfolg um ein Promotionsstipendium hätte bewerben können, sagte mir: »Angesichts der finanziellen Situation meiner Eltern hätte ich es als ungerecht empfunden, jemand anderem ein Stipendium wegzunehmen, der es nötiger hat als ich.«

3. Mitarbeiterstellen

Was die Assistentenstellen betrifft, so hat die Situation sich gegenüber der Zeit im Kaiserreich, in der Weimarer Republik, in der NS-Zeit und in der unmittelbaren Nachkriegszeit erheblich verändert: Die Zahl der Assistentenstellen hat sich in den letzten Dekaden grundsätzlich vervielfacht. Etwa 34% aller Doktoranden promovieren auf Mitarbeiterstellen.[2] Auch wenn daher längst nicht für alle Doktoranden eine Stelle als Wissenschaftlicher Mitarbeiter zur Verfügung steht, auf welcher der Doktorand promovieren kann (und nach dem Gesetz auch promovieren soll), so ist dennoch die Chance der Kombination von Assistieren und Promovieren jedenfalls in einigen Fächern nicht gering. Häufig werden solche Stellen per Anzeigen in Zeitschriften ausgeschrieben, dies mit dem Zusatz »Gelegenheit zur Promotion geboten« oder »Promovieren erwünscht«. Die Frage, ob ein Doktorand sich auf eine solche Stelle auch dann bewerben sollte, wenn dies aus finanziellen Gründen nicht unumgänglich ist, lässt sich nicht mit einem einfachen »Ja« oder »Nein« beantworten.

Für ein »Ja« sprechen mehrere Gründe: Sofern die betreffende Assistentenstelle in dem Institut oder an der Professur (dem Lehrstuhl) des Doktorvaters platziert ist, hat der Doktorand dadurch den Vorteil des Kontaktes mit seinem Doktorvater. Im Verlauf der Arbeit an der Dissertation auftretende Fragen kann der Doktorand in diesem Fall mit seinem Doktorvater »auf dem kleinen Dienstweg« besprechen, d. h. ohne umständliche Verabredung eines Termins oder Anmeldung zur Sprechstunde. Der Doktorand lernt unpublizierte Meinungen, Argumentationsweisen und Eigenheiten seines Doktorvaters aus eigener Anschauung kennen. Der Assistent erfährt etwa, dass sein Doktorvater den Gebrauch des Wortes »allerdings« nicht schätzt und dieses durch »freilich« ersetzt sehen will.[3] Ein nicht zu unterschätzender Vorteil ist auch, dass mit der Innehabung einer Assistentenstelle auch ein Arbeitsplatz (Dienstzimmer) an dem Institut oder Lehrstuhl des Doktorvaters verbunden ist, was jedenfalls bei einer Promotion in einem geisteswissenschaftlichen Fach normalerweise nicht der Fall ist.

Ein solcher Arbeitsplatz hat im übrigen nicht nur den Vorteil einer festen räumlichen, abschließbaren Bleibe, sondern auch den der nahezu unbegrenzten Möglichkeit, Bücher auf den Namen des Doktorvaters oder auf den eigenen Namen auszuleihen. Die – vielfach praktizierte – ausufernde Ausleihe von Büchern aus einer Fakultäts-/ Seminar-/Institutsbibliothek durch Hochschullehrer und deren Assistenten/Doktoranden ist allerdings ein Übel zu Lasten derjenigen, die es sich finanziell am wenigsten leisten können, Fachbücher zu kaufen – der Studierenden. Dem wird dadurch Rechnung getragen, dass die Zahl der ausleihbaren Bücher begrenzt wird. Der Vorteil einer Assistentenstelle für einen Doktoranden liegt nun nicht mehr in den Bücherstapeln, die der Doktorand auf seinem Schreibtisch und in dessen Umgebung aufhäufen kann, sondern im erleichterten Zugang. »Das Wichtigste ist der Schlüssel« antwortet eine Doktorandin auf die Frage nach dem Nutzen einer Assistentenstelle für die Arbeit an ihrer Dissertation. Gemeint ist damit das Faktum, dass Assistenten in der Regel einen Schlüssel zu der für sie relevanten Bibliothek der Hochschule zur Verfügung haben, was ihnen ermöglicht, die Bibliothek auch außerhalb der Öffnungszeiten zu benutzen.

Zusätzlich zum Arbeitsplatz nebst Ausleiherecht ist noch ein weiterer, zwar nicht belegbarer, aber – weil nahe liegend – anzunehmender Vorteil der assistierenden Doktoranden oder doktorierenden Assistenten, dass diese bei der Benotung ihrer Doktorarbeit auf ein besonderes Wohlwollen ihres Doktorvaters rechnen können, dem sie ja längere Zeit in der Regel treu und fleißig zugearbeitet haben. Es ist ganz natürlich, dass sich zwischen dem Doktorvater, der zugleich »Assistentenvater« ist, und seinen Wissenschaftlichen Mitarbeitern ein Vertrauens- und Sympathieverhältnis bildet, dessen sich ein normaler Doktorand, der keine Assistentenstelle hat, meist nicht in dieser Weise erfreuen kann. »Interner« zu sein heißt auch, Kollegen zu haben, mit denen man sich austauschen kann und die nachgerade zuhören müssen. Schließlich sind sie in einer vergleichbaren Situation. Zu warnen ist allerdings davor, vor lauter Austausch und Networking gar nicht zum eigentlichen Arbeiten zu kommen. Inhaltliche Arbeitsgruppen und persönliche Netzwerke zu gründen, kann ein guter Ratschlag sein,[4] muss es aber nicht zwangsläufig sein. Zu viel Kommunikation kann auch schaden. Das stille Kämmerlein und die Arbeit darin sind letztlich durch nichts zu ersetzen.

Den diversen Vorteilen des Promovierens auf einer Assistentenstelle stehen andererseits auch nicht zu unterschätzende Nachteile gegenüber: Einer der wesentlichen

Nachteile kann eine übergroße Arbeitsbelastung durch die »Assistenterei« sein, die dem Doktoranden nicht genug Freiraum für die Arbeit an seiner Dissertation lässt. Die Ausbeutungsgefahr ist groß, gerade bei besonders Motivierten und Workaholics.[5] Es gibt immer wieder Hochschullehrer, die ihre Assistenten auspressen wie eine Zitrone, ohne Rücksicht auf Verluste – im hier interessierenden Zusammenhang ohne Rücksicht auf den berechtigten Wunsch des Doktoranden an der Fertigstellung seiner Dissertation (wie es umgekehrt aber auch Hochschullehrer gibt, bei denen eine Assistentenstelle eine Sinekure ist). Das Problem hat sich tendenziell verschärft, seitdem es keine ganzen Stellen mehr gibt, sondern gemeinhin nur noch halbe. Denn viele Lehrstuhlinhaber lassen trotzdem Vollzeit für sich arbeiten. Rücksichtsvolle Doktorväter werden zumindest die andere Hälfte neben der halben Stelle als echte Zeit zum Promovieren belassen, ganz rücksichtsvolle sogar dafür Sorge tragen, dass es möglich ist, auf der halben Stelle *während* der halbtäglichen Arbeit zu promovieren (also das Promovieren gleichsam der Arbeit am Lehrstuhl zuzuschlagen). Auf einer Viertel- oder Achtelstelle Vollzeit arbeiten zu lassen und dadurch effektiv eine Promotion zu verhindern, ist eine Zumutung gegenüber den – auf solchen Stellen zumeist weiblichen[6] – Mitarbeitern.[7]

Ein weiterer, nicht zu unterschätzender Nachteil sind auch die Belastungen durch Lehrverpflichtungen. Wissenschaftliche Mitarbeiter müssen heute in aller Regel Arbeitsgemeinschaften, Tutorien oder sogar kleine Vorlesungen ableisten. Viele Mitarbeiter neigen dazu, viel zu viel Zeit und Mühe in die Vorbereitung solcher Veranstaltungen zu stecken. Damit werden die zu setzenden

Prioritäten verfehlt. Das Gefühl, den Studenten verpflichtet zu sein, darf nicht dazu führen, die Arbeitsgemeinschaft gedanklich an die erste Stelle zu setzen. Ein gesunder Egoismus und der Wille, sich die nötigen Freiräume für die »Diss« zu schaffen, gehören zu einem klugen Wissenschaftlichen Mitarbeiter dazu. Vor lauter Arbeit für andere, sei es für den »Chef«, sei es für die Arbeitsgemeinschaft, innerhalb der befristeten Zeit für die Stelle nicht »zu Potte« gekommen zu sein, ist leider ein deutlicher Beleg für persönliche Fehlplanung und eine erklärungs- und rechtfertigungsbedürftige Halblücke im Lebenslauf.

Da die Stellen als Wissenschaftlicher Mitarbeiter in der Regel auf höchstens drei Jahre befristet sind (allerdings meist mit Verlängerungsmöglichkeit), existiert auch der (scheinbare) Nachteil des Zeitdrucks für die Fertigstellung der Dissertation; dabei wird es sich nicht selten aber um einen durchaus heilsamen und positiven Druck handeln.

Bilanzierend gesehen, vermögen jedoch die erwähnten Nachteile nicht die Vorteile des Promovierens auf einer Assistentenstelle aufzuwiegen, so dass verständlicherweise Assistentenstellen als Promotionsstellen durchaus beliebt sind und ein hoher Prozentsatz aller Doktorarbeiten auf Assistentenstellen geschrieben wird.

4. Drittmittelstellen

Eine normale Assistentenstelle wird vom Staat finanziert. Inzwischen hat sich daneben mehr und mehr eine Finanzierung von Assistentenstellen (und anderen Personal-

und Sachausgaben) durch so genannte Drittmittel einge-
bürgert.[8] Es handelt sich hierbei um finanzielle Zuwendungen, die von einer staatlichen oder nichtstaatlichen
Organisation, z.B. der Deutschen Forschungsgemeinschaft (DFG), an eine Hochschuleinrichtung oder an
einen einzelnen Hochschullehrer gegeben werden, um
ein bestimmtes wissenschaftliches Vorhaben (Projekt)
durchzuführen. Die Inanspruchnahme solcher Drittmittel ist, was Häufigkeit und Höhe betrifft, von Fach zu
Fach sehr unterschiedlich. Medizin und Naturwissenschaften stehen im Ausmaß der Zuwendungen mit Sicherheit weit vor den Geisteswissenschaften. Ein positiver Aspekt der Drittmittel ist zunächst, dass damit zusätzliche Finanzmittel in die Hochschulen fließen, womit
insbesondere solche Forschungsprojekte ermöglicht werden, die aus den normalen Etats nicht finanziert werden
könnten.

Positiv ist auch, dass Drittmittel nicht automatisch fließen, sondern nur auf einen Antrag, der ein Bewilligungs-
verfahren durchlaufen muss. Es kommt also zu einer Prüfung des Projektes durch externe Gutachter, also zu einer
Art Präventivkontrolle. Negativ zu bewerten ist, dass es
inzwischen Wissenschaftler gibt, die einen erheblichen
Teil ihrer Zeit nicht mit eigener Forschung, sondern mit
dem Formulieren von Anträgen verbringen (müssen),
dass es eine Art Antragstourismus gibt (indem potentielle
Drittmittelgeber nacheinander »abgeklappert« werden),
dass Kollegen über Anträge von Kollegen entscheiden
(gelegentlich auch Duzfreunde über die von Duzfreun-
den – die Seilschaften lassen grüßen!), und dass schließlich nicht selten die Finanzierung von Projekten mit hohem Finanzvolumen beantragt wird (Faustregel: 300000

Euro beantragen, damit 150000 Euro bewilligt werden)
– Projekte, deren Inhalt am Ende nicht wirklich erheblich über den Inhalt einer guten Dissertation hinausgeht.
Für das Thema Promovieren bleibt aber festzuhalten, dass
nicht wenige Doktoranden als so genannte Drittmittler
ihre Dissertation unter Absicherung durch eine Stelle an
der Universität schreiben können. 2010/11 hatten bundesweit 52300 Doktoranden ein Stipendium oder eine
Stelle, 20500 davon aus dem Haushalt der DFG.[9]

5. Staatliche Stipendien

Außerdem existiert – wenn auch in weit engeren Grenzen – eine staatliche Doktorandenförderung für qualifi-
zierten Nachwuchs. So bestimmt z.B. das Gesetz zur
Förderung des wissenschaftlichen und künstlerischen
Nachwuchses im Land Mecklenburg-Vorpommern
(Landesgraduiertenförderungsgesetz – LGFG) vom 20.
November 2008 in § 1 Abs. I als Zweck der Förderung:
»Zur Förderung des wissenschaftlichen Nachwuchses
werden nach Maßgabe der nachfolgenden Bestimmungen und der im Landeshaushaltsplan für diesen Zweck
bereitgestellten Mittel Stipendien an besonders qualifizierte wissenschaftliche Nachwuchskräfte gewährt, die
nicht aus Mitteln des Europäischen Sozialfonds nach Absatz 2 [dieser betrifft besonders qualifizierte wissenschaftliche Nachwuchskräfte aus den Themengebieten Mathematik und Naturwissenschaften, Informatik, Ingenieurwissenschaften, Medizin, Agrarwissenschaften und
Wirtschaftswissenschaften] gefördert werden können.
Dies betrifft insbesondere Kultur- sowie Geistes- und

Sozialwissenschaften.« »Ein Stipendium nach § 1 Abs. 1 zur Vorbereitung auf die Promotion kann erhalten, wer 1. ein Hochschulstudium abgeschlossen hat, das die Zulassung zur Promotion ermöglicht, 2. weit überdurchschnittliche Studien- und Prüfungsleistungen (besondere Qualifikation) nachweist, 3. zur Promotion an einer Hochschule in Mecklenburg-Vorpommern zugelassen ist und dort durch einen Professor oder Hochschuldozenten wissenschaftlich betreut wird und 4. ein wissenschaftliches Vorhaben beabsichtigt, das einen wichtigen Beitrag zur Forschung erwarten lässt.« (§ 2 Absatz 1).

Die Grundsätze der Vergabe der Stipendien regelt das Gesetz dahin, dass die Förderungsleistungen nur auf Antrag gewährt werden und ein Anspruch auf Förderungsleistungen nicht besteht (§ 3 Absatz 1). Wenn die Zahl der Bewerber, die die Voraussetzungen für eine Förderung erfüllen, die Zahl der zu vergebenden Stipendien übersteigt, die Nachfrage also größer ist als das Angebot, »so ist zwischen den Bewerbern nach folgender Rangfolge auszuwählen: 1. nach dem Grad ihrer Qualifikation und der wissenschaftlichen Bedeutung ihres Vorhabens, 2. nach der Erziehung von Kindern bzw. Inanspruchnahme von Elternzeit, 3. nach der Pflege von Familienangehörigen, 4. nach der Dauer des Studiums bis zum Abschluss.«. Klagen darüber, dass die von den Ländern gewährten Doktorandenstipendien zu niedrig seien, sind erhört worden. So hat das Land Hamburg im April 2000 beschlossen, die Landesstipendien für Doktoranden von 1200 auf 1400 DM zu erhöhen.[10] Inzwischen beträgt der Grundbetrag 820 Euro monatlich plus etwaiger Zuschläge. Generell ist eine deutliche Erhöhung bei den Beträgen von Stipendien und Büchergeldern anderer Stipendiengeber festzustellen, um so halbwegs konkurrenzfähig gegenüber Arbeitsverträgen zu bleiben.[11]

Für das Jahr 2013 wurden insgesamt 65 Förderanträge eingereicht: 39 Anträge auf ein Grundstipendium, 15 Anträge auf ein Abschlussstipendium und 11 Anträge auf eine Verlängerung des Grundstipendiums. Bewilligt wurden insgesamt 20 Stipendien.

Spezielle Wiedereinsteigerstipendien können nach der Familiengründungsphase insbesondere Frauen sehr zugute kommen.[12]

6. Stipendien parteinaher oder kirchlicher Stiftungen

Eine wichtige Rolle bei der Promotionsförderung spielen auch die parteinahen Stiftungen und die kirchlichen Stiftungen,[13] insbesondere die Konrad-Adenauer-Stiftung, die Friedrich-Ebert-Stiftung, die Friedrich-Naumann-Stiftung, die Hanns-Seidel-Stiftung und die Heinrich-Böll-Stiftung sowie das Evangelische Studienwerk (Haus Villigst) und das Cusanuswerk. Was die parteinahen Stiftungen betrifft, so fordern diese zu Recht nicht die Mitgliedschaft in der »nahen« politischen Partei für die Aufnahme in die Förderung, andererseits ist eine solche Mitgliedschaft allerdings gewiss auch nicht schädlich. Eines der Standardkriterien bei der Erstellung eines Gutachtens durch einen Hochschullehrer ist demgemäß die Beantwortung der Frage, ob der Bewerber/die Bewerberin Problembewusstsein gegenüber gesellschaftspolitischen Fragen zeigt, und wie sich dieses äußert. In der Tat kann von dem sich bei einer parteinahen Stiftung um ein Promotionsstipendium bewerbenden Doktoranden jedenfalls eine Nähe zu der Grundhaltung der Stiftung erwartet werden. Die Praxis sieht allerdings zuweilen anders aus: Es gibt Doktoranden, die sich gleichzeitig bei mehreren Stiftungen, die ihrerseits in ihrer politischen Grundhaltung sehr unterschiedlich sind, bewerben. Offenbar werden in diesem Fall Stiftungen als Bankautomaten angesehen, bei denen man – ohne Rücksicht auf gesellschaftspolitische Positionen – einfach Geld abheben kann. Eigene Überzeugungen sind offensichtlich zu teuer, als dass man sie sich leisten könnte.

7. Stipendien anderer Stiftungen

Neben den parteinahen Stiftungen und den kirchlichen Stiftungen sind als Promotionsförderer auch die Stiftungen zu erwähnen, die z.B. von Unternehmensverbänden, Gewerkschaften und einzelnen Wirtschaftsunternehmen errichtet worden sind. Häufig, aber nicht immer, werden von diesen Stiftungen Promotionen über bestimmte Themenbereiche gefördert. So hat der Gesamtverband der Deutschen Versicherungswirtschaft Promotionsstipendien zur Sozialgeschichte der deutschen Lebensversicherung ausgeschrieben, wobei bevorzugt Dissertationen gefördert werden, die sich mit der Gründungsphase der Lebensversicherung sowie mit der Entwicklung der staatlichen Alterssicherung befassen.[14] Deutsch-französische Promotionen werden von der Deutsch-Französischen Hochschule (DFH) in Saarbrücken gefördert. Die Stipendiaten erhalten ein Stipendium in Höhe von bis zu 1500 Euro jährlich. Die Mittel dienen dazu, die mit der Mobilität des Doktoranden und der Durchführung des Cotutelle-Verfahrens[15] verbundenen Mehrkosten zu decken.

Die Doktorarbeit muss gemeinsam von einem deutschen und einem französischen Hochschullehrer betreut werden; ein Forschungsaufenthalt an der französischen Partnerhochschule ist obligatorisch.[16]

Daneben gibt es Stipendien fachspezifischer Stiftungen: So bietet die Stiftung Deutscher Architekten einige wenige Promotionsförderungen in Höhe von 20.000 Euro pro Jahr für überdurchschnittliche Absolventen der Fachrichtungen Architektur, Innenarchitektur, Landschaftsarchitektur oder Stadtplanung an.

Wer ein Stipendium erlangen kann, darf sich zum Kreis der Glücklichen zählen. Denn die Zahl der Geförderten ist nicht hoch. Nur eine Minderheit aller Doktoranden wird durch Stipendien gefördert. 28% werden genannt.[17] Man darf sich schon dadurch zu einer Art Elite zählen. Auch die Kassen der Stipendiengeber sind keine unerschöpflichen Füllhörner, und auch deren Mittel sind knapp und wollen gut eingesetzt sein. Stipendien sind ihrer Höhe nach immer begrenzt, und die Zeitdauer der Stipendiumsförderung ist wesentlich als Anreiz gedacht, während dieser Zeit die Dissertation auch wirklich fertigzustellen.[18] Der Wert eines Stipendiums besteht oft auch gar nicht lediglich in der ausgezahlten Summe in Euro und Cent, sondern in der Tatsache, dass man überhaupt eine Förderung erhält. Das eigene Vorhaben ist als förderungswürdig anerkannt! Dies stärkt einerseits den Glauben an sich selbst und das eigene Vorhaben und erhöht andererseits den moralischen Druck, das Vorhaben einem erfolgreichen Ende zuzuführen. Wer gefördert wird, darf nicht auf dem Weg einfach aufgeben.

Eine besondere Art der Promotionsförderung stellt das Bezuschussen der zum Teil recht erheblich ausfallenden Druckkosten durch Stiftungen dar. Erwähnung finden sollen hier (zum Teil auf den rechtswissenschaftlichen Bereich beschränkt) die Johanna und Fritz Buch-Gedächtnisstiftung, die Studienstiftung ius vivum, der Deutsche Akademikerinnenbund e.V. (DAB), die FAZIT-Stiftung gemeinnützige Verlagsgesellschaft mbH sowie die Hamburgische Wissenschaftliche Stiftung (bei besonderen Bezügen der Dissertation zur Stadt Hamburg).

8. Förderung durch Wirtschaftsunternehmen

Ein erheblicher Anteil der Doktoranden bekleidet nach Abschluss des Promotionsverfahrens eine Position in der Wirtschaft. Dennoch ist die Beteiligung von Wirtschaftsunternehmen (soweit sie nicht Stiftungen gegründet haben) an der Doktorandenförderung relativ gering. Airbus Deutschland, ein Tochterunternehmen der EADS, bietet immerhin Drei-Jahres-Verträge an, die Hochschulabsolventen ingenieurwissenschaftlicher Studiengänge die Möglichkeit eröffnen, neben der Arbeit für das Unternehmen noch eine durch Airbus betreute Promotion zu schreiben. Ähnlich geht beispielsweise der Fahrzeughersteller Audi vor. Hier wird die Möglichkeit geboten, über drei Jahre 20 Stunden pro Woche für das Unternehmen zu arbeiten und so genug Zeit für das Erstellen einer Promotion zu bewahren.[19]

Gerade für Doktoranden in technisch-naturwissen-schaftlichen Fachbereichen mag die unternehmensbe-treute Promotion eine sich langfristig auszahlende Alternative zur »klassischen« Vorgehensweise sein.

Eine recht bedeutende Möglichkeit, Unterstützung zu erlangen, bietet das Studienförderwerk Klaus Murmann der Stiftung der Deutschen Wirtschaft. Geförderte erhalten hier bis zu 1050 Euro sowie eine Forschungskostenpauschaule in Höhe von 100 Euro und ggf. einen Familienzuschlag in Höhe von 155 Euro monatlich. Bezahlt wird das Geld paradoxerweise nicht von der Deutschen Wirtschaft, sondern vom Bundesministerium für Bildung und Forschung.

9. Graduiertenkollegs und Graduiertenschulen

Eine ganz besondere und herausgehobene Form der Finanzierung von Doktoranden bilden die von der Deutschen Forschungsgemeinschaft (DFG) und anderen Institutionen geförderten Graduiertenkollegs und Graduiertenschulen. Die Graduiertenkollegs wurden im Jahre 1990 auf Empfehlung des Wissenschaftsrates eingerichtet; Ziel der (zeitlich befristeten) Graduiertenkollegs ist unter anderem ein Beitrag zur qualitativen Verbesserung der Doktoranden und zur Verkürzung der Promotionsdauer.[20] Die Errichtung eines Graduiertenkollegs setzt einen Antrag mehrerer Hochschullehrer voraus und die Befürwortung durch die betreffende Hochschule und des Landes, das sich an der Finanzierung hälftig beteiligt. Zwischen Antragstellung und Arbeitsaufnahme liegt in der Regel ein Zeitraum von einem Jahr.[21] Die von der

Deutschen Forschungsgemeinschaft angestrebte Zahl
(»Kapazitätsmarke«) von 300 Graduiertenkollegs war bereits 1997 erreicht.[22] Anfang des Jahres 2013 existierten
z. B. an der Universität Hamburg sieben Graduiertenkollegs mit den Programmthemen: »Mathematics Inspired
by String Theory and QFT«; »Ökonomik der Internatio-
nalisierung des Rechts «; »Sortierung und Wechselwir-
kung zwischen Proteinen subzellulärer Kompartimente«;
»Physik mit neuartigen kohärenten Strahlungsquellen«;
»Extrasolare Planeten und ihre Zentralsterne, «; »Maßge-
schneiderte Metall-Halbleiter-Hybridsysteme« sowie
»Intersensorische Interaktion in natürlichen und künstli-
chen kognitiven Systemen«. Jedes Graduiertenkolleg
widmet sich einem koordinierten, von mehreren Hochschullehrern getragenen Forschungsprogramm. Die
meisten Graduiertenkollegs sind im Felde der Naturwissenschaften und der Medizin tätig.[23]

Der Vorzug des Promovierens in einem Graduiertenkolleg wird von den Doktoranden nicht nur in der besseren finanziellen Ausstattung gesehen, sondern auch in
dem Kontakt mit anderen Doktoranden, die – wenn auch
nicht exakt über dasselbe Thema – so doch im selben
grundsätzlichen Bereich ihre Dissertation schreiben. In
einem Bericht über das Graduiertenkolleg »Physik nano-
strukturierter Festkörper« an der Universität Hamburg
wird eine Doktoratsstipendiatin mit dem Satz zitiert:
»Sonst bist du eher isoliert, aber da [in einem Workshop
des Kollegs] kommst du richtig mit den Anderen in Kontakt.«[24] Gern übersehen ist das vielleicht Wichtigste an
der Aufnahme in ein Graduiertenkolleg aber noch vor
dem finanziellen das psychologische Moment: Der Doktorand darf sich als auserwählt, als eine Art besonderer

Elite fühlen. Er gehört dazu, ist Teil einer band of brothers.[25] Auch Betreuer empfinden mehr Stolz über solche
Kollegiaten als über »normale« Doktoranden. Der Anteil
von Teilnehmern an strukturierten Graduiertenprogram-
men variiert zwischen den Fächern stark.[26]

Dass Graduiertenkollegs angehende Wissenschaftler
weit über den tatsächlich abdeckbaren Bedarf des deutschen Marktes hinaus, in vielen Fällen quasi für das Ausland ausbilden,[27] steht auf einem ganz anderen Blatt, das
viele Kollegiaten nicht sehen. Indes sind sehr gut Qualifizierte im Normalfall auch sehr gefragt.[28] Zu große Spezialisierung freilich gefährdet Marktchancen, zumal die
Mitkollegiaten von heute dann zu den Konkurrenten von
morgen werden.[29] Im Wettbewerb mit Wissenschaftlichen Mitarbeitern stehen Kollegiaten wiederum vor dem
Nachteil, dass zumindest in der Wirtschaft die besser so-
zialisierten Wissenschaftlichen Mitarbeiter bevorzugt
werden, die eben nicht jahrelang nur für das Schreiben
ihrer Dissertation Geld bekommen haben und dem Berufsleben daher näher stehen.[30] Ein Problem für Kollegiaten kann auch die Betreuung durch mehrere Kollegleiter
mit kollidierenden Interessen und divergierenden Ansätzen und Zugängen sein. Das alte Meister-Schüler-Mo-
dell mag Abhängigkeit gefördert haben;[31] es institutiona-
lisierte aber wenigstens ein persönliches Verhältnis. Ob
Gruppenbetreuer wirklich effektiver sind, lässt sich nicht
empirisch belegen.[32] Ein besonderes Problem bricht auf,
wenn sich keiner der nominellen Betreuer wirklich zuständig fühlt.[33]

Doktoranden aus Graduiertenkollegs erhalten jedenfalls öfter als normale (»einsame«) Doktoranden eine
Chance, sich mit ihrer Arbeit in einem Vortrag vorzustel-

len. Idealerweise geschieht dies in einem öffentlichen Vortrag, der sich in eine passende Reihe oder, sofern es so etwas gibt, in das Allgemeine Vorlesungswesen einfügt. Häufiger dürfte der Vortrag innerhalb des Graduiertenkollegs vor den anderen Kollegiaten und den Kollegiatentern sein. Nach erfolgter Promotion spielt es allerdings für die berufliche Karriere keine große Rolle mehr, ob man in einem Graduiertenkolleg oder sozusagen »normal« promoviert hat.[34] Freilich bleibt dies ein spannendes und langfristig zu beobachtendes Thema.[35]

Ein den Graduiertenkollegs ähnliches Konzept liegt den International Max Planck Research Schools zugrunde. Diese verfolgen – wie es in einem von der Max-Planck-Gesellschaft herausgegebenen Merkblatt heißt – »den Zweck, in enger Kooperation von Universitäten und benachbarten Max-Planck-Instituten die Heranbildung des wissenschaftlichen Nachwuchses für beide Partner zu verbessern. Sie bieten Promotionsstudiengänge an, die gezielt besonders qualifizierte junge Wissenschaftlerinnen und Wissenschaftler in der Phase zwischen dem ersten berufsqualifizierenden Abschluss und der Promotion anziehen sollen. Dabei wird eine thematische Verzahnung der einzelnen Promotionen angestrebt, um durch die Zusammenarbeit einer Gruppe von Doktoranden Synergieeffekte zu fördern und einen wissenschaftlichen Mehrwert zu erreichen [...]. Das alleinige Promotionsrecht der Universitäten bleibt unberührt [...].. Besonderes Anliegen der International Max Planck Research Schools ist es, die internationale Zusammenarbeit zu fördern und eine signifikante Anzahl ausländischer Bewerber für eine Promotion in Deutschland zu interessieren [...]. Daher wird ein Anteil von in der Regel mindestens

50% ausländischer Doktoranden angestrebt [...]. Die zur Durchführung des Programms erforderlichen Ressourcen werden in Absprache zwischen den Partnern je nach den gegebenen Möglichkeiten anteilig zur Verfügung gestellt [...] Bevorzugt sollen innovationsfördernde und interdisziplinäre Themen aufgegriffen werden.«

Graduiertenschulen sind ein Schwerpunkt auch im Rahmen der Exzellenzinitiative des Bundes und der Länder. Eine weitere Initiative startete 2006 die Helmholtz-Gemeinschaft deutscher Forschungszentren (HGF): In Zusammenarbeit mit verschiedenen Hochschulen bietet die HGF ein eigenes Programm an, das in englischer Sprache durchgeführt werden soll.[36]

Man sollte sich aber keinen Illusionen hingeben und Graduiertenkollegs richtig in das Gesamtbild einordnen: Graduiertenkollegs sind alles andere als eine Patentlösung für alle und ein Allheilmittel. Graduiertenkollegs werden immer nur für eine kleine Minderheit besonders qualifizierter und ausgewählter Promovenden offen stehen und nicht für die große Masse der Doktoranden. 2008 etwa betrug der Anteil von Doktoranden in Graduiertenkollegs an der Gesamtzahl aller Doktoranden nur verschwindend geringe 2,2%.[37] Eine Ausdehnung von Graduiertenkollegs oder -schulen als allgemeines Modell ist angesichts der beschränkten Finanzmittel völlig unrealistisch.[38]

10. Fehlen von Gebühren
für die eigentliche Promotion

Das Promovieren ist – was Prüfungsgebühren der Prüflinge betrifft – frei. Das war nicht immer so und müsste auch heute nicht unbedingt so sein. Die Frühzeit des Universitätslebens kann allerdings insoweit kein Vorbild sein: So waren nicht nur Prüfungsgebühren für die Universität und Geschenke an die Prüfer üblich, sondern der Doktorand musste auch den »Doktorschmaus« bezahlen: Anschließend an die Dissertation und die Aufnahme in den Kreis der Graduierten »gab es den Doktorschmaus, an dem die Fakultätsmitglieder und die Universitätsbediensteten teilnahmen – ein Gelage, das sich meist über mehrere Tage hinzog und hohe Kosten verursachte. Die Graduierung war – vor allem in den oberen Fakultäten – damit nicht nur durch die Prüfungsgebühren, mit denen die Fakultät einen Teil ihrer Einnahmen bestritt, sondern vor allem durch die Geschenke an die Fakultätsmitglieder und durch die Kosten des Festschmauses sehr teuer.[39] Zahlreiche Scholaren waren daher nicht imstande, einen höheren Grad zu erwerben. Die schlecht finanzierten Hochschulen sahen aber ihre einzige Möglichkeit zur Aufbesserung der Einkünfte darin, an den Prüflingen zu verdienen, die entweder durch ihre Herkunft materiell begünstigt waren oder in der Erwartung späterer Pfründen und Einkommen Schulden machten, um den begehrten akademischen Grad zu erlangen. Dieser Umstand führte bereits seit dem 15. Jahrhundert dazu, dass akademische Grade käuflich und die Professoren bestechlich wurden (eine Erscheinung, die bis zum Ende des 18. Jahrhunderts anhielt und zum Ruin mancher Universität führte).«⁴⁰ Über die Universität Jena wird berichtet, dass sie »sich im 19. Jahrhundert mit Einnahmen aus Promotionsgebühren über Wasser gehalten (hat).«⁴¹ Professoren erzielten so persönliche Einkünfte, die ihnen ansonsten verwehrt blieben.⁴² In der Aufklärung verminderten die Obrigkeiten den zeremoniellen Aufwand, beließen es aber bei den Promotionsgebühren.⁴³

Um Gebühren einzusacken, konnte es sogar vorkommen, dass spendierfreudige Interessenten in Abwesenheit promoviert wurden.⁴⁴ »Sumimus pecuniam et mittimus asinum in patriam« (Nehmen wir das Geld und schicken den Esel nach Hause) kursierte seit dem Mittelalter über Auswüchse des Promotionswesens.⁴⁵ Die promotio in absentia war zumindest an enigen Universitäten der Regelfall, und man verzichtete auf die Disputation.⁴⁶ In seiner Geschichte der preußischen Universitätsverwaltung berichtet Bornhak über einen solchen Fall von Doktorhandel:

»Das Haarsträubendste in bezug auf den Doktorhandel leistete jedenfalls die juristische Fakultät zu Halle, indem sie sich 1770 beim Ministerium für die Promotion eines in Lauchstädt sich aufhaltenden jungen Mannes in absentia verwandte, da man dadurch Gelegenheit erhalte, Geld von Ausländern in die königlichen Lande zu ziehen, und gleichzeitig anfragte, ob, da seine Gesundheit ihm nicht erlaube, selbst zu meditieren, für ihn eine Dissertation aus dem Jure publico gefertigt werden könne. Das Ministerium wies selbstverständlich diesen Vorschlag, Geld nicht nur in das Land, sondern in die Taschen der Professoren zu ziehen, als schnöden unverantwortlichen Missbrauch und unauslöschliche Beschimpfung der Fakultät zurück.

Am leichtesten rissen aber bei der großen Zahl der Promotionen Missbräuche unter den Medizinern ein.«[47]

Um solche und andere Missbräuche abzustellen, wurde die Promotion in absentia abgeschafft, z. B. in Jena 1882, in Leipzig erst 1897.[48] Auch nahm der Staat später die Erhebung der Gebühren in seine Hand. Dementsprechend war über lange Zeit hin eine staatliche Promotionsgebühr zu zahlen. Als der Wohlstand ausbrach, wurde die Promotionsgebühr abgeschafft. In Hamburg werden seit 1970 keine Prüfungsgebühren mehr erhoben. Das mag aus bildungspolitischen Gründen in Bezug auf die normalen Hochschulabschlussexamina und für die entsprechenden Staatsprüfungen nachvollziehbar sein, aber kaum für Doktorprüfungen.

VII. Unvollendete Dissertationen

»Die Arbeit war fast fertig.«

Ausspruch eines Aussteigers

Selbst eine großzügige Finanzierung führt nicht immer zu einem erfolgreichen Abschluss. So manche Finanzierung eines Promotionsvorhabens war am Ende für die Katz – die Dissertation blieb unvollendet. Von langer oder kurzer Mühsal bleibt in diesem Fall das übrig, was in einem Roman von Lily Brett »Einfach so« als ein »Kasten mit halbfertiger Dissertation« beschrieben wird.[1]

1. Aussteiger und Lebensläufe

Die Zahl der Aussteiger, die ihre Arbeit an ihrer Dissertation vor Fertigstellung aufgegeben haben, ist statistisch nicht erfasst. Der prozentuale Anteil der »drop outs« ist vermutlich, je nach Fachgebiet, unterschiedlich hoch. Bei Juristen kann man den Anteil der Aussteiger auf 20–30% schätzen. Vielleicht ist dies aber auch eine zu vorsichtige Schätzung. Von dem Erlanger Strafrechtler und Nürnberger Generalstaatsanwalt Theodor Kleinknecht wird berichtet: »Er hatte … viel Freude am Kontakt mit den jungen Leuten. So betreute er denn auch im Laufe der Jahre nicht weniger als 21 Doktoranden. Freilich erreichten nur fünf von ihnen, drei Studenten und zwei Studentinnen, die Promotion.«[2]

Eine unvollendete Dissertation ist nichts Ganzes und nichts Halbes – sie ist schlicht gar nichts. Darin unterscheidet sie sich von einer unvollendeten Oper oder einem anderen unvollendeten Kunstwerk, die einen eigenen Wert behalten. Der Abbruch eines Promotionsvorhabens kann allerdings durchaus unterschiedliche Auswirkungen haben: Er kann ein Stachel im Fleische sein oder ein Ansporn oder nur die Erinnerung an eine Episode. Eine Juristin, die in dem Institut, in welchem sie an ihrer Dissertation schrieb, ungerecht und unkollegial behandelt wurde und mit 25 Ordnern Material im Rücken entnervt aufgab, schrieb Jahre später auf einer Ansichtskarte aus einem entfernten Kontinent: »Seit einigen Tagen genieße ich die Ruhe in der Einsamkeit von Australien mit all seinen Naturschönheiten. Dies gab mir einige Zeit zum Nachdenken. Dabei kam mir das leidige Thema meiner Doktorarbeit wieder in den Sinn – das einzige, was ich nicht zu Ende geführt habe und auch nicht werde. Zurück bleibt eine Kiste voller Papier ...« Freilich dürften schon die 25 (!) Ordner Material ein deutlicher Hinweis darauf gewesen sein, dass das Promotionsprojekt aus dem Ruder gelaufen oder zu groß dimensioniert war.

Eine unvollendete Dissertation muss aber nicht eine unvollendete – d.h. erfolglose – Karriere bedeuten. Im Gegenteil: Es gibt verhinderte Doktoranden, die trotz – oder vielleicht sogar wegen – unterbliebener Promotion beruflich Karriere gemacht oder jedenfalls Prominenz erlangt haben. Aussteiger aus der Promotion können also Aufsteiger im wirtschaftlichen oder politischen Leben werden, vielleicht weil sie gerade mit dem Ausstieg aus der Arbeit an der Dissertation Kraft und Zeit gespart haben.

Interessant ist allerdings, dass die unvollendete Dissertation mit auffallender Regelmäßigkeit in den »personal stories« über die aufgestiegenen Abbrecher erscheint. So wird über den Antiquar Heribert Tenschert, dessen Bücherumsätze sich Jahr für Jahr im zweistelligen Millionenbereich bewegen, berichtet: »Begonnen hat er mit einem abgeschlossenen Studium, einer angefangenen Dissertation und einem Bausparvertrag.«[3] Das Sammeln von Büchern wird auch dem (kurzzeitigen) Nachfolger von Oskar Lafontaine im Amt des saarländischen Ministerpräsidenten und (ebenfalls kurzzeitigen) Bundesminister für Verkehr, Reinhard Klimmt, bescheinigt: »Seine unvollendete Dissertation über die Sicherheitsdienste im Dritten Reich verweist auf Klimmts Interesse für Zeitgeschichte, seine Freude an afrikanischer Kunst auf einen ästhetischen Sinn für das Fremde und sein alten Büchern gewidmeter Sammeltrieb auf die Achtung, die er den Produkten des Geistes entgegenbringt.«[4] Der Bruder des Entertainers Thomas Gottschalk, Christoph Gottschalk (»Der Mann hinter seinem Bruder«), aktiv in Marketing und Medien, »studierte in München Jura, absolvierte das Erste Staatsexamen und begann an einer (unvollendeten) Doktorarbeit zu arbeiten. Das wissenschaftliche Nachdenken über Produkt-Placement hat ihn auf den Geschmack gebracht.«[5] Auch die Gattin »an der Seite des Präsidenten«, nämlich an der Seite des damaligen Bundespräsidenten Johannes Rau, Christina Rau, wird genannt: »Die Tochter des Bielefelder Textilfabrikanten Delius hat eine gediegene Ausbildung in der

Schweiz und im schottischen Internat Gordonstoun erfahren, dann das Londoner Kings' College besucht und
›War studies‹ (Kriegsstudien) studiert. Eine Doktorarbeit
über ›Deutsche Fragen aus britischer Sicht‹ ist unvollendete Absicht geblieben.«[6]

2. Gründe für einen Ausstieg

Was sind bei Promis und Nicht-Promis die Gründe für
die Nicht-Vollendung? Auch hier gilt die Antwort: Die
Gründe sind höchst unterschiedlicher Natur.[7] Ein hoher
Richter, eingeladen zu einem Vortrag vor Studenten und
um eine kurze Selbst-Vorstellung gebeten, begründete in
Anwesenheit seiner Ehefrau die Nichtfertigstellung seiner Dissertation mit dem kurzen Satz: »Ich habe geheiratet.« Eine Heirat muss aber nicht notwendigerweise ein
Dissertationskiller sein; denn ein anderer, erfolgreicher
Doktorand erzählte: »Über der Arbeit an meiner Dissertation über die nichteheliche Lebensgemeinschaft habe
ich meine Ehe geschlossen.«

Der Ausstieg aus der Arbeit an der Dissertation kann
aber auch schlicht ein Vorgang verloren gegangener Motivation sein, oder sogar eine Demotivierung von außen;
Beispiel: Eine Doktorandin kommt mit ihrer Arbeit an
ihrer Dissertation schneller voran als ihr männlicher Kollege – Grund genug für ihn, Destruktionspolitik zu betreiben. Oder ein Nichtpromovierter sät im Doktoranden
Zweifel, ob eine Promotion überhaupt sinnvoll ist.

a) Berufseinstieg und berufliche Chancen

Der häufigste Grund für einen Ausstieg aus dem Promotionsvorhaben ist vermutlich der Fall, dass sich eine berufliche Chance ergibt, deren Verwirklichung der Weiterarbeit an der Dissertation im Wege steht.[8] Die berufliche Belastung steigt bis zu einem Grad, der es faktisch unmöglich macht, daneben noch eine Promotion erfolgreich zu bewältigen. Das Zeitbudget wird einfach zu knapp. Auch ein Doktorand lebt nur einmal und hat keinen persönlichen (Arbeits-)Tag von sechsunddreißig Stunden. Der Beruf wird für ihn im Zweifel Vorrang haben, weil er seine finanzielle Lebensgrundlage bildet. Außerdem machen Arbeitgeber und Vorgesetzte gemeinhin mehr Druck als Doktorväter. Vom Arbeitgeber eingeräumte Sabbaticals oder Freijahre, in denen etwa große Anwaltssozietäten erwarten, dass begonnene Dissertationen fertig geschrieben werden, sind eher die Ausnahme als die Regel. Anders mag es sich bei Unternehmen mit Forschungsabteilungen verhalten[9] oder bei Unternehmen, die Promotionsförderungsprogramme einsetzen.[10] Eine eigene selbständige Tätigkeit aufbauen zu müssen, erfordert ebenfalls eine ungeheure Kraft, neben der nicht mehr viel Raum für eine Promotion bleibt.

Wie reagiert man als Doktorvater auf die Mitteilung, dass ein Promotionsvorhaben abgebrochen wird? Verärgerung wäre kein guter Ratgeber, Vorwürfe wären keine sinnvolle Reaktion. Zunächst sollte der Doktorvater die Chancen eines Versuches überdenken, den Aussteiger davon abzuhalten, das Promotionsvorhaben aufzugeben. Ergibt eine realistische Einschätzung, dass ein solcher Versuch fruchtlos sein wird, sollte der Doktorvater den Ausstieg des Doktoranden ohne Groll akzeptieren und Verständnis für die Entscheidung des Doktoranden haben.

Die Enttäuschung, vielleicht auch der Ärger des Doktorvaters werden größer sein, wenn eine intensive und zeitaufwendige Betreuung stattgefunden hat oder wenn ein interessantes, wichtiges Thema jahrelang blockiert worden ist oder wenn der Doktorand ein Promotionsstipendium erhalten hat, das er nicht zurückzahlt, oder wenn andere Bewerber um einen Doktorandenplatz wegen Überfüllung der Doktorandenliste abgewiesen wurden, oder wenn Doktoranden einfach »abtauchen« und erst auf ausdrückliches Nachfragen des Doktorvaters – wenn überhaupt – den Ausstieg mitteilen (der Text einer diesbezüglichen Telefonanrufnotiz lautet z.B.: »Frau S. schreibt ihre Dissertation nicht zu Ende.«). Auf der anderen Seite haben sich »Blaue Brief«-Aktionen als sehr sinnvoll herausgestellt: Doktoranden, von denen der Betreuer länger als drei Jahre nichts gehört hat, werden angeschrieben, ob sie an ihrem Promotionsvorhaben überhaupt noch festhalten wollen. Manchmal gibt man damit wertvolle Anstöße, sich von einem gescheiterten Projekt frei zu machen und die Seele zu entlasten.

b) Fehlende Neigung zur wissenschaftlichen Arbeit

Berufliche Belastung ist zwar der wichtigste, aber nicht der einzige denkbare Grund für den Abbruch eines Promotionsvorhabens. Viele Doktoranden merken erst beim Schreiben, dass ihnen das Schreiben eigentlich gar nicht liegt und wie sehr sie sich beim Schreiben selber quälen müssen. Ihr Studium hat sie nicht auf das vorbereitet, was sie sich jetzt vorgenommen haben. Die Pausen werden immer länger, und der Widerwille, sich nochmals und wieder und wieder an die Dissertation zu setzen, wird immer größer. Besonders schlimm ist es, wenn schon der Einstieg nicht gelingt, wenn über Monate das leere erste Blatt oder der leere erste Bildschirm den Doktoranden anstarren und einen stillen, aber unüberhörbaren Vorwurf machen. Wer nur unter Termindruck arbeiten kann, wird sich mit einer Promotion tendenziell schwerer tun, denn bei einer Promotion gibt es keinen echten und drängenden Termindruck wie bei einer Studienabschlussarbeit.[11]

c) Private Veränderungen

Auch private Veränderungen können Promotionsvorhaben schaden. Die Hochzeit wurde bereits erwähnt, pars pro toto für das Begründen einer neuen Beziehung. Einen noch tieferen Einschnitt bedeuten Kinder. Denn Kinderbetreuung kostet definitiv Zeit. Kinder haben auch weit weniger Verständnis dafür, wenn Papa oder Mama sich an den Schreibtisch setzt oder ins Labor verschwindet, als es (wenn auch manchmal zähneknirschend und hinter dem Rücken die Fäuste ballend) Ehepartner und Partner aufbringen (müssen).

Ebenso wie die Begründung neuer familiärer Verhältnisse kann das Ende familiärer Beziehungen so stark belasten und einschneiden, dass Promotionsvorhaben darunter beendet werden. Persönliche Trennungen können in Lebenskrisen stürzen. Insbesondere eine Scheidung mit anschließendem Rosenkrieg kann jeden Platz und jeden Gedanken für eine Dissertation nehmen. Doch kommt es auch vor, dass Doktoranden sich gerade zur Ablenkung von solchen unerfreulichen Geschehnissen mit umso größerer Verve und umso größerem Fleiß auf ihre Doktorarbeit stürzen.

d) Zuschnitt der Dissertation

Dissertationen können auch daran scheitern, dass sie schlicht zu groß angelegt sind. Viele Doktoranden neigen dazu, sich im Grundsätzlichen zu verlieren oder zu glauben, jede Einzelheit abdecken zu müssen. Insbesondere historische Einleitungen neigen stark dazu, sich auszudehnen und immer länger zu werden. Wenn die Zahl der Materialordner immer größer wird, kann dies ein nicht zu unterschätzendes Alarmzeichen sein. Oft ist es besser und wertvoller, wenn eine Arbeit einen Abschluss findet, als noch eine Einzelheit einzufügen. Indes differiert dies stark nach der Promotionskultur des jeweiligen Fachs: Eine medizinische Doktorarbeit auf der Grundlage einer eng begrenzten Testreihe wird kaum Gefahr laufen, zu weit zu werden und auszuufern. Mathematische Dissertationen leiden ebenfalls gemeinhin nicht unter Überlänge, wohl aber teilweise unter der Komplexität der zu bewältigenden Formeln samt dahinter liegenden Gedanken. Auch Betreuer stehen übrigens in der Mitverantwortung: Ein Thema, das auch ein Habilitationsthema sein könnte, an einen Normaldoktoranden zu vergeben, ist fast ein Verbrechen an dessen Lebenszeit und seelischem Wohlbefinden.

In manchen Fächern überholt die Realität Promotionsvorhaben. In der Rechtswissenschaft etwa ist es gefährlich, eine Doktorarbeit über ein laufendes Gesetzesvorhaben schreiben zu wollen. Denn im Zweifel ist der Gesetzgeber schneller als der Doktorand, und das fertige Gesetz sieht doch in wichtigen Punkten anders aus als der vorangegangene Entwurf. Für den Doktoranden heißt dies: umarbeiten und umschreiben, bisweilen: ganz neu anfangen. Das fördert die Motivation nicht. Nichts altert schneller als die Tagesaktualität von heute. Viele Doktoranden halten sich nicht vor Augen, dass eine Doktorarbeit im Zweifel Jahre dauert und ihr Thema auch im Zeitpunkt der Fertigstellung, ja im nachfolgenden Zeitpunkt der Veröffentlichung noch haltbar sein muss. Es kommt nicht nur darauf an, was heute aktuell ist, sondern auch und vielleicht sogar vorrangig darauf, was noch in drei bis fünf Jahren Interesse finden könnte.

VIII. Die Dauer des Schreibens

Die Dissertation sollte fertig sein, bevor
man stirbt.

Hermann Heimpel*

Vollendet wird eine Doktorarbeit durch schreiben,
schreiben, schreiben. Logischerweise gilt hier nur ein
Gebot: scribere necesse est. Aber wie schreiben, und vor
allem, wie lange?

Die Technik des Verfassens einer Dissertation ist im
Prinzip keine andere als die Technik der Arbeit an ir-
gendeiner anderen Publikation (wobei man allerdings in
Rechnung stellen muss, dass der Normaldoktorand keinerlei Publikationserfahrung hat und dass die Doktorarbeit bei vielen die erste und einzige formell wissenschaftliche Äußerung ihres Lebens ist). Auch beim Schreiben
einer Dissertation gibt es die Schwierigkeit des Anfanges,
es gibt gute und schlechte (Schreib-)Tage, man hat vor-
mittägliche oder nachmittägliche oder abendliche »Leis-
tungskurven«, und man bekommt gute oder weniger
gute Ratschläge wie »Jeden Tag mindestens einen Satz
schreiben« oder »die Schreibarbeit des Tages mit einem
halbfertigen Satz aufhören« gratis und unerbeten von allen Seiten. Jedoch gelten für das Verfassen einer Dissertation auch besondere »Gesetze«: Die Dissertation ist und
bleibt eine Prüfungsarbeit, d. h. sie ist Teil – und zwar der
mit Abstand wesentlichste Teil – eines »Examens«. Das

bedeutet unter anderem, dass die Arbeit an der Dissertation unter Benotungserwartung und damit auch unter Benotungsdruck steht, auch wenn dieser geringer ist als bei anderen Prüfungsarbeiten, da jedenfalls ein »Durchfallen« insoweit selten ist. Im Vergleich mit anderen schriftlichen Prüfungsleistungen ist die Freiheit des Doktoranden insofern entscheidend größer, als in der Regel keine rechtsverbindliche Frist für die Ablieferung der Arbeit besteht; ein etwaiges dahingehendes Versprechen des Doktoranden gegenüber seinem Doktorvater ist jedenfalls nicht gerichtlich einklagbar. Faktisch kann sich allerdings ein Zeitdruck zur Fertigstellung der Doktorarbeit z. B. aus der Laufzeit eines Stipendiums ergeben. Eine von der Fazit-Stiftung mit einem Stipendium geförderte Dissertation etwa soll nach den Richtlinien der Stiftung »innerhalb von höchstens zwei Jahren fertig gestellt sein«. Die offiziellen Verwendungsrichtlinien der Mittel für Graduiertenkollegs sehen eine finanzielle Förderungsdauer von zwei Jahren mit einer Verlängerungsdauer um ein weiteres Jahr vor, also höchstens drei Jahre.

Abgesehen von einer solchen finanziellen Daumenschraube besteht aber für die Fertigstellung der Dissertation gerade kein zwingender Termin, was indes – so paradox das klingen mag – eine besonders sublime Form von Zeitdruck erzeugen kann. Eine Doktorandin berichtete nach Abschluss ihrer Arbeit, das Wissen »Du hast ja Zeit« habe sie mehr belastet als beruhigt. Eine unbegrenzte Zeitspanne kann auch zu einem Wechsel des Dissertationsthemas führen oder verführen, was wiederum naturgemäß die Dauer des Promotionsvorhabens verlängert. Ein Doktorand im Fach Geschichte, nach dem Stand seiner Arbeit befragt, schrieb: »Die Promotion ist ein heikles Thema. Seit meiner Rückkehr nach X (vor mittlerweile sieben Jahren) bin ich zwar offiziell als Doktorand eingeschrieben und nenne auch einen Doktorvater mein eigen. Allein, das Thema meiner Dissertation wechselt beständig, je nach Lust und Laune, und ergo schreitet das opus magnum nicht so recht voran. Ihr Kollege, Prof. Y, mahnt deshalb bereits und auch zu Recht.«

Zwischen Beginn und Vollendung einer Dissertation kann aber nicht nur ein Themenwechsel liegen, sondern eine Diktatur, eine Emigration und ein (2.) Weltkrieg. Paul Krantz, im Jahre 1927 mit 18 Jahren Angeklagter im strafrechtlichen Sensationsprozess der »Steglitzer Schülertragödie« (zwei Jugendliche waren von Revolverschüssen getötet, Krantz befand sich im selben Zimmer und wollte zwar alles gesehen, aber nicht selbst geschossen haben), studierte – nach seinem Freispruch – an der Universität Frankfurt am Main unter einem neuen Namen (Ernst Erich Noth) Germanistik, Soziologie und Pädagogik; er betätigte sich später schriftstellerisch und politisch, emigrierte 1933 zunächst nach Frankreich und 1940 in die USA. »Erst 1970 kehrte Noth nach Deutschland zurück. Und wieder zog es ihn nach Frankfurt am Main, wo er seine 37 Jahre zuvor begonnene Promotion zum Dr. phil. beendete und hernach Vorlesungen zum Thema Exilliteratur und Neue Sachlichkeit hielt.«[1] Bei Arthur Schopenhauer und bei Albert Einstein war es schneller gegangen: Schopenhauer verfasste seine berühmte Dissertation »Über die vierfache Wurzel des Satzes vom zureichenden Grunde« in acht Wochen.[2] Über Einsteins geniale Doktorarbeit wird berichtet: »Das Jahr 1905 war für Albert Einstein eine ganz wunderbare Zeit. Im Abstand von nur wenigen Wochen verfasste er seine

Doktorarbeit und vier wissenschaftliche Arbeiten, die in den renommierten »Annalen der Physik« erschienen und das Weltbild der Physik revolutionieren sollten.«[3]

Der Rückblick in frühere Zeiten zeigt, dass nicht nur Schopenhauer schneller war als seine Kollegen heute, sondern dass allgemein die Bearbeitungszeiten für Dissertationen länger geworden sind. Ursächlich ist hierfür vor allem der erheblich gewachsene Umfang der Doktorarbeiten.[4] Drei – willkürlich herausgegriffene – juristische Doktorarbeiten sollen diese Feststellung belegen: Im Jahre 1889 wurde der spätere Strafrechtsprofessor Joseph Heimberger im Alter von 23 Jahren promoviert mit einer 33seitigen Dissertation zum Thema »Über die Straflosigkeit der Perforation« (d. h. der Zerstückelung des Kindes im Mutterleib vor der Geburt, um das Leben der Mutter zu retten).[5] Die maschinenschriftliche Dissertation über »Die Stellvertretung im Verwaltungsrecht« von 1924 des damals 22jährigen späteren Öffentlichrechtlers Arnold Köttgen umfasste schon 91 Seiten.[6] Gemessen an dem Umfang heutiger juristischer Dissertationen waren jene Arbeiten dünne Sachen: Eine Bayreuther Dissertation von 1997 zum Vollzug des Europäischen Gemeinschaftsrechts füllt 585 Druckseiten mit 2661 Fußnoten.[7] Eine Hamburger Dissertation von 1995 über den bedeutenden Handelsrechtler Levin Goldschmidt liegt mit 583 Druckseiten fast gleichauf, übertrifft jedoch in der Zahl der Fußnoten mit 3561 die erstere beträchtlich.[8] Vor einigen Jahren ist sogar ein Preis für »die dickste Doktorarbeit des Jahres 1998« ausgelobt worden. Gewinnerin dieses fragwürdigen Wettbewerbs war die Berliner Theaterwissenschaftlerin Evelyn Dörr mit ihrer 1237 Seiten starken Arbeit über Rudolf von Laban; den zweiten Platz erreichte der Regensburger Doktorand Lothar Krieglsteiner mit seiner »nur« 1053 Seiten umfassenden Dissertation zum Thema »Pilze im Naturraum Mainfränkische Platten und ihre Einbindung in die Vegetation«.[9]

Die beiden preisgekrönten Arbeiten sind aber nur kleine Fische im Vergleich mit der im Guinness-Buch der Rekorde eingetragenen Konstanzer Dissertation von Joachim Schuhmacher über die Entwicklung des Segelsports von sage und schreibe 2654 Seiten. Vier Jahre lang, so der Autor, habe er an seiner Dissertation gearbeitet, und »plötzlich waren es vier Bände. Meine Arbeit ist eine der wenigen, die wirklich interdisziplinär sind. Sie stellt eine Mischung aus Technik, Wirtschaft, Recht und sozialen Aspekten dar. Das ist der Grund für den riesigen Umfang.«[10] Kurt Reumann hat dazu ausgerechnet, dass diese Arbeit im Buchdruck zwölf Bände à 300 Seiten umfasst, was Reumann mit dem Ausruf kommentiert: »Welch ein Wahnsinn!«[11]

Dickleibige Dissertationen provozieren die Frage, wer die Zeit dafür hat, sie nicht nur anzublättern, sondern sie vollständig zu lesen. Dies ist vor allem eine Frage an den Doktorvater, der die Dissertation seines Doktoranden wegen der erforderlichen Begutachtung und Benotung ja einer gründlichen Lektüre unterziehen muss. Wie schafft er das? Folgt der gestresste Doktorvater vielleicht dem (natürlich nur scherzhaft gemeinten) Rat eines prominenten deutschen Rechtswissenschaftlers, der lautet: »Nur die geraden Seiten lesen«? Dem Stöhnen des Doktorvaters über zu voluminöse Dissertationen kann man allerdings entgegenhalten, dass der Doktorvater seinem Doktoranden rechtzeitig eine Beschränkung des Umfanges der Dissertation hätte aufgeben können. Die akademische Praxis ist insoweit allerdings sehr unterschiedlich. An ein und demselben Fachbereich will ein Kollege »nicht mehr als 200 Seiten« (durch-)sehen, ein anderer Kollege »nicht unter 200 Seiten«. Bei der Übergabe der Festschrift für den Kölner Staatsrechtler Klaus Stern kam der Verleger, Hans Dieter Beck, auch auf Sterns Doktorvater Theodor Maunz zu sprechen, der bei den Münchener Jurastudenten wegen seiner immer verhältnismäßig guten Benotung ihrer Übungsarbeiten sehr beliebt war: »Als Doktorvater dagegen war Maunz problematischer. Es hieß, eine Dissertation müsse bei ihm mindestens 250 Druckseiten haben, sonst würde sie nicht akzeptiert. Dies bedeutete für Klaus Stern kein Problem. Er schaffte es mit links. Für mich dagegen kam eine Promotion bei Maunz aus diesem Grund keinesfalls in Betracht. Ich hatte überhaupt für die eloquente Sprache des öffentlichen Rechts mit ihren dehnbaren Fragen und Lösungen nicht viel übrig; mir lag ein lakonischer Zivilist wie Eugen Ulmer. Hier kam ich dann auch mit einer Arbeit von 130 Seiten gut zu Stuhle.«[12]

Ausländische so genannte Dissertationen sind übrigens kein Vergleich.[13] Sie entsprechen in aller Regel funktionell der deutschen Habilitation und fallen schon deshalb umfangreicher aus. Eine Ph.D. Thesis im Ausland, insbesondere im angelsächsischen Raum, ist eine für die Wissenschaft qualifizierende Arbeit, sozusagen das zweite, nicht das erste Buch.[14] Die soziale Wertigkeit des Doktortitels ist wiederum in angelsächsischen Ländern eine ganz andere als in der deutschen Alltagskultur mit ihrer ausgeprägten Titelorientierung.[15] Der seltene Dr. stempelt im angelsächsischen Raum zum Wissenschaftler.

Dissertationen leben – wie andere wissenschaftliche Veröffentlichungen – auf großem oder kleinem Fuße; konkreter gesagt: Sie stehen auf ihren Fußnoten. Peter Rieß hat in seinen amüsanten »Vorstudien zu einer Theorie der Fußnote« die Anzahl der jährlich neu entstehenden Fußnoten allein im rechtswissenschaftlichen Schrifttum nach dem »Stand der empirischen Fußnotenforschung schon im Jahre 1983 größenordnungsmäßig mit 10^6 bis 10^7« geschätzt. Bei einer Zahl von damals rund 300 juristischen Fachzeitschriften (inzwischen hat diese Zahl sich mehr als verdoppelt) ergebe sich daraus »ein Fußnotenaufkommen von etwa 300 000 bis 600 000«. Bei Dissertationen stelle »eine Fußnotenzahl von 500 eine stichprobenbestätigte realistische Annahme« dar.[16] Darüber, ob der Satz »Das Wissenschaftliche an der Wissenschaft sind die Fußnoten« wirklich ironisch ist, könnte man lange philosophieren.

Die Geschichte der Fußnote hat der Historiker Anthony Grafton in seinem Buch »Die tragischen Ursprünge der deutschen Fußnote« nachgezeichnet. Zu lernen ist daraus, dass Leopold von Ranke zu Unrecht als der »Erfinder« der Fußnote angesehen wird, dass es aber jedenfalls seine Zunft – also jene der Historiker – war, die der Fußnote zu Rang und Würde verholfen hat. Den heutigen, überquellenden Gebrauch von Fußnoten als akademischem Anspruch ironisiert Anthony Grafton mit dem folgenden Bild: »Wie das hochtourige Sirren des Zahnarztbohrers, so versichert auch das leise Gemurmel der Fußnote auf der Buchseite des Historikers begütigend: Die Langeweile, die sie dem Leser zumutet, ist, wie der Schmerz, den der Bohrer zufügt, nichts Willkürliches, sondern gezielt und Teil jener Kosten, die die Segnungen der modernen Wissenschaft und Technologie mit sich bringen.«[17] Weniger prosaisch, aber darum nicht weniger zutreffend bewertet ein Rezensent den umfangreichen Fußnotenapparat in einer Dissertation über Heinrich George so: »Wer je eine Dissertation geschrieben hat, weiß, wie leicht man dabei einem Vollständigkeitswahn unterliegt. 1484 Anmerkungen kann man in Frickes Buch zählen, eine Höchstleistung wissenschaftlicher Akribie, die auf Kosten des rhetorischen Schwungs und der Plausibilität der Verteidigung geht.«[18]

Bei der Betrachtung der Dicken mit vielen Fußnoten sollten jedoch die Dünnen mit wenig oder gar keinen Fußnoten nicht übersehen werden.[19] In der Medizin waren die Dissertationen schon immer weniger umfangreich als in den Geisteswissenschaften. Marcel Reich-Ranicki berichtet in seinen Lebenserinnerungen von seinem Bruder, der an der Berliner Universität Zahnmedizin studierte und, weil er die polnische Staatsangehörigkeit besaß, trotz des »Dritten Reichs« sein Studium fortsetzen und abschließen konnte: »Er wurde 1935 promoviert – mit einer nur neunzehn Druckseiten umfassenden und mit ›summa cum laude‹ ausgezeichneten Dissertation.«[20] Bekannt geworden ist auch die 1950 von dem damals 21jährigen Mathematiker John Forbes Nash an der University of Princeton eingereichte Doktorarbeit, die nur 28 Seiten kurz war. Der Autor, der Begründer der so genannten Spieltheorie, erhielt 44 Jahre später den Nobelpreis für Wirtschaftswissenschaften.[21]

IX. Die Dauer des Verfahrens

> *Schülerin:* So bald wie möglich. Im Herbst:
> Also in drei Wochen möchte ich mei-
> nen Doktor. machen.
> *Professor:* Verzeihen Sie die unbescheidene
> Frage: Sie haben Ihr Abitur?
> *Schülerin:* Ja, Herr Professor, ich habe
> mein naturwissenschaftliches und das
> geisteswissenschaftliche Abitur.
> *Professor:* Das ist großartig, viel zu viel für
> Ihr Alter. Und Ihre Doktorarbeit? In
> Naturwissenschaften oder Normalphi-
> losophie?
> *Schülerin:* Meine Eltern möchten gern –
> wenn Sie glauben, dass dies in so kurzer
> Zeit möglich ist – sie möchten gern,
> dass ich in allen Fächern promoviere.
>
> Eugène Ionesco*

Nicht nur das Schreiben der Dissertation braucht seine
Zeit, sondern auch das anschließende Verfahren. Selbst
der zügigste Ablauf wird weit länger dauern als jener, den
sich die Schülerin in Ionescos »Unterrichtsstunde« vor-
stellt. Jedenfalls hat der Doktorand mit der Abgabe seiner
Arbeit noch lange nicht »den Doktor in der Tasche«.

Wie erfolgt überhaupt zunächst die Abgabe der Arbeit,
in der so viel Zeit- und Energieaufwand steckt, die oft
mit mehr als einer Krise verbunden war, und über der
vielleicht eine Partnerschaft zerbrochen oder begründet

ist? In der Regel erfolgt die Übergabe des Exemplars der fertig gestellten Dissertation nicht bei Kerzenlicht und Hintergrundmusik oder »wenigstens« mit Diener oder Knicks beim Doktorvater, sondern ganz und gar unromantisch, unfeierlich und unpersönlich per Aushändigung an die zuständige Verwaltungsstelle der Fakultät oder des Fachbereiches.

Alles Weitere läuft nun in der Regel nach Schema F. Eine typische, d. h. nicht ungewöhnliche Promotionsordnung sieht vor, dass der Promotionsausschuss einen Erstgutachter und einen Zweitgutachter bestellt. Erstgutachter wird normalerweise der Doktorvater. Ein Vier-Augen-Prinzip gilt hier nicht, auch wenn dies manche Betrachter aus dem Ausland verwundern mag.[1] Ein Vier-Augen-Prinzip würde Betreuer und Doktorand unter den Verdacht des kollusiven Zusammenwirkens stellen.[2] Es würde das Verfahren verlängern. Es würde einen weiteren Wissenschaftler zwingen, sich intensiv einzuarbeiten. Und es vermöcht angesichts von Spezialisierung und Freundschaften kaum zuverlässig zu verhindern, was es eigentlich verhindern will.[3] Zugleich mit der Mitteilung über seine Bestellung zum Erstgutachter erhält der Erstgutachter ein Exemplar der Dissertation mit Angabe der Frist, innerhalb derer er sein Gutachten zu erstellen hat. Die diesbezügliche Mitteilung des Vorsitzenden des Promotionsausschusses des Fachbereichs Rechtswissenschaft der Universität Hamburg, um dieses als Beispiel zu nennen, lautet:

»Sehr geehrter Herr Kollege,

hiermit werden Sie von Ihrer Bestellung zum Erstgutachter im Promotionsverfahren XY unterrichtet (§ 9 PromO).

In der Anlage wird Ihnen ein Exemplar der Dissertation und die Inhaltsangabe (§ 7 III Nr. 1 PromO) übersendet. Das Erstgutachten soll gem. § 9 Abs. 5 PromO innerhalb von 4 Monaten erstattet werden. Die Fachbereichsverwaltung hat die Wiedervorlage der Akte für den … notiert.

Mit besten Grüßen«

Die Fristen für die Erstellung der Gutachten sind aufgrund schlechter Erfahrungen in der Vergangenheit gekürzt worden, nicht immer mit Erfolg, jedenfalls aber mit Herbeiführung eines gewissen Druckes.

Die Dauer der Durchsicht hängt von etlichen Faktoren ab, z. B. davon, ob der Doktorvater den Inhalt der Arbeit bereits im Einzelnen kennt oder nicht, was wiederum von der – in der doktorväterlichen Praxis sehr unterschiedlichen – Art und Weise der Betreuung der Doktoranden abhängt. Lässt der Doktorvater sich jeweils Vorab-(Teil-)Lieferungen des Manuskripts zur Durchsicht und Freigabe aushändigen, macht er insbesondere einen »inoffiziellen Vordurchlauf« kurz vor der offiziellen Abgabe, so braucht er weniger zeitlichen Aufwand für die Votierung, als wenn er das fertige Konvolut zum ersten Mal sieht. Der Umfang des Manuskripts, die Vertrautheit des Doktorvaters mit dem Thema, gute Lesbarkeit oder komplizierte Darstellungsweise, die Zahl der Doktoranden[4] und Prüflinge wie überhaupt die Belastung des

Doktorvaters spielen für die Zügigkeit der Durchsicht eine gewichtige Rolle. Da es auch bei Doktorvätern »menschelt«, mag im einen oder anderen Fall auch das Ausmaß der Sympathie für den Doktoranden beschleunigend oder verlangsamend wirken. Es gibt Doktorarbeiten, bei denen man als Doktorvater weder mit dem vom Doktoranden gewählten Thema noch mit dem Inhalt richtig »warm« wird, und die deshalb psychologische Barrieren vor der Durchsicht aufbauen.

Der inoffizielle Vordurchlauf kann auch dadurch etwas länger werden, dass der Betreuer sich scheut, dem Doktoranden unangenehme Wahrheiten zu sagen (obwohl diese manchmal sehr hilfreich sein können). Wer hört, nachdem er jahrelang an seiner Dissertation, seinem Werk, geschrieben hat, schon gern, dass es der Arbeit gut tun würde, wenn man den ganzen Ersten Hauptteil streichen würde oder dass die Arbeit vom Stil her viel zu trocken und nahezu unlesbar sei? Die Doktorandin im ersten Fall sagte übrigens, ähnliche Bedenken gegen den Ersten Hauptteil habe sie schon selber gehabt – und strich ihn mit Freude. Die Doktorandin im zweiten Fall machte sich wirklich die Mühe, die Arbeit dann komplett umzuschreiben entlang der Leitlinie, so zu schreiben, wie sie spreche – heraus kam eine nachgerade amüsant zu lesende Arbeit, bei der viel von der Persönlichkeit ihrer Autorin durchschimmerte. In einem dritten Fall machte der Betreuer der Dissertation den Vorwurf, massive Dokumentationsprobleme zu haben und sich nicht über das Niveau studentischer Hausarbeiten hinaus zu bewegen. Zwei Jahre lang ließ die Doktorandin nichts mehr von sich hören. Dann warf sie in einem Wutanfall eine vollständig überarbeitete, eigentlich eine neue und viel bessere Arbeit auf den Tisch ihres Doktorvaters. Die Kritik hatte sie offensichtlich angestachelt und herausgefordert. Ein vierter Fall verlief weniger positiv: Der Betreuer vermisste das, was er an dem Thema eigentlich für spannend hielt. Der Doktorand wollte nicht noch mehr Zeit investieren. Die Arbeit blieb so, wie sie war (und verschenkte damit aus der Sicht des Betreuers viel).

Letztlich hängt Liegenlassen oder Nichtliegenlassen vom Ethos (wenn dieser Ausdruck noch erlaubt ist) des jeweiligen Doktorvaters ab. Über den Münchner Völkerrechtler Friedrich Berber († 1984) berichtet sein Schüler, der Berliner Staats- und Völkerrechtler Albrecht Randelzhofer: »Was er verlangte und forderte, war wissenschaftliche Neugierde, Offenheit für vielfältige Fragestellungen und die Einsicht in die notwendigerweise ethische Fundierung des Rechts, insbesondere auch des Völkerrechts. Innerhalb dieser Postulate ließ er seinen Schülern, auch soweit sie seine Doktoranden oder Habilitanden wurden, sowohl in der Themenwahl wie auch bei den Ergebnissen, vollkommene Freiheit. Auf der anderen Seite gestattete er sich selbst gerade nicht jene Freiheit im Umgang mit Dissertationen und Habilitationsschriften, die nicht selten bei großen Gelehrten anzutreffen ist und die sich darin äußert, dass der Doktorand oder Habilitand sehr lange Zeit auf die Durchsicht und Bewertung der Arbeit warten muss. Auch hier bewährte sich Berbers strenges Dienstethos. In der kürzest möglichen Zeit konnte jeder mit einer sorgfältigen, um Gerechtigkeit bemühten Bewertung rechnen.«[5]

Natürlich hängt die Dauer der Begutachtung auch von der Gründlichkeit des Votums ab. Vergleicht man Voten zu Dissertationen aus der ersten Hälfte des vorigen Jahrhunderts mit Voten von heute, so fällt auf, dass nicht nur die Dissertationen inzwischen umfangreicher geworden sind, sondern auch die Voten. Das von dem Hamburger Öffentlichrechtler Kurt Perels im Jahre 1932 erstellte – nur ganze neun Sätze enthaltende – Gutachten zu der Dissertation von Hans Peter Ipsen konnte auf der Feier von dessen 50. Doktorjubiläum vorgelesen werden, »ohne die Gäste zu strapazieren«[6]: »Die Arbeit ist ein Zeugnis vortrefflicher juristischer Bildung und kritischer Besinnung. Die Behandlung des Themas ist höchst originell. Die Ergebnisse stehen auf wohl fundiertem Boden. Die sog. ›Regel der freien Widerruflichkeit‹ scheint mir durch diese Arbeit ein für allemal zerstört. Zahlreiche Verschwommenheiten der Rechtsprechung und des Schrifttums wurden ausgeräumt, so z. B. der beliebte Hinweis auf die ›Natur der Sache‹ bei der Konstruktion der Unwiderruflichkeit. Beachtenswert scheint mir auch die kritische Einstellung gegenüber der ›Interessenabwägung‹ (S. 198 ff.). Das Problem der Rechtskraft in Verwaltungssachen gewinnt eine neue Beleuchtung, ebenso u. a. die Frage der Entschädigung beim Widerruf.

Im Ganzen kann man sagen, dass die durch Klarheit, Sachlichkeit und Vielseitigkeit der Betrachtungsweise ausgezeichnete Arbeit eine wesentliche Bereicherung der Wissenschaft des Verwaltungsrechts bedeutet.

Ich schlage daher das Prädikat ›ausgezeichnet‹ vor.«[7]

Ältere Kollegen berichten, dass es in früheren Zeiten ein Blatt (also eine Art Formblatt) für die Niederschrift des Votums gegeben habe, womit klar war, dass nicht mehr als eine Seite Text erwartet wurde. Heute kann man Voten lesen, die 20 Computerskriptseiten lang sind. Großer Umfang muss allerdings nicht immer auch Ge-

dankenreichtum bedeuten: Oft bringt das Votum eine
weit ausholende Inhaltsbeschreibung der begutachteten
Dissertation, was weniger eine Auseinandersetzung mit
dem Inhalt der Arbeit als bloßes Referieren bedeutet.

Auch wenn die Erstellung des Votums Mühe macht, so
hängt die Dauer des Verfahrens in aller Regel nicht an
der Niederschrift des Gutachtens, sondern an dem Zeitraum, der verstreicht, bis der Doktorvater sich an die
Lektüre der Arbeit begibt. Während der Vorlesungszeit
wird es immer ein Problem sein, dafür genügend Zeit zu
finden, so dass die Semesterferien meistens die Dissertati-
onen-Lese-Zeit sind. Eine gern genutzte Alternative sind
Zeiten in Zug oder Flugzeug auf der Reise von oder zu
Kongressen oder Vorträgen.

Überschreitet der Doktorvater als Erstgutachter die
Votierfrist, so mahnt die Fakultäts-(Fachbereichs-)Ver-
waltung, etwa durch den Vorsitzenden des Promotionsausschusses, die Ablieferung des Votums an. Es kommt
aber auch vor, dass Doktoranden selbst den Doktorvater
geschickt oder direkt an ihre Dissertation erinnern. Dazu
sagt ein als Doktorvater beliebter, gestresster Jurist an der
Freien Universität Berlin: »Es gibt Doktoranden, die sind
wie U-Boote: Sie tauchen weg und auf einmal wieder
auf. Man hört von ihnen drei Jahre lang nichts, und dann
erwarten sie, dass man das Gutachten zu ihrer Dissertation binnen drei Wochen erstellt.«

Hat der Erstgutachter sein Votum fristgerecht oder
nach Mahnung abgeliefert, geht die Dissertation nebst
beigefügtem (Erst-)Votum an den Zweitgutachter. Da
letzterer mit seiner Durchsicht der Arbeit nicht seinen eigenen Doktoranden »verarztet«, sondern den Doktoranden eines mehr oder weniger geschätzten Kollegen, muss

man an sich von einer im Verhältnis zum Erstgutachter geringeren Motivation des Zweitgutachters ausgehen. Andererseits hat der Zweitgutachter traditionell mit seinem Votum weniger Arbeit, da ja bereits das Erstgutachten vorliegt, auf das der Zweitgutachter häufig im Wesentlichen nur verweist. Im Extremfall schließt sich der Zweitgutachter einfach nur an. Etliche Promotionsordnungen tragen dieser unterschiedlichen Ausgangslage dadurch Rechnung, dass für die Erstellung des Zweitgutachtens eine kürzere Frist als für die Erstellung des Erstgutachtens festgelegt wird, z.B. zwei Monate statt vier Monate. Häufig haben sich regelrechte Tandems herausgebildet, bei denen Erst- und Zweitgutachter, sei es auch in wechselnden Rollen, bewährt miteinander zusammen arbeiten und bei den Noten eigentlich nie voneinander abweichen.[8]

Moderne Promotionsordnungen sehen vor, dass Erst- und Zweitgutachter parallel arbeiten, um so Verzögerungen zu vermeiden – und eine Orientierung des Zweitgutachtens am Erstgutachten. So genannte »blinde« Zweitvoten haben theoretisch Vorteile, indem sie Pfadabhängigkeiten vermeiden und den Zweitgutachter zwingen, sich eine wirklich eigene Meinung zu bilden. Praktisch wird ein kluger Zweitgutachter trotzdem abwarten, bis er unter der Hand etwas vom Erstgutachter und Betreuer nicht bekommt.... Generell gilt auch: Wer zehn Seiten oder mehr auf ein Zweitgutachten für eine normale Doktorarbeit verwendet, hat zu viel Zeit (oder ein nachgerade überbordendes persönliches Interesse an dem Thema). Selten ist der Fall, dass das Zweitgutachten umfangreicher ausfällt als das Erstgutachten, weniger selten der Fall, dass es intensiver ist.

Mit der Ankunft (verwaltungsmäßig formuliert: mit dem Eingang) der Dissertation beim Zweitgutachter beginnt – sofern eben keine parallele Votierung stattfindet – für den Doktoranden erneut eine Warteschleife, die der Doktorand wiederum je nach Temperament geduldig oder ungeduldig, gleichgültig oder verärgert, optimistisch oder pessimistisch erträgt. Gelegentlich kommt es auch vor, dass ein um seinen Doktoranden besorgter Doktorvater vorsorglich – also schon vor Ablauf der Votierfrist für den Zweitgutachter – diesen um zügige Behandlung bittet, z. B. so:

»Lieber Herr X,

wenn ich richtig informiert bin, sind Sie zum Zweitgutachter der Dissertation meines ehemaligen Assistenten Y bestellt worden. Herr Y ist derzeit bei J. P. Morgan in London beschäftigt. Da – wie immer in solchen transatlantischen Unternehmen – eine Versetzung nach USA nicht ausgeschlossen ist, wären Herr Y (und ich) Ihnen verständlicherweise sehr dankbar, wenn Sie das Zweitgutachten so rechtzeitig erstellen könnten, dass Herr Y noch das Rigorosum im Oktober erreicht, damit er dafür ›nur‹ aus London anreisen muss und nicht aus New York oder von noch weiter her. Vielleicht ›tröstet‹ es Sie, wenn Sie wissen, dass ich in den letzten Tagen schon wieder zwei Dissertationen votiert habe, summa summarum in den letzten Wochen deren fünf. Dies war allerdings nur möglich, weil mein Dissertationen-Votier-Geschäft an den Wochenenden keinen Ladenschluss hatte.

Mit herzlichem Gruß ...«

Es kann aber auch geschehen, dass der Doktorand selbst mahnt, und zwar nicht direkt beim säumigen Zweitgutachter, sondern – gewissermaßen »über Bande« – via seinen Doktorvater. Ein solcher mahnender Beschwerdebrief oder sich beschwerender Mahnbrief lautet z. B. so:

»Sehr geehrter Herr Professor,

ich möchte mir erlauben, Sie zu informieren, dass das Zweitgutachten noch immer nicht vorliegt. Die Arbeit liegt seit Anfang Februar bei Herrn Prof. von Münch. Er ist am 15. Mai vom Promotionsausschuss (Prof. X) nochmals gemahnt worden. Nachdem es mit dem April-Termin nicht klappte, würde eine Teilnahme am Rigorosums-Termin Ende Juni nach mündlicher Mitteilung des Sekretariats des Promotionsausschusses voraussetzen, dass das Gutachten bis zum 6./7. Juni dort vorliegt.

Natürlich weiß ich, dass ich keinerlei Recht habe, mich hierüber zu äußern oder gar zu beklagen. Ich möchte Ihnen nur Kenntnis hiervon geben, zumal Sie so zügig korrigiert und begutachtet hatten. Nächster Termin nach Juni wird erst im Oktober sein.

Mit freundlichen Grüßen …«

Der angeschriebene Doktorvater leitete dem Säumigen diesen Brief mit dem Vermerk zu: »Herrn von Münch kurzerhand zur Kenntnis. Ich weiß, dass Sie an der Arbeit sind.

Herzlichst Ihr …«

Wie unterschiedlich die Dauer von Promotionsverfahren an ein und demselben Fachbereich sein kann, zeigen zwei

Promotionsverfahren, die am Fachbereich Rechtswissenschaft der Universität Hamburg stattgefunden haben: Eine Doktorandin reichte am 14. Dezember ihre Dissertation ein; am 28. Dezember war das Erstgutachten erstellt, am 3. Januar das Zweitgutachten. Die mündliche Prüfung fand am 26. Januar statt – das Verfahren war also innerhalb von sechs Wochen nach Ablieferung der Dissertation abgeschlossen. Ein anderer Doktorand geriet in eine langsamere Mühle: Allein der Zweitgutachter benötigte für sein Votum acht (!) Monate; das ganze Verfahren dauerte rund anderthalb Jahre.[9]

Theoretisch sollte ein Votant erhebliche Probleme bekommen, wenn er so lange auf einer Dissertation sitzt. Praktisch ist dies aber nicht garantiert. Unrühmlicher Rekordhalter dürfte eine Dissertation sein, bei der das Erstvotum nach fünf Jahren »erging« und bei der eine hoffnungsfrohe wissenschaftliche Karriere inzwischen mangels Promotion zu Schaden geraten war. Ein anderes Erstvotum bei demselben Doktorvater benötigte drei Jahre, und auch als Zweitgutachter nahm er gern längere Zeit in Anspruch. Der Säumige weiß eben nur zu gut, dass der Promotionsausschuss als zuständiges Gremium keine wirklich greifenden Sanktionen gegen ihn in der Hand hat und dass schlimmstenfalls das Votum an jemand anderen vergeben wird. Die routinemäßigen, in regelmäßigen Abständen eingehenden Ermahnungsschreiben des Promotionsausschusses nimmt der Säumige erst gar nicht zur Kenntnis. Ihm kann ja nichts Gravierendes passieren. Manche Votanten haben richtiggehende Sammlungen von »blauen Briefen«, ohne dass es sie groß scheren würde.

Einem berühmten Germanisten von der Freien Universität Berlin wird der Satz zugeschrieben: »Eine Doktorarbeit kann auch verschimmeln.« Wie wahr! Dies ist aber nicht nur eine Mahnung an säumige Doktoranden, sondern auch an behäbige Doktorväter. Insgesamt lässt sich wohl die Feststellung wagen, dass die schlimmsten Missstände bei der Abwicklung von Promotionsverfahren, wie sie etwa in den fünfziger und sechziger Jahren nicht ganz selten zu beobachten waren, heute durch Verfahrensregelungen (weitgehend) verhindert werden. Ein wissenschaftlich hochqualifizierter Doktorand, der letztlich am Desinteresse seines Doktor«stief«vaters scheiterte, äußerte sarkastisch, er habe die Aussicht auf eine Promotion aufgegeben und warte nun auf die Verleihung eines Dr. h.c.[10]

Erfreuliche Tatsache ist jedenfalls, dass das Verfahren der Promotion schon seit längerer Zeit nicht mehr einem Bereich angehört, in dem Gnade oder Ungnade walten. Im Rechtsstaat des Grundgesetzes müssen Promotionsverfahren rechtlichen, gerichtlich überprüfbaren Regelungen unterworfen sein. Es ist das Verdienst von Wilhelm Karl Geck, diese Forderung in seiner bahnbrechenden Monographie »Promotionsordnungen und Grundgesetz« herausgearbeitet zu haben.[11] Auch europarechtliche Fragen sind heute zu beachten.[12]

X. Von non rite bis summa cum laude –
die Benotung

> Die Arbeit ist nicht brauchbar; sie ist aber
> auch nicht unbrauchbar.
>
> Votum eines Doktorvaters

1. Notengebung

Die Dissertation ist eine Prüfungsleistung;[1] sie ist deshalb
zu benoten. Eine der abwegigsten Forderungen von so
genannten Hochschulreformen nach 1968 war, die Noten in Seminaren abzuschaffen und durch eine bloße
Teilnahmebescheinigung zu ersetzen. Demgegenüber
bleibt festzustellen: Noten für Prüfungsleistungen sind
weder eine Diskriminierung noch eine Disqualifizierung
des Prüflings, sondern eine Ausprägung von Gerechtigkeit; denn einer guten Leistung gebührt mehr Anerkennung als einer schwachen Leistung. Auch hat der Prüfling
einen Anspruch darauf, zu erfahren, wo er/sie steht, d. h.
wie die erbrachte Prüfungsleistung einzuordnen ist.[2]

Notengebung ist allerdings als Beurteilung geistiger
oder künstlerischer Leistung immer ein subjektiver und
damit angreifbarer Vorgang. Es gibt unbestreitbar
freundliche oder unfreundliche Doktorväter, gütige oder
grantige, scharfe oder weiche, solche, deren Meinung der
Doktorand sich tunlichst anschließen sollte und andere,
die keinen Beifall erheischen. Folgt daraus, dass die Be-

notung von Dissertationen letztlich »nach Gefühl und
Wellenschlag« geschieht? Auch wenn Subjektivismen
nicht ganz auszuschließen sind, so kann man doch davon
ausgehen, dass der Doktorvater als Wissenschaftler ge-
wohnt ist, die wissenschaftlichen Standards einzuhalten,
also z. B. den der Unvoreingenommenheit[3] und den der
rationalen Überprüfbarkeit. Die wissenschaftliche Ausbildung des Doktorvaters, sein wissenschaftliches Ethos[4],
auch das Bestreben, seine wissenschaftliche Reputation
zu bewahren, sollten den Doktorvater von grob unrichti-
gen Benotungen nach unten wie nach oben zurückhal-
ten. Allerdings wird der Gesamtheit der Betreuer zunehmend der Vorwurf gemacht, die Notenskala nicht auszu-
schöpfen, die guten Noten zu inflationieren und zu einem
zu hohen Prozentsatz magna oder gar summa cum laude
zu vergeben, wenn auch unterschiedlich je nach Fach und
Universität.[5] Statt der differenzierten Notenskala wird
von einflussreicher Seite vorgeschlagen, nur noch »bestanden« oder »nicht bestanden« zu vergeben.[6]

2. Erst- und Zweitvotant I

Trotz aller dieser vorhandenen Selbstkontrollmechanis-
men sind bestimmte Regelungen (Vorkehrungen) zur
Gewährleistung einer möglichst richtigen – d. h. gerech-
ten – Benotung von Dissertationen erforderlich. Zu diesen Vorkehrungen, die in der Regel in den Promotionsordnungen enthalten sind, gehört jedenfalls das »Vier-
Augen-Prinzip«, d. h. die Benotung durch einen Erstgutachter und einen Zweitgutachter[7], bei einer sich über
zwei Noten Unterschied erstreckenden Notendifferenz

zwischen beiden unter Umständen auch noch durch einen Drittgutachter. Eine gewisse Kontrollmöglichkeit besteht auch durch Öffentlichkeit, nämlich in Form der Auslage der Dissertation und der dazugehörigen Voten zwecks Einsichtnahme durch alle promotionsberechtigten Mitglieder der Fakultät. Von dieser Möglichkeit wird allerdings in der Praxis nur selten Gebrauch gemacht. So wurde z. B. an einer westdeutschen Jura-Fakultät ein neu an diese Fakultät Berufener von einem der alten »Platzhirsche« damit »begrüßt«, dass eine von dem Neuen und dem Zweitgutachter mit der höchsten Note votierte Dissertation von jenem Alten im Wege der Einsichtnahme als »nicht ausreichend« bezeichnet wurde.

Einem alten Universitätssprichwort zufolge hat Gott den Kollegen im Zorn erschaffen. Dieses Urteil spiegelt allerdings nicht den Normalfall wider. Jedoch gibt es immer wieder die eine oder andere Fakultät, in der zumindest zeitweilig der Haussegen schief hängt. Von einer juristischen Fakultät in einer deutschen Großstadt wurde erzählt, zwei Kollegen seien miteinander so verfeindet gewesen, dass sich selbst ihre Hunde bissen. Welche Auswirkungen hat eine solche vergiftete Atmosphäre auf die Benotung von Doktorarbeiten? Man sollte meinen: keine. Aber es lässt sich nicht übersehen, dass gelegentlich Differenzen zwischen Kollegen auf dem Rücken von Doktoranden ausgetragen werden, was dem davon betroffenen Doktoranden in der Regel nicht entgeht.

3. Befangenheit

Besonders wichtig sind Vorkehrungen gegen Benotungen trotz vorliegender oder anzunehmender Befangenheit. Viele Fakultäten haben hierfür ein nur schwaches Problembewusstsein entwickelt. Die einschlägigen Regelungen des Verwaltungsverfahrensgesetzes[8], die selbstverständlich auch für die Benotung von Dissertationen an staatlichen Hochschulen gelten, sind vermutlich oft nur in Umrissen bekannt, d. h. sie werden – jedenfalls an nichtjuristischen Fakultäten – mehr erahnt als gewusst. Was soll man von einem Doktorvater halten, der kein Problem darin sieht, seine Lebensgefährtin als Doktorandin zu betreuen, und dies, obgleich sie selbst ihn darum gebeten hat, die Begutachtung ihrer Dissertation an einen seiner Fachkollegen abzugeben? Über so viel Dickfelligkeit – oder soll man sagen: Unsensibilität? Robustheit? Verliebtheit? – des Doktorvaters kann man eigentlich nur den Kopf schütteln. Zu erklären ist der Eintritt dieser Situation vermutlich damit, dass eine solche Konstellation in der Fakultät nicht thematisiert wird. Hilfreich ist deshalb ein Merkblatt der Fakultät, in dem auf mögliche Gründe der Befangenheit hingewiesen wird.

Keine Befangenheit im juristischen Sinne und nicht einmal im moralischen Sinne liegt vor, wenn ein Doktorvater die Dissertation des Ehepartners eines Fakultätskollegen oder einer Fakultätskollegin oder eines Kindes eines Fakultätskollegen oder einer Fakultätskollegin begutachtet. Dennoch bleibt auch in diesen Fällen ein fader Nachgeschmack, und zwar für alle Beteiligten: für den Doktorvater, für den Doktoranden, für die Fakultät. Eine bessere, angebrachte Lösung ist es in solchen Fällen, dass der Ehepartner an einer anderen Fakultät als jener des Ehemannes oder der Ehefrau promoviert, das Kind an einer anderen Fakultät als jener des Vaters oder der Mutter. Ein solcher Wechsel ist übrigens eigentlich auch schon für das Studium anzuraten, weil schon in dieser Zeit in Übungen, Seminaren etc. Benotungen erfolgen. Die an derselben Fakultät, an der ihr Vater als Professor tätig war, studierende Tochter eines Kollegen umging die nicht ganz unproblematische Situation dadurch, dass sie in Lehrveranstaltungen mit Notengebung ihre schriftlichen Arbeiten unter dem Mädchennamen ihrer Mutter abgab und sich erst bei der Austeilung der diesbezüglichen Scheine (Zeugnisse) »outete«. Bei Dissertationen von Ehepartnern und Verwandten kann unter Umständen auch auf externe Gutachter zurückgegriffen werden.

Wiederum weder im juristischen noch im moralischen Sinne, wohl aber menschlich befangen ist der Doktorvater bei der Benotung von Dissertationen seiner Wissenschaftlichen Mitarbeiter. Diese Befangenheit (oder kann man nur sagen: menschliche Nähe) ergibt sich z. B. aus der Dankbarkeit für hilfreiche Zuarbeit und/oder Zusammenarbeit oder einfach aus einem meist mehrjährigen Miteinander am Lehrstuhl, im Institut oder in der Klinik. Deshalb ist es ganz natürlich, wenn ein Doktorvater sich mit seinen bei ihm promovierenden Mitarbeitern mehr identifiziert als mit seinen anderen, »normalen« Doktoranden. Aus dieser ungleichen Situation gibt es keinen Ausweg; denn der Wissenschaftliche Mitarbeiter nimmt ja seine Assistententätigkeit bei einem bestimmten Hochschullehrer auf, um gerade bei ihm zu promovieren.

4. Erst- und Zweitvotant II

Ein durchaus geeignetes und sinnvolles Kontrollinstrument für die Überprüfung der Benotung einer Dissertation ist das Vier-Augen-Prinzip in Gestalt der Hinzuziehung eines Zweitgutachters, der in seiner Benotung von der des Erstgutachters abweichen kann. Eine solche Abweichung – nach aller Erfahrung setzt der Zweitgutachter im Fall einer Notendifferenz die Note in der Regel nicht herauf, sondern herab – erscheint zunächst deshalb nicht unproblematisch, weil in diesem Fall ein Kollege über einen anderen Fakultätskollegen urteilt, also dessen Fachwissen und/oder dessen Beurteilungsvermögen in Frage stellt. Die formale Gleichheit der Fakultätskollegen untereinander wird insoweit nicht gewahrt. Die alte Regel des Völkerrechts (dort auf die Staaten bezogen) »par in parem non habet iudicium« wird in dieser Situation aufgehoben. Auch kann es leider vorkommen, dass bei der Notendifferenz persönliche Antipathien zwischen den beiden Gutachtern eine Rolle spielen oder ein »Klassenkampf« zwischen Institutsdirektor und Nicht-Direktor oder zwischen Klinikchef und Nicht-Klinikchef oder (in der früheren Terminologie) zwischen Ordinarius und Nicht-Ordinarius oder zwischen unterschiedlichen politischen Einstellungen. Opfer solcher Hickhacks ist im Ergebnis bei einer Abweichung nach unten weniger der korrigierte Kollege, auch wenn dieser sich über die Korrektur gewiss nicht freut, als der betroffene Doktorand, der sich zwischen zwei Mühlsteinen sieht. Ein so genervter Doktorand schrieb dem Autor v. Münch zur Herabsetzung der von diesem als Erstgutachter gegebenen Note durch den Zweitgutachter: »... Daneben kann ich mich auch nicht des Eindrucks erwehren, dass es wohl nicht zu meinem Vorteil ist, dass Sie und Herr X sich fachlich offenbar nicht ›ganz grün‹ sind.«

Dennoch ist an dem Vier-Augen-Prinzip unbedingt festzuhalten; es wird auch offensichtlich weder im Hinblick auf Promotionsverfahren noch bei anderen Prüfungen in Frage gestellt. Schon die bloße Existenz eines Zweitgutachters wird den Erstgutachter an einer obskuren oder grob ungerechten Benotung hindern; insofern wirkt der Zweitgutachter als präventive Kontrolle. Aber auch die repressive Wirkung eines in der Benotung abweichenden Zweitgutachtens kann im Einzelfall durchaus zu einem am Ende richtigen Ergebnis führen, dann nämlich, wenn der Zweitgutachter aus wohlerwogenen, sachlichen Gründen die Note des Erstgutachtens nicht mittragen kann. Mit einer solchen Abweichung wird auch dem vom sogenannten »K & K-Milieu« (verstanden als »Kollegialität und Konsens«, die »beiden verbreitetsten Milieuschäden der Universitätswissenschaft«) »ausgehenden Konformitätsdruck«[9] entgegengesteuert. Deshalb sollte der Erstgutachter – vor allem ein an Lebensjahren oder im Dienstalter älterer Kollege – gegenüber dem abweichenden jüngeren Zweitgutachter nicht »sauer« reagieren; denn die in der Promotionsordnung vorgesehene, ja: vorgeschriebene Begutachtung durch einen Zweitgutachter impliziert die Möglichkeit der Notendifferenz, weil andernfalls die Institution des Zweitgutachters überflüssig oder zum Nickemännchen degradiert wäre.

Im Übrigen spielt die Dramatik einer Notendifferenz in der Promotionspraxis eine nur geringe Rolle. Auch wenn genaue statistische Angaben darüber nicht veröffentlicht sind, so kann man davon ausgehen, dass in aller

Regel der Zweitgutachter sich der Benotung durch den Erstgutachter anschließt. Notendifferenzen bei Dissertationen sind eine seltene Ausnahme, so dass die für einen solchen Fall in den Promotionsordnungen vorgesehenen Regelungsmechanismen (je nach Umfang der Notendifferenz z.B. erneute Überprüfung durch den Erstgutachter; Bestellung eines Drittgutachters) tatsächlich nicht häufig in Anspruch genommen werden müssen.

5. Die Notenskala

Die traditionell auf Lateinisch abgefasste Notenskala reicht üblicherweise von »non rite« (»nicht ausreichend«)[10] über »rite mit Auflagen«, »rite« (»genügend«), »cum laude« (»gut«), »magna cum laude« (»sehr gut«)[11] bis »summa cum laude« (»ausgezeichnet«). »summa cum laude« ist also die höchste Note, die gegeben werden kann, und dementsprechend nicht häufig. Noch größeren Seltenheitswert hat aber eine Todesanzeige, deren Text auf diese Note des Doktorexamens der Verstorbenen hinwies: »Das Prädikat summa cum laude war charakteristisch für ihr Leben. Sie verlangte stets sehr viel von ihrer Familie, aber niemals mehr als von sich selbst. Eine begnadete Ärztin, verzichtete sie der Familie zuliebe auf ihre eigene wissenschaftliche Karriere, die ihr offenstand.«[12]

Fröhlicher klang ein Geburtstagsglückwunschartikel, in dem ebenfalls die Note der Doktorarbeit als Lebensleistungsmaßstab erwähnt wurde: Der Springer-Verlagsjournalist Hans Jacobi würdigte den 70. Geburtstag des langjährigen Aufsichtsratsvorsitzenden des Axel Springer-Verlages, Bernhard Servatius, mit den Worten, der

Jubilar bewältige »alle Stationen seines Daseins mit dem Prädikat seiner Doktorarbeit: magna cum laude«.[13]

Wieder andere Bezeichnungen der Dissertationsnoten sind für »genügend«: »opus idoneum«; für »gut«: »opus laudabile«; für »sehr gut«: »opus valde laudabile«; für »ausgezeichnet«: »opus eximium«.[14]

Die niedrigste Stufe der Notenskala kann abgefedert werden, nämlich mit der Note »nicht ausreichend, aber nachbesserungsfähig«, »non rite mit Nachbesserungsmöglichkeit«. Wird nicht abgefedert, so ist die Dissertation endgültig abgelehnt, also »gestorben«. Die wohl bekannteste, allerdings nicht mehr auffindbare abgelehnte Dissertation ist die von Goethe in Straßburg. Im »Goethe-Lexikon« von Gero von Wilpert findet sich dazu folgender Eintrag:

»Dissertation. G.s nicht gerade sehr planmäßiges und konventionelles Studium schloß nicht wie vorgesehen gleich dem seines Vaters mit dem ›Doctor utriusque iuris‹ ab. Seine seit September 1770 mehr dem Vater zuliebe geschriebene, verschollene Dissertation De legislatoribus behandelte im Sinne Rousseaus eine kirchenrechtliche Frage: Recht und Pflicht des Staats, bei aller Freiheit des persönlichen Religionsbekenntnisses einen gewissen kirchlichen Kultus für Geistliche und Laien festzusetzen. Sie wurde jedoch wegen sehr freigeistiger Thesen – die christliche Lehre stamme nicht von Christus her u. a. – im Sommer« 1771 von der Fakultät abgelehnt und ihr Druck nicht gestattet. Auf den Rat des Dekans J. E. Ehrlen bewarb sich G. daher nicht um die Doktorwürde, sondern um das juristische Lizentiat auf dem Wege der mündlichen Disputation und reichte dazu 56 lateinische Thesen, Positiones iuris, ein, die er am 6. 8. 1771 mit seinem Freund Franz Lersé u. a. als Opponenten ›cum applausu‹ verteidigte und damit zum ›licentiatus iuris‹ wurde. Nach der Rückkehr nach Frankfurt ließ er sich gern mit dem vorgeblich gleichwertigen Doktortitel anreden. Einen echten Doktortitel erhielt er erst 1825 als Ehrendoktor der Philosophie und Medizin von der Universität Jena. Vgl. Dichtung und Wahrheit III, 11.«[15]

Trotz dieses großen »Vorbildes« kommt die Ablehnung einer Dissertation jedenfalls heute relativ selten vor. Dies liegt einmal daran, dass der Doktorand eine gewisse Betreuung – wenn er dies will – in Anspruch nehmen kann. Zum anderen steht der Doktorand nicht unter dem bei anderen Examensarbeiten üblichen Zeitdruck, d. h. einer Ausschlussfrist für die Abgabe seiner Arbeit. Schließlich besteht auch – bei entsprechender Benotung – die bereits erwähnte Möglichkeit der Nachbesserung, die in aller Regel von dem betreffenden Doktoranden genutzt wird. Wahrscheinlich tut man dem Doktoranden mit dieser Lösung einen größeren Gefallen, als wenn man ihn mit »rite (mit Auflagen)« gerade noch passieren ließe. Nur ganz selten kommt es dagegen vor, dass ein Doktorand, dessen Dissertation mit »non rite« durchgefallen ist, danach eine völlig neue, andere (also der Sache nach zweite) Arbeit schreibt – ein Zeichen von ungewöhnlicher Ausdauer, Zähigkeit und Energie.

6. Prinzipielles Wohlwollen

Zur Vergabe der einzelnen Noten lässt sich – gewiss generalisierend – die Feststellung treffen, dass die Notengebung bei Dissertationen im Schnitt eher nach oben als nach unten tendiert, dies ganz anders als z. B. bei den Noten der juristischen Examina. Während die Note »Sehr gut« in der Ersten Juristischen Prüfung (dem so genannten Referendarexamen) höchst selten vorkommt[16], ist sie in Form des »magna cum laude« bei juristischen Dissertationen fast schon die Normalnote. Darin spiegelt sich zum einen die in der Regel ansprechende Betreuung wider, die Schwächen der Entwürfe ausmerzt, bevor die Dissertation offiziell eingereicht wird. Die meisten Dissertationen sind Ergebnisse eines Klärungsprozesses und haben einen langen, steinigen Weg hinter sich. Genies, die von Anfang an alles richtig machen, sind auch unter Doktoranden eher die Ausnahme. Zum anderen macht das persönliche Verhältnis Betreuer geneigter, hohe Noten zu vergeben.[17] Die Anonymität vieler Studiengänge hat der Doktorand hinter sich gelassen. Er hat sich schon dadurch aus der Masse herausgehoben, dass er die Schwelle zum Doktorandenverhältnis überschritten hat. Man kennt sich, und typischerweise mag man sich auch. Dies gilt insbesondere für interne Doktoranden und Stelleninhaber: Der Doktorvater, der seinem Wissenschaftlichen Mitarbeiter nach drei Jahren Zusammenarbeit ins Gesicht sagt, dass es nur ein »cum laude« gebe, ist selten – und stellt sich selber ein schlechtes Zeugnis über seine Betreuungsqualität aus (es sei denn, das Tischtuch zwischen Chef und Mitarbeiter wäre völlig zerschnitten).

Interessant ist in diesem Zusammenhang ein Schreiben des Vorsitzenden des Promotionsausschusses des Fachbereichs Rechtswissenschaft der Universität Hamburg an dessen promotionsberechtigte Mitglieder mit folgendem Wortlaut:

»Sodann darf ich Sie im Auftrage des Professoriums darüber informieren, dass dort darüber gesprochen wurde, dass in den vergangenen Jahren relativ häufig die Note magna cum laude vergeben wurde. Nach unserer Promotionsordnung sind die Noten so beschrieben, dass eine durchschnittliche Arbeit die Note cum laude bekommen sollte. Man war sich im Professorium nach intensiver Diskussion darüber einig, dass ein wichtiges Kriterium für die Frage, ob eine Arbeit mit magna cum laude oder cum laude zu bewerten ist, die Überlegung sein sollte, ob man die Dissertation guten Gewissens einem renommierten wissenschaftlichen Verlag empfehlen kann.«[18]

Zurückhaltend sollte man deshalb auch gegenüber der Annahme sein, ein hoher Notenpegel bei Dissertationen sei ein Ausweis für die besondere Qualität einer Fakultät.[19] Denn eben jene Höhe kann auch auf einer großzügigen Benotungspraxis beruhen. Aber sie lässt sich statistisch ja gut ausweisen, und hinter Statistiken sehen Politiker und Wissenschaftsbürokratie selten.... Hohe Abitur- und Studentenzahlen gelten schließlich auch als Ausweis eines hohen Bildungsniveaus.

XI. Die mündliche Prüfung

> Ich bestand mein Doktorexamen im Sommer 1951. Es war ein heiterer sonniger Tag. … Das wichtigste, hatte man mir vorher gesagt, war eine Kiste Zigarren für den Pedell, der alles organisiert hatte, Ort und Stunde, was immer mit Schwierigkeiten verbunden ist. Der Termin musste mehrere Male verschoben werden, weil es nicht möglich gewesen war, alle Herren unter einen Hut zu bekommen. Das Prüfungszeremonial begann um 11 Uhr, zwei Stunden später war alles überstanden.
>
> Nicolaus Sombart*

Die Fortsetzung von Nicolaus Sombarts Schilderung seiner Doktorprüfung lautet: »Die drei Examinatoren, Alfred Weber schmunzelnd in der Mitte, empfingen mich, der ich ängstlich vor der Tür gewartet hatte, huldvoll. Weber gab mir das Prädikat an, summa cum laude, und alle beglückwünschten mich mit Händedruck.«[1] Vor dem seit alters her üblichen Händedruck liegt aber nicht nur die Prüfung, sondern das administrative Vorspiel. Zunächst muss jedes der beiden Gutachten erstellt und abgeliefert sein. Im »Merkblatt für die Gutachtenden im Promotionsverfahren« des Fachbereiches Rechtswissenschaft der Universität Hannover heißt es dazu: »1. Erstellung des Gutachtens gem. § 7 III in sechs Exemplaren innerhalb von vier Monaten nach Zulassung, spätestens im Laufe der Vorlesungszeit des auf die Ablieferung der Dissertation folgenden Semesters. 2. Übersendung des Gutachtens – ix an den Dekan und – 5x an die/den Vorsitzende(n) des Prüfungsausschusses. 3. Teilnahme an den Sitzungen des Prüfungsausschusses (§ 8 III) und an der Disputation (§ 9).«

1. Der Termin

Ist die Auslagefrist abgelaufen und sind keine Einwände gegen die Gutachten erhoben worden, kann der Termin für die mündliche Prüfung anberaumt werden. Früher war es üblich, dass dieser Termin jeweils mit den Prüfern individuell vereinbart wurde. Einen Termin zustande zu bringen, war dann die große Aufgabe für Sombarts Heidelberger Pedell oder – als der Pedell zum Hausmeister geworden war – eine tagelange Beschäftigung für Damen der Verwaltung. Heute ist die Terminfindung zumindest an etlichen Fakultäten anders und besser regelt: Es werden nun im vorhinein bestimmte Tage im Semester festgelegt[2], an denen sämtliche zu diesem Termin entstehenden Doktorprüfungen abgewickelt werden. Dies hat den großen Vorteil, dass alle Prüflinge und alle Prüfer sich auf den Termin langfristig einrichten können. Da aber der deutsche Hochschullehrer ein ziemlich freier Mensch ist, kommt es trotzdem zuweilen zu Problemen, dann nämlich, wenn Kollegen etwas für sie Wichtigeres vorhaben, als Doktoranden zu prüfen. Nur so ist die Ermahnung in einem Rundschreiben des Vorsitzenden eines Promotionsausschusses zu verstehen, der seufzt: »Ich darf Sie dringend bitten, sich diese Tage freizuhalten und mich bei unvermeidbaren Verhinderungen rechtzeitig zu informieren. Die Organisation der letzten Termine hat sich außerordentlich schwierig gestaltet, da etliche Kollegen nicht verfügbar waren und mir dies erst mitgeteilt haben, nachdem die Kolloquien bereits geplant waren. Ich darf Sie im Interesse aller Beteiligten bitten, mir derartige Turbulenzen bei den nächsten Terminen zu ersparen.« Offensichtlich traf dieses Schreiben aber nicht nur auf offene, sondern auch auf taube Ohren; denn derselbe Ausschussvorsitzende musste seine Bitte an die Prüfer in einem späteren Schreiben wiederholen:

»Ich darf Sie sehr herzlich bitten, diese Termine schon heute für die Zeit von 13.00–19.00 Uhr freizuhalten. Die Organisation der Kolloquien hat in letzter Zeit erhebliche Mühe bereitet, weil einige Kollegen nicht verfügbar waren, was das ›Kampagnesystem‹ an seine Grenzen bringt. Sollte sich Ihre Verhinderung aus zwingenden Gründen nicht vermeiden lassen, bitte ich um eine rechtzeitige Information, mindestens drei Wochen vor dem jeweiligen Termin, damit ich Ihre Abwesenheit bei der Organisation der Kolloquien berücksichtigen kann. Auch im Krankheitsfall bin ich auf eine frühzeitige Information angewiesen. Dass ich, wie beim letzten Mal, ohne Not erst 20 Minuten vor einer Prüfung von der Krankheit eines Prüfers erfahre, stellt die Motivation der Organisatoren auf eine harte Probe.«

Dass dies kein Einzelfall ist, zeigt ein entsprechendes Schreiben aus einer anderen Fakultät: »Da die Koordination der Disputationstermine außerordentlich schwierig ist, bitte ich Sie dringend, für die obigen Termine keine unabweisbaren Verpflichtungen einzugehen. Im Zweifelsfalle haben Prüfungstermine Vorrang.« Dies sollte eine Binsenwahrheit sein, aber erstaunlicherweise muss sie ins Gedächtnis einiger Prüfer zurückgerufen werden. Fakultäten haben ihre regulären Kampagnentermine für mündliche Doktorprüfungen typischerweise am universitären Gremiennachmittag, am Mittwochnachmittag. Gut organisierte Fakultäten haben dies sogar zu jedes Jahr wiederkehrenden Terminen im weiteren Sinne erhoben, etwa am jeweils letzten Mittwoch im Januar, April, Juni und Oktober. Vorlesungen am Mittwochnachmittag abzuhalten, kollidiert damit, ist auf, Höchste unkollegial und sollte sich selbst für DiMi-Professoren verbieten.

Gemessen am Fernbleiben eines Prüfers ist demgegenüber eine Verspätung nur eine petitesse, wenn auch eine durchaus lästige. Der Vorsitzende einer Prüfungskommission hat seine Verärgerung darüber in einem Schreiben an den Vorsitzenden des Promotionsausschusses ausgedrückt:

»Am vergangenen Mittwoch war ja nun wieder der große Rigorosen-Tag. Bei ›meinen‹ Prüfungen ist alles gut abgelaufen, außer dass ich nun schon zum wiederholten Male erlebt habe, dass die Prüfungskommission zur festgesetzten Uhrzeit nicht komplett war. Ich habe nach zehn Minuten Warten den Hausmeister gebeten, den betr. Kollegen (der Name spielt keine Rolle) anzurufen. Der Hausmeister hat das getan und dann kam der Herr auch schließlich.

›Pünktlichkeit ist die Höflichkeit der Könige‹ sagt ein altes Wort. Nun sind wir keine Könige. Wir sind nur Angehörige des Öffentlichen Dienstes. Im Öffentlichen Dienst gilt die Regel: Kommt zu spät und geht pünktlich. Aber wie immer man darüber denken mag: Im Rigorosum ist eine größere Verspätung wirklich ärgerlich. Der

Kandidat wird nervös, der Kommissionsvorsitzende ebenfalls. Weil die Termine in dichter Abfolge liegen, kann die verlorene Zeit kaum nachgeholt werden. Tut man dies dennoch, wird die Prüfung durch wiederholtes Türengeöffne gestört.

Vielleicht empfiehlt es sich, dass Sie in Ihrer frohen Botschaft über den Ablauf des letzten Rigorosums einen kurzen Hinweis auf die Notwendigkeit pünktlichen Erscheinens der Prüfer bringen, und dass diese – was ja eigentlich selbstverständlich ist – auf der Ladung nachsehen sollen, ob die Prüfung s.t. oder c.t. beginnt.«

2. Das Ambiente

Beginnt die Prüfung, so sitzen dem Doktor-Kandidaten in der Regel drei Prüfer gegenüber. Im Hintergrund des meist eher unansehnlichen Prüfungsraumes (deutsche Universitätsgebäude zeichnen sich meistens weder durch Eleganz noch durch Originalität aus) sitzt »die Öffentlichkeit«. Die Öffentlichkeit der Öffentlichkeit ist in den Promotionsordnungen unterschiedlich geregelt. Einige Promotionsordnungen lassen als Zuhörer nur Doktoranden zu; andere Promotionsordnungen gewähren allen Angehörigen des betreffenden Fachbereiches Zutritt (»fachbereichsöffentlich«); wieder andere Promotionsordnungen erklären die Prüfung, insbesondere die Disputation, für »hochschulöffentlich«.

Da das Publikum – in welcher Weite auch immer – in aller Regel hinter dem Rücken des Prüflings sitzt, dieser die Zuhörer also nicht visuell wahrnimmt, ist es letztlich wohl gleichgültig, wer im Hintergrund zuhört, mit anderen Worten: wer »die Öffentlichkeit« bildet. Der Bitte eines Prüflings, auch seine/ihre Eltern oder den Ehepartner als Publikum zuzulassen, wird ein vernünftiger Prüfungskommissionsvorsitzender sich vermutlich nicht verschließen.

3. Die Sprache

Die Doktorprüfung wird heute in der Regel in deutscher Sprache abgehalten. Das war nicht immer so. Historisch betrachtet, ist die lateinische Sprache die Promotionssprache, dies keineswegs nur im Mittelalter. Im Zusammenhang mit der Doktorprüfung des später berühmt gewordenen Handelsrechtlers Levin Goldschmidt im Jahre 1851 in Halle berichtet dessen Biograph (in einer Doktorarbeit):

»Der Kandidat hatte eine in lateinischer Sprache abgefasste Dissertation, einen Lebenslauf und Zeugnisse über seine bisherige Ausbildung einzureichen; dann hatte er, sofern er noch kein juristisches Staatsexamen abgelegt hatte, ein Tentamen abzulegen, anschließend musste er zwei Exegesen aus dem römischen und kanonischen Recht anfertigen, dann folgte, nachdem das Promotionshonorar eingezahlt worden war, das Rigorosum, in Halle eine mündliche Prüfung ›über alle wesentlichen Zweige des juristisch-akademischen Studiums‹, schließlich folgten die beiden Teile der ›eigentlichen Promotion‹: die öffentliche Verteidigung zunächst der Dissertation, dann der dieser anzuhängenden mindestens sechs Thesen gegenüber zunächst mindestens zwei ordentlichen, vom Kandidaten selbst gewählten Opponenten, dann gegenüber den übrigen Anwesenden, denen das Recht zu opponieren zustand. Diese Verteidigung hatte in lateinischer Sprache zu erfolgen.«[3] Erst ab 1876 musste in Halle die Dissertation nicht mehr auf lateinisch verteidigt werden.[4]

Nachdem im 20. Jahrhundert die mündliche Doktorprüfung sprachlich nationalisiert worden war, gibt es in neuerer Zeit teilweise einen Trend zur Mehrsprachigkeit. So wird die mündliche Prüfung der an der Deutsch-Französischen Hochschule in Saarbrücken durchgeführten deutsch-französischen Promotionen vor einer gemischten Prüfungskommission sowohl in der deutschen als auch in der französischen Sprache abgelegt.[5]

Heute gibt es zunehmend auch mündliche Doktorprüfungen in Englisch, wesentlich bedingt durch die Zunahme ausländischer Doktoranden oder international offener Promotionsprogramme. Allerdings kann Englisch als »mutually uncommon language« auch eine beidseitige Zumutung für den Doktoranden wie für die Prüfungskommission sein. Wer Kontinentaleuropäer oder andere non native speakers in schlechtem »Englisch« hat radebrechen hören, fragt sich jedenfalls nach dem Sinn einer solchen mündlichen Doktorprüfung.

4. Der Inhalt

Nicht nur die Prüfungssprache, sondern auch die Art (Form) der mündlichen Doktorprüfung hat sich im Verlauf der Jahrhunderte nicht unwesentlich verändert. Verschoben hat sich zunächst die Gewichtsverteilung zwischen dem schriftlichen und dem mündlichen Teil des

Promovierens: Ursprünglich schrieb der Doktorvater (!) die Dissertation, so dass der Doktorand selber sich nur einer mündlichen Prüfung unterziehen musste. Später entfiel das Erfordernis einer Dissertation ganz. So wird über die Promotion von Heinrich Heine zum Dr. iur. in Göttingen im Jahre 1825 berichtet: »Eine Dissertation, wie wir sie heute kennen, hat Heine nicht geschrieben. Sie war damals auch nicht gefordert.«[6] Die mündliche Prüfung zum Dr. iur. bestand zu jener Zeit aus den in der Schilderung des Examens von Levin Goldschmidt bereits erwähnten zwei Teilen, nämlich dem Rigorosum als Prüfung über die wichtigsten Gebiete des Rechtsstudiums und der Disputation, d. h. der Verteidigung der Dissertation und von Thesen.[7] Zum unterschiedlichen Schwierigkeitsgrad von Rigorosum und Disputation schrieb Heinrich Heine nach seinem Examen an seinen Schwager: »Ich habe den ganzen verflossenen Winter anhaltend Jurisprudenz getrieben und war dadurch imstande, vorige Woche das juristische Doktorexamen zu machen, welches ich ganz vortrefflich bestand. Dieses ist im Begriff des Promovierens die Hauptsache, alles andere, z. B. das Disputieren, ist leere Formel und kaum des Erwähnens wert. Ich bin also der Sache nach Doktor und es macht keine ironische Wirkung mehr, wenn Sie mich in Ihren Briefen mit diesem Titel benennen.«[8]

Für die mündliche Prüfung im Doktorexamen gibt es heute kein Einheitsmuster für alle Fakultäten. Die Promotionsordnungen kennen im wesentlichen drei Formen der Prüfung: 1. eine Prüfung über die wichtigsten Gebiete des Studiums (»Rigorosum«); 2. ein mündlicher Vortrag des Doktoranden über ein selbst gewähltes Thema, das nicht mit dem Gegenstand der Dissertation identisch sein darf, mit anschließender Befragung (»Kolloquium«); 3. die Verteidigung der wichtigsten Thesen seiner Dissertation durch den Doktoranden gegenüber den Mitgliedern der Prüfungskommission (»Disputation«). Die in dem schon mehrmals zitierten Bericht über die mündliche Doktorprüfung Levin Goldschmidts erwähnte Praxis, dass Freunde des Doktoranden als »ordentliche Opponenten« fungierten[9], ist völlig außer Gebrauch gekommen.

Ganz allgemein und für alle Fakultäten lässt sich feststellen: Die mündliche Prüfung ist im Vergleich mit der Anfertigung der Dissertation nur noch wie ein Endspurt nach einem Marathonlauf.[10] Nur selten wird dieser Endspurt von einem Doktoranden nicht bestanden; er kann aber – anders als im Sport – wiederholt werden, dann in der Regel mit Erfolg. Mündliche Prüfungen sind Nervensache; eine gezielte psychologische (weniger fachliche!) Vorbereitung kann oftmals ein Stück weit helfen,[11] auch wenn sich Nervosität nie wird hundertprozentig vermeiden lassen (und in gewissem Umfang sogar hilfreich sein kann, weil sie die nötige Spannung aufrecht erhält). Negativ fällt auf, aber meistens folgenlos bleibt, wenn der Kandidat sich im Allgemeinen verliert.[12] Zu einer Disputation gehört, die wichtigsten Punkte der Dissertation noch einmal herauszustreichen und hervorzuheben. Niemand hat unendlich Zeit, und der größte Fehler vieler Doktoranden besteht darin, die Zeit weit zu überziehen. Aus der Prüferperspektive gilt: Man möchte die Sache, den letzten Akt so kurz und schmerzlos wie möglich über die Bühne bringen.

Nur schwer nachvollziehbar sind spezifisch bei einer Disputation die Aufregung vieler Doktoranden und die

Sorge, ob man denn genügend vorbereitet sei. Schließlich geht es bei einer Disputation »nur« darum, die zentralen Thesen einer Doktorarbeit zu verteidigen, an der man Jahre geschrieben hat und in deren Thema man daher »drin« sein sollte. Man muss sich als Doktorand schon sehr ungeschickt anstellen, um durch eine Disputation durchzufallen. Die schlimmsten Feinde sind Nervosität und Prüfungsangst. Allerdings geraten auch Kandidaten in Schwierigkeiten, die (angeblich) ihre Doktorarbeit gar nicht selber geschrieben haben; gegen solche Schreibenlasser ist die Disputation ein recht wirksames Mittel.[13]

Ausländischen Doktoranden schaden selbst nur rudimentäre Deutschkenntnisse (die sich in der mündlichen Doktorprüfung besonders deutlich zeigen) in aller Regel nicht. Es soll sogar schon vorgekommen sein, dass Prüfer die von ihnen gestellten Fragen gleich selber beantwortet haben, um den Kandidaten nicht in (weitere) Kalamitäten zu bringen.... Gleich für die ganze Prüfung auf Englisch auszuweichen, ist für Disziplinen, in denen eh Englisch die Wissenschaftssprache ist, eine nahe liegende Idee. Häufig hilft aber auch sie nicht, weil die Kandidaten auch kein richtiges Englisch können.

5. Die Präsentation

In der mündlichen Doktorprüfung wird, wie in anderen akademischen Prüfungen, die Leistung des Prüflings bewertet. Für Disputation und Kolloquium ist es inzwischen üblich geworden, dass der Doktorand eine Power-Point-Präsentation und ein so genanntes Handout vorbereitet hat. Schließlich hat beides einen einleitenden

Charakter. Indes muss nicht schlechter sein, wer darauf verzichtet, sich der Power-Point-Mode anzuschließen. Präsentationen haben eine fatale Neigung, sich zu verselbständigen und über das hinauszuwachsen, was sie eigentlich sein sollen: bloßes Mittel zum Zweck. Besonders peinsam wird es, wenn der Doktorand seine »Technik« erst noch mühsam anschließen muss und dies nicht klappt. Manche Prüfungskommission hat schon Viertelstunden warten müssen, bis ein – verständlicherweise immer nervöser werdender – Doktorand es geschafft hatte, seine »PPP« endlich ans Laufen zu kriegen.

6. Die Leistungen der Prüfer

Die Leistung des Prüfers, d.h. die Qualität seiner Prüfung, wird nicht bewertet, obwohl auch insoweit durchaus Unterschiede zwischen den Prüfungen vorhanden sind. Es gibt – wen könnte das wundern – gute und schlechte Prüfer. Ein guter Prüfer schafft zunächst eine Atmosphäre des Vertrauens.[14] Bei einem schlechten Prüfer weiß der Prüfling z.B. nicht, worauf der Prüfer mit seiner Frage hinaus will. Auch gibt es Prüfer, die keine Fragen stellen, sondern monologisieren (was manchen Prüflingen persönlich auch ganz recht sein kann, weil sie selber nichts sagen müssen, solange ein Prüfer monologisiert). Manchmal kommt es vor, dass sich ein Di- oder Trialog zwischen den Prüfern entspinnt und der Prüfling nur noch freundlich lächelnd daneben sitzen und zuhören muss, um seine Prüfung erfolgreich zu bestehen. Schließlich waren die Prüfer sehr angeregt, offensichtlich durch den Vortrag.

Unerfreulich ist es dagegen, wenn Prüfer ihre Animositäten gegeneinander nicht zurückstellen können, sondern austragen. Dies sollte zumindest nicht auf dem Rücken und auf Kosten des Prüflings geschehen. Ein Doktorvater hat nachgerade die moralische Pflicht, sich schützend vor seinen Doktoranden zu stellen, wenn ein anderer Prüfer diesen gezielt »abschießen« will, um den Doktorvater »eins auszuwischen«. Glücklicherweise kommt dies nur extrem selten vor, denn die Prüfer sind im Lauf der Zeit auch professioneller geworden (und leben in der Furcht vor nachlaufender gerichtlicher Anfechtung).

Wieder andere Prüfer prunken mit ihrer Allgemeinbildung und stellen dazu Fragen, die mit dem Gegenstand der Fachprüfung kaum etwas zu tun haben.[15] Eine Ärztin, befragt nach ihrer mündlichen Doktorprüfung, erinnert sich noch nach 49 Jahren an ihr Examen im Fach Psychiatrie:

»Ich hatte eine Schizophreniepatientin zu untersuchen, die behauptete, die Schwester des kleinen Prinzen zu sein, und der Leibarzt des Herzogs v. Bismarck hätte ihr im Blauen Kreuz in Prag die Eierstöcke herausgenommen. Was also fragte mich Prof. X? ›Die Patientin spricht vom Leibarzt des Herzogs v. Bismarck. War er Herzog?‹ Ich: ›Nein, er war Fürst.‹ Prof. X: ›Warum war er Fürst?‹ Ich musste passen. Prof. X: ›Er war zu geizig, um die Investitur zum Herzog zu bezahlen!‹ Und dann zitierte er Stellen aus ›Gedanken und Erinnerungen‹, die eindeutig belegten, dass Bismarck tatsächlich geizig war und entließ mich kopfschüttelnd.«

Ist die mündliche Doktorprüfung (wie üblich) bestanden und haben die Prüfer dem Prüfling (wie üblich) un-

ter Händeschütteln secundum ordinem ihren Glück-
wunsch dazu ausgesprochen, kommen die Freundinnen
und Freunde oder Kolleginnen und Kollegen hinzu. Die
eigentliche Promotion ist also zumeist eine ausgesprochen unfeierliche Angelegenheit. Sie findet in kleinen
Zimmern deutscher Universitäten, gern in Seminarräumen, statt. Auf dem Flur vor dem Zimmer warten dann
Freunde auf den nach seiner mündlichen Prüfung geschafften Doktoranden: selbst gebastelte Doktorhüte,
Blumensträuße, Sekt (heutzutage zumeist aus Plastikbechern), Fotoapparate und Handyfotos. Der Doktorand
kann und sollte aber selber entscheiden, ob er dies wirklich schätzt oder ob er nicht lieber still für sich allein sein
möchte.

Bald löst die Gruppe sich mit Ausnahme der Verwandten und Ehepartner auf. Die Prüfer sind längst ent-
schwunden, meist zum nächsten Termin für eine mündliche Doktorprüfung geeilt. Sie würden im Übrigen in
aller Regel auch nur stören und befangen machen, denn
typischerweise sehen sie Eltern, Partner und Freunde ihrer Doktoranden auf dem Flur vor dem Promotionsraum
das erste (und zugleich das letzte) Mal. Auch manche
Doktoranden geben sich den Anschein, die Promotion
sei ein Termin unter vielen und sie hätten sie mal eben so
einschieben können.

Zum Vergleich die Schilderung des Abschlusses einer
von Savigny abgenommenen Doktorprüfung, die aus
Gesundheitsgründen in Savignys Wohnung stattfand –
überliefert von seinem Schüler Rudorff: »Am Ende er-
leichtertes Aufatmen und Lob Savignys für das ›brillante‹
Examen. Man bleibt zusammen, ißt und trinkt im Fami-
lienkreise, und Betine setzt sich an den Flügel und spielt

eine Beethovensonate.«[16] Wollte man aus diesem trauten
Bild entnehmen, dass Doktorprüfungen früher stets in
schönster Harmonie verlaufen seien, so wäre dies jedoch
ein Irrtum; denn auch in den so genannten »guten alten
Zeiten« gab es so manchen Eklat, wie z. B. der, dessen
Opfer kein geringerer als der berühmte Jurist Johann
Paul Anselm Feuerbach an der Universität in Landshut
wurde:

»Da trat am 23. September 1805 ein Ereignis ein, das
seinem weiteren Leben eine entscheidende Wende geben
sollte. In der Universität fand unter dem Vorsitz von
Gönner in Anwesenheit Feuerbachs als Opponenten eine
Doktor-Disputation statt. Der Doktorand griff die Auf-
fassungen Feuerbachs scharf an. Dieser widersprach ener-
gisch. Als Gönner dem Doktoranden mit der Äußerung
beipflichtete, wer das soeben von Feuerbach Gesagte be-
haupte, müsse ›in seinem Kopf verschoben sein‹ und der
Doktorand nunmehr ermutigt mit den Händen in die
Seiten gestemmt hohnlächelnd mit Feuerbach ein förm-
liches Examen begann, trat Feuerbach empört in die Mitte des Saales und rief: ›Hier steht ein Frecher, ein unedles
Werkzeug in einer noch schlechteren Hand!‹ Sodann
verließ er den Raum, fest entschlossen, seine Lehrtätigkeit in Landshut nicht weiter auszuüben.«[17]

XII. Danach: Promotionsfeier, Veröffentlichung, Titelführung

> *Marie:* Ich will meine Promotion in einem wirklich sauberen Zimmer feiern. Man promoviert nur einmal im Leben. Schluss der Studentenzeit – jetzt wird es Ernst.
>
> Ferdinand Bruckner*

1. Formlose Promotion, insbesondere »durch die Post«

Den festlichen Abschluss eines Doktorandenlebens bildet die Aushändigung der Promotionsurkunde, womit der Doktorgrad verliehen ist und als Titel geführt werden darf. In der Nachkriegszeit war die Aushändigung der Urkunde ein schmuckloser Vorgang. Ein im Jahre 1951 in Hamburg promovierter Mediziner erinnert sich: »Die Verleihung ging ziemlich formlos vor sich; wir waren an die 20 Mann im Vorzimmer von Prof. Pette, der eine kurze Ansprache hielt, deren Inhalt ich vergessen habe. Sehr bewegt hat sie mich nicht. Ich war Spätheimkehrer aus Rußland (November 1948), als der Anmeldetermin zwei Wochen verstrichen war. Erst im April 1949 wurde ich durch Prof. Bürger-Prinz zugelassen, der sich über das Vorgehen vom November 48 sehr aufregte. Ich habe durch Krieg und Gefangenschaft fünf Jahre versäumt, die Zeit für ein komplettes Medizinstudium. Ich hatte sechs

Semester Medizin nachzuweisen und konnte nach weiteren vier Semestern das Staatsexamen mit ›sehr gut‹ ablegen. Ich war 30 Jahre alt und musste meine Ausbildung möglichst rasch beenden, daher nur eine relativ kleine Doktorarbeit. Eine größere Veröffentlichung habe ich nachher in der Pathologie bei Prof. Sellberg nachgeholt.«[1] Da der Druck der Urkunde in der Regel einige Zeit beanspruchte, wurde oft eine Bescheinigung in einfacher Form ausgestellt. Die Urkunde über die Promotion holte man sich auf dem Dekanat oder einer Geschäftsstelle bei der Sekretärin ab, oder sie wurde per Post zugeschickt. Die so genannte »Promotion durch die Post« war wohl die Regel. Sie hat manchen Doktoranden verletzt, weil er seine Arbeit, in die er unter schwierigen Umständen viel Herzblut und viel Mühe gesteckt hatte, mittelbar herabgewürdigt und entwertet sah. Die formlose Promotion hat oft auch verhindert, dass eine weitere Verbundenheit zwischen dem Doktoranden und der promovierenden Fakultät blieb. Die formlos promovierende Universität wollte offensichtlich keine alma mater sein.

War jene Schlichtheit in der Nachkriegszeit wegen der damaligen ärmlichen Verhältnisse noch halbwegs verständlich und zumindest nachvollziehbar, so war es ab 1968 die im Universitätsleben selbst verordnete Anti-Feiern-Haltung, die über viele Jahre hinweg die deutsche Wissenschaftslandschaft prägte (während interessanterweise in den damals sozialistischen Staaten, z. B. in Polen und in der Tschechoslowakei, durchaus traditionelle akademische Feiern gepflegt wurden).

Noch im Jahre 1999 wurde auf dem von der Max-Planck-Gesellschaft veranstalteten Ringberg-Symposium zum Thema »Ethos der Forschung« beklagt, es wer-

de »die Stabilisierung des Standesethos dadurch er-
schwert, dass in der deutschen Wissenschaftslandschaft
der letzten Jahrzehnte durchweg die gemeinschaftsstif-
tenden Symbole abgebaut wurden, ohne dass neue an
ihre Stelle traten. Es sei nur an die untergegangenen Im-
matrikulations- und Promotionsfeiern mit ihren Verpflichtungen auf das Ethos der Wahrhaftigkeit und des
Mutes erinnert.«[2]

2. Promotionsfeiern

Inzwischen sind Promotionsfeiern wieder auferstanden.
So werden beispielsweise am Fachbereich Rechtswissenschaft der Universität Hamburg seit 1996 die Promoti-
onsurkunden in einer Feier des Fachbereiches im Großen
Hörsaal des Rechtshauses durch den Dekan an die Promovierten überreicht; vor der Aushändigung der Promo-
tionsurkunden in »gefütterten Mappen« (so die Sprache
der Verwaltung) gibt es Musik, eine Begrüßung durch
den Dekan, einen Festvortrag und wieder Musik. Der
Große Hörsaal des Rechtshauses ist bei dieser jährlich
einmal stattfindenden Feier fast immer bis auf den letzten
Platz besetzt, weil die Urkundenempfänger regelmäßig
in Begleitung (Ehepartner, Lebenspartner, Eltern, Großeltern, Freunde, Kollegen) kommen. Auf einer dieser
Veranstaltungen waren nicht weniger als zehn Babys zu
sehen und zu hören, was zu der Vermutung führen könnte, dass die Zeit der Arbeit an der Dissertation eine auch
sonst fruchtbare Zeit ist. Indes dürfte dies typischerweise
dem Umstand geschuldet sein, dass eine Dissertation in
die Jahre um das dreißigste Lebensjahr fällt, also in die

Rush Hour des Lebens, in der vieles gleichzeitig geschieht und sich die Ereignisse nachgerade überschlagen.

a) Streichquartette und Festreden

Streichquartette und Festvorträge sind nun nicht jedermanns Sache, insbesondere nicht die Sache von Eltern und Freunden, die sich an einem warmen bis heißen Mai-Tag in oftmals ungewohnte Anzüge und Krawatten gezwängt haben. Häufig sind Fakultäten daher schon dazu übergegangen, anstelle klassischer Musik etwas Swingenderes aufführen zu lassen bis hin zu Jazz. Dies hat den zusätzlichen Vorteil, dass die aufgeführten Musikstücke deutlich kürzer sind als klassische. Wer hat schon die Geduld, einen ganzen Satz eines Streichquartetts »auszusitzen«, wenn er eigentlich auf etwas ganz Anderes wartet? Man sollte die Nerven des Publikums nicht mit unnötig langen musikalischen Vor-, Zwischen- und Nachspielen strapazieren. Es gilt immer in Rechnung zu stellen, dass die Mehrzahl des Publikums keinen akademischen Hintergrund haben wird und eigentlich darauf wartet, seinen jeweiligen persönlichen Helden, den Doktoranden, dessentwegen man gekommen ist, endlich die Promotionsurkunde in Händen halten zu sehen. Aus denselben Gründen sollte man davon absehen, die Kunst des gepflegten, vollen, aber für ein allgemeines Publikum eher langweiligen akademischen Festvortrags zu pflegen. Ein Festvortrag von einer Dreiviertelstunde ist auf einer Promotionsfeier eine Zumutung. Das Armin Halle zugeschriebene, unsterbliche Bonmot gilt, zumal in seiner Pointe, hier ganz besonders: »Man kann über alles sprechen – nur nicht über zwanzig Minuten.« Kein Elternteil und kein Partner wird daran interessiert sein, letzte historische oder philosophische Verästelungen und Erkenntnisse zu hören, wie sie in Festvorträgen bei Promotionsfeiern gern zu Gehör gebracht werden, weil der Vortrag ja allgemein und nicht zu speziell sein soll. Vielleicht empfiehlt es sich sogar, zu Gunsten eines launigen und humorvollen (aber kurzen!) Grußwortes des Dekans ganz auf den Festvortrag zu verzichten, insbesondere wenn es in der Folge gilt, hundert oder mehr Doktorurkunden mit Namensnennung der Promovierten zu überreichen, was allein schon eine erkleckliche Zeit in Anspruch nimmt.

Ärgerlich und störend sind dabei übrigens große Lücken unter den Promovierten wegen Nichterscheinens. Offensichtlich haben die Nichterschienenen etwas Besseres vor als sich den Lohn ihrer Mühe auch abzuholen. Offensichtlich sehen sie die promovierende Fakultät nicht als alma mater, der man sich persönlich verbunden fühlen würde, sondern höchstens als Servicebetrieb.

Promotionsfeiern mit festlichem Rahmen finden allerdings nicht an allen Fakultäten regelmäßig statt. Dies folgt schon aus der Tatsache, dass z.B. an kleinen Fakultäten oder an neu errichteten Fakultäten anfangs keine größere Anzahl an Doktoranden zur Promotion gelangt. An der Universität Jena, um ein Beispiel einer alten (1548 gegründeten) Universität in einem der neuen Bundesländer zu nennen, finden Promotionsfeiern in der Rechtswissenschaftlichen Fakultät (am »Feuerbach-Tag«) und in der Medizinischen Fakultät statt.

b) Doktorhüte

Üblich geworden ist, dass Freunde oder Verwandte dem Doktoranden einen Doktorhut schenken. Die Vorbilder dafür stammen aus den USA. Die wenigsten Schenker werden sich bewusst sein, dass, was bei Graduiertenfeiern in den USA im Fernsehen oder in Filmen so fröhlich geschwenkt wird, bloße Graduiertenhüte sind, also einen bloßen Studienabschluss zelebriert. (Es dürfte kein Zufall sein, dass Barette und Talare »für den (Ab-)Schluss« auch auf dem deutschen Markt in der Hauptsache von US-Unternehmen angeboten werden.[3]) Der deutsche Doktor hat im Vergleich damit ein viel größeres Gewicht. Die Rede und das Bild vom Doktorhut aber sind ungemein prägend. Laien können sich von ihm kaum lösen. Der Autor Mankowski kann aus der eigenen Familie dazu folgenden Dialog beisteuern: Großmutter: »Hast du denn jetzt auch einen Doktorhut?« Doktorand: »Nein.« Großmutter: »Dann bist du kein richtiger Doktor, sagt meine beste Freundin.«

Die eigentliche Promotion ist zumeist eine ausgesprochen unfeierliche Angelegenheit. Sie findet in kleinen Zimmern deutscher Universitäten, gern in Seminarräumen, statt. Auf dem Flur vor dem Zimmer warten dann Freunde auf den nach seiner mündlichen Prüfung geschafften Doktoranden: selbst gebastelte Doktorhüte, Blumensträuße, Sekt (heutzutage zumeist aus Plastikbechern), Fotoapparate oder Handyfotos. Der Doktorand kann und sollte aber selber entscheiden, ob er dies wirklich schätzt oder ob er nicht lieber still für sich allein sein möchte.

3. Pflicht zur Veröffentlichung der Dissertation

Spätestens mit der Aushändigung der Promotionsurkunde ist der Promovierte berechtigt, den Doktortitel zu führen. Viele Promotionsordnungen sehen aber vor, dass auf Antrag der Doktortitel schon vorher geführt werden darf. Bei der Fakultät für Rechtswissenschaft der Universität Hamburg stellen schätzungsweise 90% der Promovenden einen solchen Antrag, nämlich um die beruflichen Chancen bei einer Bewerbung zu verbessern und um nicht bis zur nächsten Promotionsfeier im nächsten Mai warten zu müssen. Dem Antrag wird stattgegeben, wenn die Dissertation bereits veröffentlicht ist oder die Veröffentlichung durch Vorlage eines abgeschlossenen Verlagsvertrages gesichert ist.

Mit dem Stichwort »Veröffentlichung« ist ein Problembereich angesprochen, der häufig ein gerütteltes Maß an Leidensdruck enthält.[4] Denn nur höchst selten löst sich das Veröffentlichungsproblem auf die Weise, wie in dem von Claus Arndt beschriebenen Fall seines Vaters Adolf Arndt[5], dessen Vater Adolf Arndt, also der Großvater von Claus Arndt, ein damals bekannter Professor für Staatsrecht und Bergrecht (und Rektor der Universität in Königsberg) war: »Die Namensgleichheit mit seinem Vater verhalf ihm zum billigen Druck seiner Dissertation. Er fragte nämlich das renommierte ›Archiv des öffentlichen Rechts‹, ob es einen Aufsatz Adolf Arndts publizieren wolle. Man wollte natürlich. Und so war der Sohn der Sorgen um Druck und Finanzierung seiner Doktorarbeit enthoben.«[6] Damit knüpfte das Archiv an eine alte Tradition juristischer Archivzeitschriften an: Bis etwa 1920 veröffentlichte insbesondere das Archiv für die civilistische Praxis, das zivilrechtliche Archiv, häufiger (herausragende) Doktorarbeiten als Aufsätze. Heute wäre kaum eine juristische Dissertation dünn und gleichzeitig gewichtig genug, um Aufsatz in einer Archivzeitschrift sein zu können.

Klar ist, dass der Sinn einer Doktorarbeit nicht primär darin liegt, dem Verfasser der Arbeit einen Titel zu verschaffen (auch wenn dies für den Doktoranden selbst verständlicherweise absolut im Vordergrund steht), sondern einen Beitrag zur Fortentwicklung der Wissenschaft zu leisten. Dies wiederum setzt voraus, dass der Inhalt der Doktorarbeit der interessierten Öffentlichkeit, d.h. in erster Linie der wissenschaftlichen Öffentlichkeit, aber selbstverständlich nicht nur dieser, sondern auch einer breiteren Öffentlichkeit zugänglich gemacht wird. Die Praxis sieht leider anders aus: Es gibt nie veröffentlichte Dissertationen, es gibt ein wenig veröffentlichte (genauer gesagt: ungedruckte) Dissertationen, es gibt noch nicht veröffentlichte Dissertationen und es gibt spät veröffentlichte Dissertationen. Der Normalfall ist allerdings glücklicherweise – jedenfalls in Deutschland – die in angemessener Zeit nach der mündlichen Prüfung veröffentlichte, gedruckte Dissertation.

Zu den zwar fertig gestellten, aber nie veröffentlichten Dissertationen gehört zunächst der Alptraum (laut Duden auch: Albtraum) eines durch Feuer oder durch eine andere Katastrophe vernichteten Manuskriptes. Über ein solches Schicksal wird berichtet: »Nach einer schweren Verwundung in Rußland promovierte er 1944 bei Karl Alexander von Müller mit einer Biographie über den bayerischen Minister Karl von Abel. Das Schreibmaschinen-Manuskript dieser Arbeit ging schon kurz nach sei-

ner Fertigstellung im Bombenhagel des Luftkrieges zugrunde.«[7] Objekt eines amtlichen Diebstahls wurde während des Regimes von Ceaucescu die Dissertation der
rumänischen Familienrechtlerin Marie Eremia: »Aufgrund ihrer bürgerlichen Herkunft und ihrer katholischen Erziehung war die Tochter des rumänischen Juristen Jacques-Constantin Beligradeanu im sozialistischen
Rumänien wiederholten Repressalien ausgesetzt. Ihre
Dissertation wurde von einem damaligen Dekan der
Universität Bukarest gestohlen, weshalb sie eine zweite
Doktorarbeit – diesmal zum Thema ›Le régime Juridique
des unions des créateurs‹ – anfertigen musste.«[8]

Absonderlichkeiten gab es nicht nur unter der Herrschaft des rumänischen Diktators Ceaucescu, sondern
auch im SED-Regime der DDR. Gemeint ist damit hier
nicht der Vorwurf der Fragwürdigkeit der Verleihung
akademischer Grade und Titel in der DDR zwischen
1950 und 1990 generell[9], sondern das Thema »Wissenschaft als Dienstgeheimnis«[10] – konkret die staatlich an-
geordnete Geheimhaltung von Doktorarbeiten. Was bei
Dietrich Schwanitz Gegenstand eines Romans ist (»Endlich mal spannende Doktorarbeiten, dachte Daniel, und
ausgerechnet die halten sie geheim«[11]), war in der DDR
Realität. Von insgesamt 42.000 Doktorarbeiten, die in
der Zeit des SED-Regimes geschrieben worden sind,
waren 8500 nur für den Dienstgebrauch bestimmt.[12] Einer besonders strengen Geheimhaltung unterlagen die
Doktorarbeiten, die an der »Juristischen Hochschule
Potsdam« geschrieben wurden[13], d. h. an der »Hochschule
des Ministeriums für Staatssicherheit« (wie die interne
Bezeichnung lautete).[14] Grundsätzlich sollten die Doktorarbeiten in Kollektiven geschrieben werden, was bei

137 der insgesamt 174 Arbeiten geschah. Was die Größe der Kollektive betrifft[15], so wurden 87 Arbeiten von 3 oder mehr Doktoranden verfasst; je eine Arbeit wurde von 8, 9 und 10 (!) Doktoranden geschrieben.[16] Aus der kollektiven Bearbeitung erklärt sich die im Verhältnis zu den 174 Promotionsarbeiten weitaus größere Zahl der 409 an der Hochschule Promovierten. Die Geheimhaltung der an der »Juristischen Hochschule Potsdam« angefertigten Dissertationen war zuletzt in der »Ordnung JHS 2/86 über die Gewährleistung der Geheimhaltung, Sicherheit und Ordnung in der Arbeit mit Unterrichtsmaterialien der VS- und Dokumentenstellenarbeit an der Hochschule des MfS« vom November 1986 geregelt.[17]

4. Wege zur Veröffentlichung

a) Hängepartien

Weder mit staatlichen Anordnungen noch mit der Teilung und Wiedervereinigung Deutschlands hat das nicht seltene Stadium einer Dissertation zwischen Hoffnung und Bangen zu tun. Gemeint ist damit das Zwischenstadium, in dem sich die abgeschlossene, aber noch nicht veröffentlichte Doktorarbeit befindet. Der unveröffentlichte Zustand ergibt sich zwangsläufig, solange der Verfasser entweder noch auf der (zuweilen durchaus mühseligen) Suche nach einem Verlag ist oder der Verfasser zwar schon fündig geworden ist, aber die Herstellung des Buches beim Verlag noch nicht abgeschlossen wurde. Auch ist in der Regel eine gewisse Überarbeitung des Manuskriptes vor der Drucklegung erforderlich. »Nun bin ich«, so schrieb mir ein Doktorand, »an der Überarbeitung für den Verlag, die sich doch als aufwendig erweist; neben den von Ihnen angesprochenen Punkten werde ich das numerische Gliederungssystem gegen das üblichere ›Mischsystem‹ austauschen, die Tipp- und Stilmängel ausbügeln, die Rechtsprechungs- und Literaturnachweise aktualisieren und noch ein Schlagwortverzeichnis anfügen.« Eine Hängepartie kann aber ihren Grund auch darin haben, dass der Verfasser nach der mündlichen Doktorprüfung eine Stelle angetreten hat und nun aufgrund seiner beruflichen Anspannung nicht dazu kommt, die Auflagen oder Nachbesserungswünsche der Gutachter der Arbeit zu erfüllen.

b) Veröffentlichung in einer Verlagsreihe

Das Stadium des Noch-Nicht-Veröffentlichtseins der Dissertation liegt heute in der Hand des Doktoranden. Sobald die in den Gutachten der Betreuer enthaltenen Verbesserungsvorschläge berücksichtigt sind, hat der Verfasser der Arbeit freie Bahn, die allerdings nicht immer zu dem von ihm gewünschten Ziel führt. Das gewünschte Ziel ist naturgemäß die Publikation in einem renommierten Verlag. Aber renommierte Verlage zieren sich oft gegenüber Anfragen von Doktoranden wie eine umworbene Jungfrau. Nicht wenige der erstklassigen Verlage veröffentlichen Dissertationen nur ausnahmsweise und auch nur dann, wenn die betreffende Arbeit in einer der Schriftenreihen des Verlages einen passenden Aufnahmeplatz finden kann. Das Argument der Verlage ist, dass die Arbeiten der meist ja noch unbekannten Autoren der »Schubkraft« bereits eingeführter Reihen bedürfen, um überhaupt wahrgenommen zu werden; auch lassen sich, so die Begründung der Verlage, Werbe- und Vertriebskosten nur durch eine Bündelung in vertretbaren Grenzen halten. Wer seine Dissertation einem renommierten Verlag anbietet, muss sich also um Aufnahme seiner Arbeit in eine Schriftenreihe bemühen. Wohl dem Doktorand, dessen Doktorvater »ein Reiher« ist, d. h. jemand, der allein oder mit anderen zusammen eine Schriftenreihe herausgibt. Handelt es sich um eine gelungene, interessante Dissertation, so wird der Doktorvater in seiner Eigenschaft als Allein- oder Mitherausgeber der Schriftenreihe von sich aus an seinen Doktoranden herantreten und ihm die Aufnahme der Arbeit in die Reihe anbieten. Der »Reiher« wird allerdings fairerweise den »Fisch« nicht bedrängen, sondern er wird etwa schreiben: »… Was den Verlag betrifft, dem Sie Ihre Arbeit anbieten werden, sind Sie völlig frei. Natürlich würde ich mich freuen, wenn Ihre Arbeit in der von mir (mit-)herausgegebenen Reihe ,X‹ erscheinen würde, also im Verlag Y. Aber das alles ist auch eine Frage der Konditionen, die letztlich nur Sie allein für sich selbst entscheiden können.«

Ist der Doktorvater reihenlos, so muss der Doktorand sich auf die Suche nach einem Platz in einer Reihe begeben. Wendet er sich gleichzeitig an die Herausgeber mehrerer Reihen, so kann dies – wenn es bekannt wird – zu Verstimmungen führen.

Greift der Verfasser einer Dissertation nicht nach den (Verlags-)Sternen, sondern gibt er sich mit einem einfachen Veröffentlichungsplatz zufrieden, so hat er mehrere Möglichkeiten. Unter den Papierfassungen ist die billigste und schnellste Lösung der »Copy Shop«, der so genannte »Eigendruck«.

c) Elektronische Veröffentlichung online

Zunehmend verbreitet sich die Online-Publikation, welche die so genannte »elektronische Veröffentlichung« auf CD oder Mikrofiche längst abgelöst hat. Die Dissertation wird nur im Internet veröffentlicht. Voraussetzung dafür ist natürlich, dass die Promotionsordnung der betreffenden Fakultät dies als hinreichende Publikation zulässt. Die Online-Publikation ist schnell und kostengünstig. Sie erfordert keine fremde Hilfe und keine Suche nach der Finanzierung von Druckkostenzuschüssen. Wem es (auch) darauf ankommt, dass seine Dissertation am wissenschaftlichen Diskurs teilnimmt, wird sich allerdings genau ansehen müssen, welche Tradition seine jeweilige Disziplin beim Zitieren von Online-Publikationen aufgebaut hat oder auszubauen im Begriff ist. Während in vielen Naturwissenschaften die Online-Publikation inzwischen sogar Vorteile bietet, zumal bei englischsprachigen Arbeiten, ist sie bei geisteswissenschaftlichen Arbeiten immer noch eher unüblich. Die Gefahr, im »großen Rauschen«, in der Informationsüberfülle des WWW, verloren zu gehen, ohne nennenswerte Spuren zu hinterlassen, sollte man jedenfalls nicht unterschätzen. Elektronische Publikation ist in vielen Fächern eine Publikation bestenfalls zweiter Klasse (auch wenn die digital natives dies nicht wahr haben wollen und als altmodisch verachten – noch machen aber nicht sie die Spielregeln).

Zuraten kann man Doktoranden zu Lösungen wie Online-Publikation oder Eigenverlag außerhalb der Naturwissenschaften nur begrenzt, weil ein Buch, das nicht in einem Verlag erschienen ist, praktisch nicht existent ist. Und: Man promoviert in der Regel nur einmal im

Leben. Das Produkt – die Doktorarbeit – sollte deshalb nicht nur, was das Wichtigste ist, inhaltlich gut sein, sondern sollte auch schön aussehen – im Bücherregal und anderswo. Man möchte in die Hand nehmen und vorzeigen können, woran man so lange und hart gearbeitet hat, ohne erst einen Computer hochfahren zu müssen.

d) Dissertationsverlage

Während es früher nur verhältnismäßig wenige Dissertationsverlage gab, hat der harte Konkurrenzkampf im Verlagswesen dazu geführt, dass Verlage, die sich der »Veröffentlichung wissenschaftlicher Kleinauflagen« widmen, Verfasser von Doktorarbeiten umwerben. Köder, welche diese Verlage dem »Fisch« vor die Nase halten, sind: Reduzierung der Anzahl der abzugebenden Pflichtexemplare, wenn die Dissertation in einem Verlag veröffentlicht wird; kurze Herstellungszeit; Vergabe einer ISBN (Internationale-Standard-Buch-Nummer); Aufnahme und Anmeldung des Buches beim Neuerscheinungsdienst der Deutschen Bibliothek und beim Verzeichnis lieferbarer Bücher (VLB) der Buchhändler-Vereinigung; regulärer Vertrieb über den Buchhandel; Internet-Präsentation des Buches auf der Verlags-Website; Anmeldeformular für die Verwertungsgesellschaft Wort. Das ebenfalls in Aussicht gestellte Autorenhonorar wird allerdings – wegen der im Regelfall geringen Verkaufszahlen – meist nur graue Theorie bleiben.

e) Kumulative Promotion

Je nach Fachkultur und Anforderungen der einschlägigen Promotionsordnung kann man eventuell auch mit einer Reihe von Einzelveröffentlichungen den Doktorgrad erlangen, häufiger in den Natur- als in den Geisteswissenschaften. Die Einzelveröffentlichungen zusammen addieren sich dann zu einer so genannten kumulativen Promotion. Unproblematisch ist dies nicht. Denn die Summe der Einzelveröffentlichungen muss dem Gewicht einer Dissertation vergleichbar sein. Wie viele Veröffentlichungen müssen es sein? Zählen die Seitenzahlen, gegebenenfalls umgerechnet auf Normseiten der VG Wort à 1.500 Zeichen? Wo würde die Untergrenze für eine Dissertation liegen? Zählen Veröffentlichungen in peer reviewed journals mehr als Veröffentlichungen in »einfachen« Zeitschriften, z. B. doppelt? Wie steht es bei Mehrautorenschaft?[18]

Wenn der Doktorand eine wissenschaftliche Karriere anstrebt, kann eine kumulative Promotion für ihn Vorteile haben:[19] Seine Publikationsliste wird länger. Die Veröffentlichung in einer angesehenen Fachzeitschrift zeigt, dass man eine peer review oder ein vergleichbares Verfahren (Annahme seitens der Herausgeber) erfolgreich durchlaufen hat. Jede Veröffentlichung in einer angesehenen Fachzeitschrift erhöht die Rezeptionswahrscheinlichkeit für die publizierten Gedanken.

f) Publikationsbasierte Dissertation

Selten ist eine Art Mix aus Einzelveröffentlichungen und Dissertationsschrift, nämlich die so genannte publikationsbasierte Dissertation: In ihr kehren vorangegangene Einzelveröffentlichungen des Autors als Kapitel oder Kapitelgrundlagen wieder. Wenn man es ganz, ganz genau nehmen wollte, könnte hier ein Konflikt mit dem Vorveröffentlichungsverbot, wie es viele Promotionsordnungen kennen, in Rede stehen. Diesem zufolge soll die Dissertation eine eigenständige wissenschaftliche Leistung sein. Daraus könnte man bei extrem strenger Auslegung ein Verlangen nach eigenen, noch nicht vorher veröffentlichten Gedankengängen, die sich so nur in der Dissertation finden, ableiten. Bei Vorveröffentlichungen in peer reviewed journals kann sich zudem einiges an Spezialproblemen ergeben:[20] Erstens können die anonymen Gutachter erheblichen Einfluss genommen haben. Zweitens kann der Autor Rücksicht auf die Anforderungen der betreffenden Zeitschrift genommen haben, etwa was vermeinte Relevanz oder gewollte Ergebnisse angeht.

5. Finanzierung der Veröffentlichung

Verlage verlangen oft beachtliche Druckkostenvorschüsse. Sie wollen kein finanzielles Risiko tragen und die Druckkosten daher bereits beim eigeninteressierten Verfasser einspielen. Das kann, jedenfalls bei umfangreichen Doktorarbeiten, für deren Verfasser zu einem gravierenden, aus eigener Kraft oft schwer lösbaren Problem werden. Allerdings haben auch renommierte Verlage darauf reagiert und bieten heute, soweit sie sich überhaupt dazu entschließen, eine Dissertation in eine ihrer Reihen aufzunehmen, Konditionen, die mit jenen der reinen Dissertationsverlage mehr als nur konkurrieren können. Für

eine Arbeit von etwa 250 Seiten muss man ungefähr
3.000 € vom Autor an den Verlag zu zahlenden Druckkostenzuschuss einkalkulieren.

Wenn die Eltern oder Großeltern nicht einspringen,
wendet der Verfasser der Arbeit sich in der Regel zunächst hilfesuchend an seinen Doktorvater, den dann ein
Brief wie der folgende erreichten mag:

»Sehr geehrter Herr Professor,
… Wie Sie wissen, habe ich die Möglichkeit, meine Dissertation in der Schriftenreihe ›XY‹ des Z-Verlages unter-
zubringen. … Leider ist der (verlorene) Druckkostenzuschuss mit 23 DM pro Seite recht hoch. Beim derzeitigen
Umfang der Arbeit von 260 Seiten wäre dies eine Summe
von 5980 DM. Da ich derzeit als Referendar noch nicht
voll im Berufsleben stehe und außerdem dieses Jahr hei-
raten werde, kann ich selbst nur einen Betrag von höchstens 4000 DM aufbringen.

Aus diesem Grund bin ich für die Realisierung des
Vorhabens auf einen Druckkostenzuschuss von dritter
Seite angewiesen und möchte Sie in dieser Angelegenheit
um Hilfe bitten. Vielleicht wissen Sie jemanden, den ich
in dieser Frage einmal anschreiben könnte …«

Der Doktorvater, der sich einer solchen Bitte nicht ver-
schließt, geht dann (schriftlich) Klinken putzen. Sein
Bettelbrief an einen der möglichen Sponsoren lautet (hier
nicht im Fall des heiratenden Referendars, sondern einer
damals noch nicht verheirateten Referendarin):

»Sehr geehrter Herr Kollege A,
… erlaube ich mir, mich in folgender Angelegenheit an
Sie zu wenden.

Gemeinsam mit den Herren B und C bin ich Herausgeber einer neuen Schriftenreihe, die im D-Verlag erscheinen soll. Als erster Band soll eine Dissertation von Frau E zum Thema ›…‹ veröffentlicht werden. Der Verlag fordert einen (verlorenen) Druckkostenzuschuss in Höhe von rd. 7000 DM. Die Doktorandin ist bereit, einen Anteil in Höhe von 2500 DM zu entrichten. Es fehlen also noch 4500 DM.

Meine höfliche Frage an Sie lautet nun: Ist es möglich, dass die ›…‹ diesen Restbetrag deckt?

Ich hoffe, ich habe keine Fehlbitte getan, und bin mit freundlichen Grüßen
Ihr …«

Die Hoffnung war vergeblich; denn die Antwort auf die (Fehl-)Bitte war:

»Sehr geehrter Herr Kollege von Münch,
haben Sie besten Dank für Ihren Brief vom … Zur Beantwortung darf ich Ihnen folgendes mitteilen:

Der Förderungs- und Beihilfefonds der ›…‹ hat die Möglichkeit, Druckkostenzuschüsse zu vergeben. Darüber entscheidet ein von unabhängigen Kollegen besetzter Bewilligungsausschuss. Nach den Richtlinien für die Vergabe von Druckkostenzuschüssen, die sich im Wesentlichen an den Richtlinien der DFG orientieren, können Dissertationen nur gefördert werden, wenn sie mit dem Prädikat summa cum laude bewertet sind und wenn sie eine besondere wissenschaftliche Bedeutung haben. Sind die Voraussetzungen im vorliegenden Fall erfüllt, so müsste ein Antrag auf einen Druckkostenzuschuss an die DFG gerichtet werden. Die Abteilung Wissenschaft hält hierfür Formulare bereit, die zunächst angefordert werden sollten. Der Antrag ist vom Autor des Werkes und vom Verlag zu stellen.

Ich hoffe, diese Auskünfte helfen Ihnen weiter. Mit freundlichem Gruß«

Die Auskünfte halfen leider nicht weiter, weil die darin genannte Voraussetzung des »summa cum laude« nicht erfüllt war: Die Arbeit der Doktorandin war »nur« mit »magna cum laude« bewertet worden.

Die Gewährung eines Druckkostenzuschusses hängt aber oft nicht nur von der Note der Dissertation ab, sondern auch von ihrem Thema. So gewährt der »Verein der Richter des Bundesverfassungsgerichts« gelegentlich Druckkostenzuschüsse für Dissertationen auf dem Gebiet des Verfassungsprozessrechts.[21] Beim Auswärtigen Amt können Druckkostenzuschüsse für völkerrechtliche Dissertationen beantragt werden. Der Deutsche Akademische Austausch-Dienst (DAAD) fördert die Drucklegung von Dissertationen ausländischer Stipendiaten. Insgesamt gibt es – neben diesen wenigen genannten Beispielen – viele »Töpfe«, aus denen Druckkostenzuschüsse »gelöffelt« werden können; aber man muss die »Töpfe« kennen. Manchmal helfen spezielle Programme (z. B. für Autoren mit Migrationshintergrund) oder eine vorherige Förderung durch ein Promotionsstipendium der betreffenden Institution.

Von doppeltem, nämlich materiellem und immateriellem Nutzen für den Promovierten ist eine Dissertationsauszeichnung in Form eines Preises. Die Vergabe von Preisen für Dissertationen erfolgt in der Regel für ein bestimmtes Wissenschaftsgebiet oder für einen bestimmten Themenkreis. Als Stifter treten auf der Bund, Länder, Gemeinden, Hochschulen, Wirtschaftsunternehmen, Stiftungen, Wissenschaftliche Gesellschaften, Verbände, Vereine oder Einzelpersonen. Voraussetzung für die Preisverleihung ist in der Regel eine besondere Qualität der ausgezeichneten Dissertation. Im Einzelnen haben die Preise ein unterschiedliches wissenschaftliches Gewicht und sind unterschiedlich dotiert. Ein hohes Renommee besitzt z. B. der Heinz-Maier-Leibniz-Preis des Bundesministers für Bildung und Forschung. Nicht schlecht dotiert ist der »Scientific Award der BMW Group« für Dissertationen und Diplomarbeiten (1. Preis: 20.000 Euro) und der jährlich von der Alcatel SEL Stiftung verliehene Preis für Dissertationen von Wirtschaftswissenschaftlern zum Themenkreis »Kommunikations- und Informationstechnik« (je 5.000 Euro). Mit demselben Preisgeld dotiert ist auch der vom Verband der Historiker Deutschlands (VHD) gestiftete Hedwig-Hintze-Preis für herausragende Dissertationen[22], der allerdings im Jahre 2000 bemerkenswerterweise »mangels Angebots« nicht verliehen wurde.[23] Der Autor Mankowski ist noch heute stolz darauf, dass ihm die Hamburgische Wissenschaftliche Stiftung für seine Dissertation den Kurt-Hartwig-Siemers-Preis 1995 zuerkannt hat, den wichtigsten Wissenschaftspreis Hamburgs.

Während mit Preisgeldern in solcher Höhe die Drucklegung einer Dissertation in der Regel schon finanziert werden kann, sind Promotionspreise in Höhe von 1000 €, wie der Preis des Thüringer Arbeitskreises für Unternehmensrecht e.V. oder der Heinz-Heckhausen-Preis der Deutschen Gesellschaft für Psychologie, dafür nicht ausreichend; aber auch solche kleinen Preise sind wichtig, nämlich als Motivationsschub und für den Lebenslauf eines jungen Wissenschaftlers.

Selbst von solchen geringen Beträgen konnte die Nachkriegsdoktorandengeneration nur träumen. Dissertationen, die zwischen 1945 und Anfang der fünfziger Jahre entstanden, wurden in der Regel nicht gedruckt, sondern nur in einigen wenigen mit Schreibmaschine geschriebenen Exemplaren der Öffentlichkeit zugänglich gemacht; sie sind sozusagen ein wenig veröffentlicht. Dennoch haben einige dieser im Halbdunkel erschienenen Dissertationen eine beachtliche wissenschaftliche Wirkung erzielt. So wird z. B. von der im Jahre 1949 vorgelegten Münchener Dissertation des späteren bedeutenden Tübinger Verfassungsrechtlers Günter Dürig[24] anerkennend vermerkt, dass die in dieser Arbeit entwickelte Theorie des öffentlichen Interesses, »obwohl nie im Buchhandel erschienen und nur maschinengeschrieben in wenigen Exemplaren greifbar, bis in die Gegenwart hinein fortwirkt«.[25] Im Zusammenhang mit Dissertationen aus jenen Jahren ist auch die Tatsache interessant, dass Arbeiten in bestimmten Wissenschaftsgebieten der Zensur der alliierten Militärregierung unterlagen.

Was in den Nachkriegsjahren verständlich war, ist heute nicht mehr hinnehmbar. Nachdem die Verhältnisse sich normalisiert haben, schreiben die Promotionsordnungen nun zu Recht die Veröffentlichung der Dissertation vor. Erstaunlich war in diesem Zusammenhang das, was als »Bremer Verhältnisse« bezeichnet worden ist:[26] Herta Däubler-Gmelin, die spätere Bundesministerin der Justiz, erhielt im Jahre 1975 ihre Promotionsurkunde ausgehändigt, obwohl ihre Dissertation – anders als von der

Promotionsordnung der Universität Bremen verlangt – nicht veröffentlicht war. Die Bundestagsabgeordnete wurde 1982 von der Universität gemahnt, sich um die Veröffentlichung zu kümmern – ohne Erfolg. Bis die Zeitschrift FOCUS die Sache im November 2000 publik machte, existierte die Dissertation im Prüfungsamt nur in einem Exemplar. Weitere abgelieferte Kopien waren im Prüfungsamt nicht zu finden, weil – so die Auskunft von dessen Leiterin – »unser Archiv sehr schlampig geführt wurde«. Inzwischen ließ die Ministerin »in fieberhafter Eile« (FOCUS) ihre Doktorarbeit »Bildungsurlaub für Arbeitnehmer – ein Weg zur Verwirklichung des Grundrechts auf Bildung« auf ihre Website stellen – 25 Jahre nach Erhalt ihrer Promotionsurkunde.

Im Internet veröffentlichte und zum Teil nicht mehr auf Papier gedruckte Dissertationen (»elektronische Veröffentlichungen«) können seit 1. Oktober 1998 auf dem Dokumentserver der Deutschen Bibliothek in Frankfurt a. M. eingesehen werden.[27]

6. Das Vorwort

Ein Kapitel für sich sind Vorworte und Widmungen in Dissertationen. Soll der Doktorand überhaupt ein Vorwort schreiben oder eine Widmung vornehmen? Wem soll er danken, wem widmen? Die wenigsten Doktoranden werden den mitunter langen Weg zur Fertigstellung ihrer Dissertation ohne persönlichen Zuspruch aus der Familie oder dem Freundeskreis geschafft haben. Der sprichwörtliche Tritt in den Hintern oder sonstiger heilsamer Druck kann Wunder und insbesondere die schlussendliche Fertigstellung bewirkt haben. Andere Menschen können überaus wichtige, ja manchmal entscheidende Anstöße gegeben haben. Andere Menschen können die Mühen der Durchsicht und Fehlersuche, auf Tippfehler wie auf Konsistenz, auf sich genommen haben. Entwürfe waren zu sichten, kritisch durchzusehen und zu verbessern. Mittagsrunden oder abendliche Gespräche bei Wein, Bier oder Nichtalkoholischem bis spät in die Nacht können mehr zu der einzelnen Arbeit beigetragen haben, als Außenstehende es sich jemals werden vorstellen können. Hier sei dahingestellt, inwieweit dies alles mit Promotionsordnungen vereinbar ist, deren Papier zufolge der Doktorand seine Ideen allein gehabt haben soll. Unter den angegebenen Hilfsmitteln finden sich Ratschläge anderer aber nie. Cosi fan tutte, oder: Was die Fakultät nicht weiß, macht sie nicht heiß …

Die Dankesschulden des Promovenden können jedenfalls immens sein. Aber: Keiner, dem Dank geschuldet ist, soll sich hintan gesetzt fühlen. Es gilt, auf persönliche Befindlichkeiten und Empfindlichkeiten Rücksicht zu nehmen. Eine Mutter oder ein Ehepartner, dem nicht gedankt wird, kann dies auf immer übel nehmen und noch Jahre später darauf zurückkommen. Schon die Reihenfolge der Danksagungen kann Verärgerung und nachfolgend, rückschlagend großen Ärger auslösen. Einzelne Konstellationen können sehr knifflig sein: Soll man den Eltern vor der Freundin bzw. dem Freund danken? Einerseits werden sie gemeinhin die finanzielle Unterstützung geleistet haben. Die Freundin oder der Freund aber wird andererseits die persönlichen Unzuträglichkeiten, die eine Dissertation nahezu unweigerlich mit sich bringt, täglich erlebt haben und hat aushalten müssen, insbesondere wenn man bereits zusammen lebte. Die Freundin oder der Freund hat sich in zeitlicher Hinsicht zurücknehmen und auf manches verzichten müssen, was sie gern gehabt hätte. Was ist höher zu gewichten: stetiger allgemeiner persönlicher Zuspruch oder fachliche Anregungen von Zeit zu Zeit? Was macht man, wenn der seinerzeitige Partner gar nicht mehr der heutige ist? Fragen über Fragen ...

Es gilt auch, auf akademische Gepflogenheiten Rücksicht zu nehmen. Dem Betreuer und dem Zeitvotanten ist jedenfalls zu danken. Fehlt ein solcher Dank, so werden sich bösartige Dritte ihre Gedanken machen und auf ein zerrüttetes Verhältnis schließen. Ein Vorwort mit sozusagen »offiziellen« Danksagungen ganz weg zu lassen, ist übrigens auch keine Lösung. Denn das fehlende Vorwort trägt gleiche Schlüsse und lässt den Betreuer (und dessen Eitelkeit) ebenso unbefriedigt wie der fehlende Dank. Vorsätzlich nur dem Zweitvotanten zu danken, nicht aber dem Betreuer ist ein sehr subtiler Weg, Zerrüttung zwischen den Zeilen kund zu tun. Oft fällt der Dank an den Betreuer nur pflichtschuldig aus. Besser ist es – auch wenn es ein wenig notgelogen ist – dem Betreuer für dessen hervorragende Betreuung zu danken. Betreuer haben, wenn man Vorworten Glauben schenken darf, immer Zeit und ein offenes Ort gehabt, Freiheit gelassen, Anregungen gegeben usw. Zweitvotanten haben nahezu durchgängig schnell votiert und überaus wertvolle Anstöße gegeben. Letzteres kann eine Chiffre dafür sein, dass der Zweitvotant die ihm durchaus obliegende Aufgabe, Kritik zu üben, sehr ernst genommen und zum Ärger oder zur Bestürzung des Doktoranden wirklich gewagt hat, Nachträge und Überarbeitungen verlangt hat.

Das Zeitalter der unterwürfigen Widmungen ist glücklicherweise vorbei.[28] Ebenso gehört die pathetische Widmung der Vergangenheit an.[29]

Für die Reihenfolge gibt es eine Faustformel: Erst die offiziellen Danksagungen, dabei Erst- vor Zweitvotant, dann die persönlichen. Gibt es »inoffizielle« Doktorväter, insbesondere weil der Doktorand Wissenschaftlicher Mitarbeiter bei einem anderen Professor als seinem Betreuer war, gehört der Dank an den »Chef« hinter den Dank an den Zweitgutachter und vor die persönlichen Danksagungen.

7. Die Widmung der Dissertation

Widmungen sind etwas ganz Heikles. Der Verzicht auf jegliche Widmung kann unter Eingeweihten und Betroffenen wieder persönliche Verärgerung auslösen. »Meinen Eltern« ist im Zweifel unverfänglich. Die Widmung an den Doktorvater ist im Normalfall übertrieben (und berührt den Doktorvater eher peinlich), es sei denn, es gibt ein ganz persönliches Verhältnis zum Doktorvater. »Meiner Frau« oder die etwas verklausulierte, aber angeberische lateinische Fassung »uxori meae« ist natürlich erlaubt[30] – nur sollte man bedenken, dass nach etwaiger Scheidung und Wiederverheiratung frevelhafte Hände »Welcher?« hinzusetzen könnten.[31] Außerdem werden vielleicht unangenehme Erinnerungen wieder wach, wenn der Doktorand sein Werk später noch einmal in die Hand nimmt. Widmungen nur mit Vornamen oder gar nur mit Initialen kommen häufig vor, stehen aber wieder vor dem Problem, wie sie berühren, wenn die persönliche Verbundenheit sich in der Zukunft verflüchtigt haben sollte. Widmungen an »H. B., U. S. und P. C.« haben etwas Kryptologisches.[32] Vielleicht ist es besser, jedem der drei ein Exemplar mit handschriftlicher Widmung persönlichen Charakters zu schenken.[33] Wird Personen gedankt, ohne deren Unterstützung die Anfertigung der Arbeit nicht möglich gewesen wäre, drängt sich eigentlich auf, ob diese Personen nicht Miturheber oder sonstige unzulässige Hilfsmittel sein könnten.[34] Der Normalleser fragt sich manchmal auch, was ihn die persönliche Verbundenheit des Autors eigentlich angehen.[35] Aber erstens ist er nicht primärer Adressat der Widmung, und zweitens zwingt ihn ja niemand, Widmung oder Vorwort zu lesen. Auf ungewöhnliche Widmungen wie »To the happy few« oder Danksagungen für die gelungene Rigorosumsfeier oder Vorfreude »auf weitere rasante Fahrten im Bollerwagen sowie innige Küsse mit der Gänseliesel«[36] sollten Doktoranden aber schon im wohlverstandenen Eigeninteresse verzichten. Sie wirken entweder prätentiös oder arrogant, oder sie streifen die Grenze zur Lächerlichkeit. Keines der drei ist einer Doktorarbeit angemessen.

8. Die Widmung von Dedikationsexemplaren

Die Widmung der Dissertation insgesamt ist heikel, weil sie mit persönlichen Beziehungen zu tun hat. Kaum weniger trickreich und fallengespickt ist die Widmung von Dedikationsexemplaren, die ehrgeizige Doktoranden verschicken. Im Prinzip sind Dedikationsexemplare keine schlechte Idee. Denn so kann man die Chance wesentlich erhöhen, zitiert zu werden und sich Multiplikatoren zunutze zu machen. Multiplikatoren sind primär jene Wissenschaftler, die durch eigene Schriften und Beiträge ein besonderes Interesse an dem Gebiet haben erkennen lassen, das in der Dissertation behandelt wird. Mit einem Geschenk erzeugt man Dankbarkeitsgefühle und unterschwellig einen gewissen Druck zur Revanche in Gestalt von Zitaten. Außerdem schmeichelt man der wissenschaftlichen Eitelkeit des Beschenkten. Eine schlechte Widmung im Dedikationsexemplar oder im Anschreiben aber kann den guten Eindruck schneller zerstören, als dem Schenker lieb sein kann. Zu geschäftsmäßig und zu sehr nach Reihenbrief darf es nicht aussehen. Etwas gar als Gegengabe einzufordern ist überhaupt nicht zu empfehlen. Wer handschriftlich »Für viele empfangene Anregungen« dankt oder bescheiden im Anschreiben hofft, dass die kleine Schrift auf das Interesse des Adressaten stoßen möge, macht aber nichts falsch. Handschriftliche Dedikationen erhöhen übrigens die Hemmschwelle für den Adressaten, das erhaltene Exemplar gleich an seine Fakultätsbibliothek oder an ein Antiquariat weiter zu »dedizieren«.[37]

XIII. Summa cum fraude: Plagiate

> »Ich bin gerne bereit zu prüfen, ob bei
> über 1200 Fußnoten und 475 Seiten ver-
> einzelt Fußnoten nicht oder nicht korrekt
> gesetzt worden sein sollten, und würde
> dies bei einer Neuauflage berücksichti-
> gen.«
>
> Karl-Theodor Freiherr
> v. und zu Guttenberg

1. Die prominenten Plagiatsfälle der 2010er

Plagiate[1] sind in den 2010ern ein großes Thema bei Doktorarbeiten geworden und haben eine »Dissertationspla-
giatserregungswelle« durchs Land gehen lassen.[2] Sie ent-
zündeten sich im Frühjahr 2011 an der Doktorarbeit des
seinerzeitigen Bundesministers der Verteidigung, Karl-
Theodor Freiherr v. und zu Guttenberg. Diese trug den
Titel »Verfassung und Verfassungsvertrag«[3] und war von
der Juristischen Fakultät der Universität Bayreuth unter
der Betreuung eines renommierten Öffentlichrechtlers
mit »summa cum laude« bewertet worden. Der Doktorvater hatte an v. Guttenberg gar solchen Gefallen gefunden, dass er ihm als Empfänger einen eigenen Band ver-
öffentlichter »pädagogischer Briefe« widmete.[4] Nach einem anstoßenden Bericht in der Süddeutschen Zeitung[5]
(der wiederum auf der Vorabversion einer Fachrezension
durch einen Bremer Rechtswissenschaftler beruhte, de-

ren Endfassung Monate später erschien[6] und dann kaum mehr Beachtung fand) machten sich vor allem selbsternannte Plagiatsjäger im Internet auf die Suche nach ohne korrektes Zitat abgeschriebenen Stellen in v. Guttenbergs Doktorarbeit und wurden leider in reichem Maße fündig. Der Doktorand hatte sich insbesondere in nicht-juristischen Zeitungs- und Zeitschriftenartikeln bis in die Formulierungen hinein sehr großzügig bedient, ohne dies auszuweisen. Die Zahl der unkorrekten Zitate war so groß, dass die Juristische Fakultät der Universität Bayreuth v. Guttenberg den Doktortitel aberkannte.[7]

Guttenplag.de wurde zum Vorbild für eine ganze Reihe nachfolgender Blogs, die sich der Jagd auf fehlende Zitatausweise in den Dissertationen von Politikern verschrieben. VroniPlag Wiki war das nächste Blog in der Reihe. Namensgebendes Untersuchungsopfer war Veronica Saß,[8] deren eigentlicher »Fehler« war, die Tochter des langjährigen bayerischen Ministerpräsidenten Edmund Stoiber zu sein. Die Liste der Untersuchungsopfer umfasst außerdem die FDP-Europaabgeordnete Silvana Koch-Mehrin[9] und Jorgos Chatzimarakakis[10] sowie die FDP-Politikerin Margarita Mathiopoulos.[11] Florian Graf, Vorsitzender der CDU-Fraktion im Berliner Abgeordnetenhaus, musste zugeben, im Theorieteil seiner Dissertation fremdes Gedankengut übernommen zu haben, und stellte selber einen Antrag auf Entziehung des Doktortitels.[12] Der FDP-Bundestagsabgeordnete Bijan Djir-Sarai verlor ebenfalls seinen Doktortitel.[13] Auch der niedersächsische Bildungsminister Bernd Althusmann (CDU) geriet – allerdings durch Recherche eines Printmediums – ins Visier[14] (wobei man sich sehr ernsthafte Gedanken über den richtigen Gebrauch von »vgl.«[15] und so genannten Verschleierungszitaten machen musste[16]), kam aber letztlich mit einem blauen Auge davon, weil ihm nur Unsauberkeit, kein Betrug nachgewiesen werden konnte.[17] Seinem sächsischen Amtskollegen Roland Wöller (ebenfalls CDU) war es bereits 2008 ähnlich ergangen.[18] Guttenberg wurde als die bloße Spitze des Eisbergs apostrophiert und rüttelte an den Grundfesten der Universität als Hort der Wahrheitssuche.[19]

Nach Guttenberg prominentester Fall war die Bundesministerin für Bildung und Wissenschaft Annette Schavan. Ihr erkannte die Philosophische Fakultät der Universität Düsseldorf den in Erziehungswissenschaften erworbenen Doktorgrad nach mehr als dreißig Jahren am 5. 2. 2013 ab.[20] Dies beendete nicht nur Frau Schavans politische Karriere (das »volle Vertrauen« ihrer »Freundin«, Bundeskanzlerin Angela Merkel, half ihr dabei wenig), sondern zugleich jedwede berufliche Karriere, denn Frau Schavan hatte seinerzeit die Promotion als so genannte grundständige Promotion zum Studienabschluss gewählt. Die Frage nach einer Verjährung drängt sich ebenso auf wie im Fall Mathiopoulos, der immerhin ein Vierteljahrhundert zurücklag,[21] oder im Fall des Bundestagspräsidenten Lammert, dessen Doktorarbeit aus den 1970ern stammt und 2013 angegriffen wurde.[22] Totschlag verjährt – Plagiat nie?[23]

2. Politische Dimensionen

Analysiert man die bekannt gewordenen Plagiatsfälle,[24] so lassen sich mehrere Feststellungen treffen: Sie betrafen nahezu ausschließlich[25] Politiker aus dem schwarzgelben politischen Lager.[26] Sozialdemokraten, Grüne und Linke scheinen weniger zu promovieren[27] oder, wenn doch, sauberer zu zitieren. Wahrscheinlicher sind aber persönliche Sympathien der Plagiatsjäger für das linke Lager.[28] Hinter mindestens einem Blog, nämlich VroniPlag Wiki, stand als Initiator (»Blogwart«[29]) zudem ein ursprünglich SPD-naher Journalist und heutiger hauptberuflicher »Plagiatsjäger« aus Nürnberg.[30] Im Übrigen war bemerkenswert, mit welchem Eifer und mit welcher Inbrunst Nicht-Promovierte nach allen Regeln der technischen Kunst fehlende Ausweise von Zitaten in Doktorarbeiten suchten.[31] Angeführt wurde die Riege der Jäger neben »Goalgetter« und »Dr. Klicken«[32] allerdings von einer selbst promovierten Fachhochschulprofessorin aus Berlin.[33] Fachhochschulen haben bis heute im Gegensatz zu Universitäten in aller Regel kein Recht zur Promotion (mögen sie sich auch hundertmal »*Universities* of Applied Sciences« nennen).

Die wichtigsten Fälle öffentlicher aufgedeckter und skandalisierter Plagiate betrafen – zumindest in Ansätzen – prominente Politiker.[34] Ein Blog PolitPlag, in dem man gegen Bezahlung Plagiatsjagd in Doktorarbeiten spezifisch von Politikern betreiben lassen kann,[35] sagt dies schon im Namen.[36] Selbst Wirtschaftsführer blieben dagegen von Verfolgung im Internet verschont, obwohl eine Zeitlang entsprechende Listen kursierten.[37] »Normale« Doktoranden ohne Prominenz müssen kaum befürchten, dass man ihre Doktorarbeiten Jahre später auf unsaubere Zitate untersucht. Allerdings hat VroniPlag Wiki seine Arbeit ausgedehnt. Politiker, die entweder in ihrer Zeit als aufstrebende Jungstars oder später neben Amt und Familie gleichsam »nebenbei« promovieren, sind ebenso dankbare wie schnelle und Aufmerksamkeit erlangende Opfer.[38] In dieser Kohorte ist die Treffer-wahrscheinlichkeit für wissenschaftliches Fehlverhalten besonders hoch, weil Zitatflicken allenfalls gut vernäht sind[39] und weil es den solcherart promovierenden Politi-kern definitiv nicht um Wissenschaft, sondern nur um möglichst schnelles Erlangen des Doktortitels geht.

3. Rückwirkende Verschärfung von Maßstäben

Die Maßstäbe für sauberes Zitieren wurden gleichsam rückwirkend immer weiter verschärft.[40] Am deutlichsten zeigte dies der Fall Schavan, der man der Sache nach ab-verlangte, statt philosophischer und erziehungswissen-schaftlicher Maßstäbe vom Ende der 1970er naturwis-senschaftliche Maßstäbe vom Beginn der 2010er beachtet haben zu müssen.[41] Die bloße Fußnote reichte als Beleg plötzlich nicht mehr aus. Anführungszeichen mussten es sein. Die »Gänsefüßchen-Manie« wurde als Standard etabliert.[42] Ebenso wenig soll der Nachweis einer Zweit-quelle ausreichen, wenn diese die von ihr selber zitierten Erstquellen aufbereitet hat[43] – anstatt die richtige, näm-lich chronologische Reihenfolge der Zitate in einer Fuß-note für sich selber sprechen zu lassen. Noch eine weitere Steigerung ergab sich im Fall Lammert: Dort lautet der Vorwurf auf »blinde« Übernahme aus Sekundärquellen, ohne die zitierten Primärquellen wirklich gelesen zu ha-ben.[44] Von einem eigentlichen Plagiat entfernt man sich mit diesem Vorwurf ein gehöriges (und entscheidendes) Stück.[45] Zudem ist die jeweils zu beachtende Zitierkul-tur von der Entstehungszeit, den Gepflogenheiten der

jeweiligen Wissenschaft und dem Ort der Promotion ab-
hängig.[46]

Untersucht wurden von den Plagiatsjägern bei den bekannt gewordenen Affären nur geisteswissenschaftliche,
vorzugsweise juristische und wirtschaftsgeschichtliche
Arbeiten, aber keine naturwissenschaftlichen. Dabei fan-
den die unterschiedlichen Strukturen der einzelnen Disziplinen nicht die hinreichende Beachtung. In der
Rechtswissenschaft wie in der Philosophie bauen Arbeiten immer auf den Schultern vorangegangener Arbeiten
auf. Referate und Bezüge sind in ihnen vollkommen normal. Der ab ovo neu schaffende Geniestreich kommt in
ihnen kaum vor.[47] Man mag sich darüber streiten, ob die
Rechtswissenschaft und das Jurastudium generell eine
Kultur begünstigen, in der abgeschrieben wird[48] oder
nicht[49] (und solchen Streit hat es post Guttenberg auch
gegeben[50]). Naturwissenschaftliche Arbeiten bestehen
dagegen häufig in ihrem Kern aus mathematischen Formeln oder Auswertungen von Experimenten. Bei diesen
werden Zitate kaum vorkommen.

4. Qualitative Feststellung von Plagiaten: ein schwieriges Geschäft

Zitierregeln sind ein schwieriges Gebiet. Denn es gibt
keine einheitlichen Zitierregeln. Diese variieren nicht
nur von Fach zu Fach, sondern teilweise innerhalb eines
Fachs von Fakultät zu Fakultät. Als Faustregel muss gelten: Es sind diejenigen Zitierregeln einzuhalten, die an
derjenigen Fakultät gelten, bei welcher die Dissertation
eingereicht wird. Damit ist man aus Teufels Küche aber

nicht zuverlässig heraus. Stichworte wie Bauernopfer,[51] Sammelzitat,[52] der Streit »vgl.«[53] oder »siehe«, Anführungszeichen (Gänsefüßchen)[54] mögen hier genügen. Wann ist eine Übernahme eine Übernahme? Braucht es Täuschungsvorsatz?[55] Steht es einem Plagiatsvorwurf entgegen, wenn nach Abzug der abgeschriebenen Stellen noch genügend Substanz übrig bleibt, um eine selbständige wissenschaftliche Arbeit zu bejahen?[56] Grundsätzlich ist festzustellen: Plagiate sind Täuschungen, zu beurteilen ist die konkret eingereichte Arbeit, und es kommt in keiner Weise darauf an, ob der Plagiator mit einer anderen Arbeit den Doktortitel hätte erlangen können.[57]

Plagiate sicher und zuverlässig festzustellen, ist generell ein schwieriges Geschäft,[58] ganz abgesehen von Verfahrensfragen, wer wie zu beteiligen ist, wie viele und welche Gutachter auszuwählen sind,[59] wie die Pressearbeit der untersuchenden Fakultät erfolgen darf, in welchem Umfang Ombudsgremien[60] die richtige Lösung sein könnten[61] und welche Fristen gerade mit Blick auf die Rechte Betroffener, denen möglicherweise zu Unrecht ein Plagiat vorgeworfen wird, sinnvoll sind.[62] Deutschlands bekanntestes Buch über Plagiate in der Wissenschaft[63] etwa wird voraussichtlich nie eine zweite Auflage erreichen. Denn zwei einstweilige Verfügungen, erwirkt von angeblichen Plagiatoren, sind gegen die Erstauflage ergangen[64] (und haben mittelbar über die so genannte Störerhaftung verhindert, dass diese Erstauflage von wichtigen Großhändlern weiter vertrieben wurde[65]). Sie wurden zum einen gegen den Verlag erwirkt von einem Fakultätskollegen des Buchautors, zum anderen gegen den Buchautor persönlich[66] durch einen Richter zuerst am Bundesgerichtshof und heute am Bundes-verfassungsgericht.[67] Besonders pikant: Im zweiten Fall war die angeblich Plagiierte die zweite Ehefrau des Buchautors, ohne dass der Buchautor dies auch nur ange-deutet hätte. Im ersten Fall fühlte sich der Buchautor um das Erstrecht an einem Gedanken durch fehlendes Zitat betrogen.

Für die Bewertung, ob ein Plagiat vorliegt, besteht kein prüfungsspezifischer Spielraum; diese Beurteilung kann durch jeden sachverständigen Dritten erfolgen.[68] Ob ein Plagiat einen gewissen quantitativen Rahmen an Textübernahmen überschreiten muss und inwieweit es auch um inhaltliche Qualität geht, ist juristisch noch eine weitgehend offene Frage.[69] Insbesondere sollte man nicht schematisch Zeichen oder Seiten zählen, wie Plagiatser-kennungssoftware es gerne tut und wie es auch in den Blogs der Plagiatsjäger üblich ist. Vielmehr besteht eine gewisse »Relativität« des Plagiats.[70] Subjektive Momente, also einen eigenen Plagiatswillen, sollte man nicht ver-langen, sondern strenge objektive Anforderungen stellen, um so jeder Ausrede, etwas sei eben »durchgerutscht«, von vornherein die Tür zu verschließen.[71]

Juristen sind erfinderisch und weichen gern auf For-maltatbestände aus. Deshalb hat der Deutsche Juris-ten-Fakultätentag vorgeschlagen, Doktoranden bei der Einreichung der Dissertation eine eidesstattliche Versi-cherung abzuverlangen, dass sie die Regeln guten wis-senschaftlichen Arbeitens eingehalten haben.[72] In der Sa-che führt dies indes im Vergleich mit den vielerorts be-reits üblichen eidesstattlichen Versicherungen, die Arbeit selber angefertigt und keine anderen als die angegebenen Hilfsmittel benutzt zu haben, nicht wesentlich weiter.

Die Regeln guten wissenschaftlichen Arbeitens sind ein kaum hinreichend bestimmter Bezugspunkt, so sehr man sich in den letzten Jahren auch um Konkretisierungen bemüht hat.[73]

5. Verantwortung von Betreuern

Dass sowohl der Erst- als auch der Zweitgutachter das Plagiat nicht bereits bei Annahme und Bewertung der Dissertation entdeckt haben, begründet keinen Vertrauensschutz zu Gunsten des Plagiators.[74] Betreuern abzuverlangen, dass sie die gesamte jemals zum Thema der Doktorarbeit erschienene Literatur bis in die einzelnen Formulierungen hinein kennen und selbst Zeitungsartikel noch kennen müssten, zeigt viel Vertrauen in die Fähigkeiten von Hochschullehrern. Trotzdem übersteigen solche Ansinnen leider gemeinhin die menschlichen Fähigkeiten. Systematisch sämtliche in Betracht kommenden Originale neben die zu kontrollierende Arbeit zu legen, erforderte einen von keinem Betreuer verantwortlich zu erbringenden Zeitaufwand.[75] Aufgrund seiner Erfahrung und seiner Kenntnisse wird ein betreuender Professor aber in aller Regel merken, wann und wo schlicht abgeschrieben wurde. »Alte Bekannte« kann man wieder entdecken, je bekannter diese sind und je mehr diese eine Art Standard bilden. Indes sinkt die Wiederentdeckungswahrscheinlichkeit umgekehrt proportional zum Anwachsen der Literatur.[76]

Auf der anderen Seite müssen Fakultäten ihre Prüfpflichten sehr ernst nehmen.[77] Es wäre natürlich wissenschaftliches Fehlverhalten, vorsätzlich wegzusehen.[78] Der typische Abschreiber verrät sich schon durch Struktur und Muster der von ihm gesetzten Fußnoten. oder durch Stilbrüche. Wenn (nur) einzelne Sätze besonders gut formuliert sind, ist Vorsicht geboten. Stilbrüche sind ebenfalls ein recht zuverlässiger Hinweis darauf, dass nun die zugrunde liegende Quelle gewechselt wurde.[79]

Der Betreuer kämpft mit dem Zwiespalt, in der Hauptsache wissenschaftlicher Coach sein zu sollen und daneben auf Plagiate achten zu müssen.[80] Der Betreuer »ist Mentor, kein Zitatpolizist«.[81] Anderenfalls drohte auch, dass schlechtere Doktoranden ihre Arbeit halbfertig vorlegen und dem Betreuer gleichsam zur Komplettierung überlassen.[82] Betreuern das Promotionsrecht abzuerkennen, wenn sie ihre Pflichten angeblich vernachlässigen,[83] ist eine Überreaktion und steht als Überlegung partout aus dem Kreis der Hochschulrektoren im Raum, die natürlich ihre Position inneruniversitär ausdehnen wollen und die an professoraler Unabhängigkeit eher nicht interessiert sind, wohl aber an Kontrolle. Dass Vorverurteilungen in Medien oder WWW keine Rolle spielen sollen,[84] ist ein hehres Postulat, dürfte sich aber bei kaum einem Rektor oder Präsidenten unter politischem oder medialem Druck in seinem realen Handeln wieder finden. Aber zurück zum Thema: Dissertationen brauchen Vertrauen,[85] und Betreuer können nur Kontrolle leisten, während die alleinige Verantwortlichkeit für den Text beim Doktoranden liegt.[86] Beaufsichtigung und damit einhergehende teilweise Entmündigung würden dem Prinzip, dass Doktoranden ihre Dissertation eigenverantwortlich erstellen und zu erstellen haben, diametral zuwiderlaufen.[87] Betreuer dürfen sich von einem »Grundsatz des pädagogischen Optimismus«[88] leiten lassen. Promovenden a priori unter Generalverdacht zu stellen, ist unzulässig, zumal weil gegenwärtig noch gar nicht die Möglichkeiten bestehen, zumindest mit vertretbarem Aufwand Plagiate durch technische Hilfsmittel zuverlässig festzustellen.[89] Außerdem ist es eine eigene Kunst, ein gutes Plagiat zu schreiben und so weit wie möglich gegen Entdeckung abzusichern.[90]

6. Einsatz von Plagiatssoftware und andere Gelegenheiten der Aufdeckung

Konsequenz aus den Affären ist, dass die meisten Fakultäten heute die Einreichung der Dissertation auch auf einem elektronischen und damit elektronisch überprüfbaren Speichermedium verlangen (CDs reichen gemeinhin aus) und dass die meisten Betreuer heute Entwürfe von Doktorarbeiten durch eine so genannte Plagiatssoftware laufen lassen. Marktführer[91] bei Plagiatssoftware ist Turnitin. Je nach Disziplin zeigt Turnitin aber auch Zitate an, wo diese ordentlich ausgewiesen sind, und macht dann eine aufwändige händische Recherche im Einzelfall notwendig. Die Software ist nicht zuverlässig, sondern streift die Grenze zur Unbrauchbarkeit[92] und hat eine erhebliche Fehlerquote.[93] Z.B. werden teilweise korrekt als solche ausgewiesene Zitate als Plagiat gemeldet,[94] oder Literaturangaben werden als Plagiate bewertet.[95] Die meisten Softwares liefern zu viele Daten, und nur ein Bruchteil der gelieferten Daten ist wirklich relevant.[96] Ein kaum zu überwindendes Problem für jede Plagiatssoftware ist, dass ältere Schriften, damit auch Vergleichsschriften und möglicherweise plagiierte

Schriften nicht digitalisiert vorliegen.[97] Ebenso finden
sich kaum digitalisierte Doktor- oder Magisterarbeiten
und damit die häufigsten Vorlagen im Netz.[98] Zudem
hat kein Programm alle wissenschaftlichen Artikel in
Onlinedatenbanken.[99] Viele Datenbanken enthalten vorrangig oder gar ausschließlich nur englischsprachige
Schriften, erlauben also keinen Abgleich mit Schriften in
anderen Sprachen.[100] Teilweise werden kostenpflichtige
Datenbanken nicht ausgewertet.[101] Fehlende Auswer-
tung von Google Books vermindert die Qualität ebenfalls.[102] Viele Treffer werden zudem unter einer nicht
mehr auffindbaren URL gemeldet.[103] Heutige Plagiatssoftware kann auch noch nicht erkennen, ob ein Text
nicht einfach aus einer Fremdsprache übersetzt wurde.[104]
Mosaikplagiate, d.h. Collagen aus mehreren Quellen,
werden ebenfalls nicht entdeckt.[105] Auch einfache Um-
formulierungen bringen die elektronischen Jäger aus
dem Takt und vom Ziel ab. Angeblich soll schon das Ersetzen jedes vierten Wortes durch ein Synonym heutige
Suchsoftware aushebeln können.[106] So genannte Synony-
mizer sind als elektronische Plagiatsverschleierungs-
werkzeuge im Einsatz.[107] Das fröhliche Wettrüsten zwischen Abschreibern und Suchsoftware hat also schon
lange begonnen.[108] Vermutlich ist Google mit den Möglichkeiten, die sich über Google Books eröffnen, sogar
erfolgreicher als spezialisierte Plagiatssoftware.[109] Selbst
dann bleibt aber noch der wichtige Schritt der Bewertung, ob der entscheidende Schritt von einer Kopie zu
einem Plagiat erfolgt ist.[110]

Manchmal tragen Plagiatoren in ihrer Eitelkeit auch
aus eigenen Stücken das Ihre dazu bei, dass ihre Plagiate
entdeckt werden: Ein Dedikationsexemplar des Plagiats

an den Plagiierten zu schicken etwa empfiehlt sich nicht. Extrem unklug war es auch, aus einer plagiierenden Arbeit noch einen spin off-Aufsatz zu extrahieren und diesen an eine Fachzeitschrift zu schicken, bei welcher der plagiierte Autor Redakteur war.

XIV. Die erste gern verschwiegene Grauzone: Ghostwriter

>»Hast Du Schreibblockade? – Wir haben Schreiber für Dich.«
>
> http://bs-delivery.com

Plagiate sind nicht der einzige Weg, um sich einen Doktortitel zu erschleichen. Ein anderer ist, die Dissertation nicht selber zu erstellen, sondern sie sich schreiben zu lassen. Entsprechende Angebote gibt es in einer Marktwirtschaft natürlich, ganz offen und ohne falsche oder auch nur vorgetäuschte Scham, sondern mit großem Selbstbewusstsein insbesondere im WWW abrufbar.[1] Dabei versuchen einzelne Anbieter sich z. B. mit »Wir sind die Guten« abzugrenzen von den angeblichen schwarzen Schafen der Profession.[2] Die Ghostwriter sitzen typischerweise in Deutschland und haben akademische Abschlüsse. Anders als bei Ghostwriting für den US-Markt handelt es sich wegen der Sprachbarriere nicht um Promovierte etwa aus Nigeria oder Indien.[3] Auf Strategien von Betreuern, sich Zwischenstadien der Arbeit vorlegen zu lassen, haben Anbieter reagiert, indem sie auch Arbeiten in Zwischenstadien anbieten.[4]

Sich eine Dissertation schreiben zu lassen, kostet erkleckliche, fünfstellige Summen. Dem Vernehmen nach sollen professionelle Ghostwriter bis zu 20.000 € für eine Dissertation verlangen.[5] Hinzu kommen Honorare und

Provisionen für vermittelnde Promotionsagenturen. Genannt werden auch Seitenpreise von 60 bis 100 € sowohl für den Ghostwriter als auch für die Agentur.[6] Aber wer unbedingt – und ganz wörtlich um nahezu jeden Preis – einen Doktortitel haben will, wird sich solche Summen wert sein. Häufig wird er den Titel als Investition ansehen, um so in (noch) höhere berufliche Positionen aufsteigen zu können. Die Investition kann sich dadurch amortisieren, ganz abgesehen von dem gesellschaftlichen Ansehen, das ein Doktortitel immer noch mit sich bringt. Zudem haben Titelkäufer dieser Art nicht selten bereits eine Position erreicht oder ein so großes Familienvermögen hinter sich, dass es ihnen ohne weiteres möglich ist, solche Investitionen gleichsam »aus der Portokasse« zu tätigen, ohne dass sie ihnen finanziell weh tun würden.

Ghostwriting ist wissenschaftlicher Betrug ersten Ranges.[7] Das Zusammenwirken des angeblichen Autors mit einem Dritten, der Texte oder Textteile zu einer Qualifikationsarbeit beisteuert (welche der angebliche Autor nach außen mit dem Einverständnis des Ghostwriters als seine eigene gedankliche Arbeit ausgibt) wird zu Recht als schwerwiegender Verstoß gegen die Regeln guter wissenschaftlicher Praxis gebrandmarkt.[8] Für die Wissenschaft geht es um ihre Redlichkeit und um ihr Gesicht, nicht darum, etwaige Urheberrechte der Ghostwriter zu schützen.[9]

Aber der Ghostwriter ist ebenso erpressbar wie derjenige, der sich ein Arbeit schreiben lässt: Der Ghostwriter verliert sein »Geschäft«, wenn bekannt wird, womit er seinen Lebensunterhalt verdient. Ein Ghostwriter, der aufbegehrt, wird sich in den Adressverzeichnissen der Vermittler nicht mehr wieder finden. Die Gesamtlage ähnelt jener bei Bestechungsdelikten: Alle Seiten sind aufeinander angewiesen, schließen eine Unrechtsverein-barung miteinander und vereinbaren Omertà, ein Kartell des Schweigens und gegebenenfalls Abstreitens. Der Nachweis, dass sich jemand eines Ghostwriters bedient hat, ist kaum zu führen, wenn alle Beteiligten sich daran halten. Den promovierenden Fakultäten wird kaum et-was anderes übrig bleiben, als die Möglichkeit eines Be-trugs durch Ghostwriting als systembedingt gegeben un-ter Bedauern hinzunehmen und scharfe Sanktionen zu verhängen, wenn Ghostwriting in einem konkreten Fall ausnahmsweise ruchbar wird.[10] Bekannt geworden ist na-mentlich der Fall Wellkamp.[11]

Die üblichen eidesstattlichen Versicherungen von Doktoranden, die Arbeit selber angefertigt zu haben, hel-fen jedenfalls nicht weiter. Papier ist geduldig. Und wer erst einmal so weit ist, sich eine Arbeit schreiben zu las-sen, wird auch den zusätzlichen Schritt einer falschen ei-desstattlichen Versicherung nicht scheuen und sich nicht abschrecken lassen, denn die für ihn allein entscheidende Wahrscheinlichkeit des »Auffliegens« erhöht sich dadurch ja nicht. Die Strafbarkeit dem Grunde nach nimmt er in Kauf, weil er auf »Paragraph Null« des Strafgesetzbuches vertraut: »Man darf sich nicht erwischen lassen.«

XV. Die zweite gern verschwiegene Grauzone: Titelhandel

> »Nichts ist so gut wie eine Idee, deren Zeit gekommen ist.«
>
> Motto der EuroSwiss Universität*
> (frei nach Victor Hugo)

Es gibt noch mindestens einen weiteren Weg zum Doktortitel, den Geld zu ebnen vermag: Der gekaufte Doktortitel. Titelhändler bieten im Internet ihre Dienste an; über Suchmaschinen sind sie z. B. unter dem Stichwort »Titelhandel« zu finden. Als Lieferzeit wird angegeben: »ca. 8 Wochen«, inklusive »Bescheinigung über die legale Existenz der verleihenden Universität«.[1] Professor Manuel René Theisen von der Ludwig-Maximilians-Universität München, der seit etlichen Jahren Angebot und Nachfrage des Handels mit der Eitelkeit beobachtet, kommt zu dem Ergebnis: »Das Geschäft hat groteske Formen angenommen.«[2] Welche Beträge bei diesen Geschäften in Ausnahmefällen seit langem gezahlt werden, ergibt sich aus einer Pressemitteilung des Bundesverfassungsgerichts zur Verfassungsbeschwerde eines Rechtsanwaltes gegen seine strafrechtliche Verurteilung:

»Der Beschwerdeführer, ein Rechtsanwalt aus Freiburg, war vom Landgericht wegen Betrugs, Missbrauchs von Titeln und Urkundenfälschung zu einer Gesamtfreiheitsstrafe von einem Jahr verurteilt worden. Er hatte von 1990 bis 1999 unberechtigt den Doktortitel, u. a. auch als Strafverteidiger in Verfahren wegen unerlaubten Führens akademischer Grade, geführt. Verschiedenen Behörden legte er dabei Urkunden vor, die tatsächlich gefälscht waren oder von nicht zur Verleihung der Doktorwürde autorisierten Stellen stammten. Zudem hatte der Beschwerdeführer drei gutgläubigen anderen Personen die Möglichkeit der Beschaffung akademischer Titel vorgespiegelt und hierfür insgesamt 350000 DM erhalten.«[3]

1. Erwerb von einem deutschen Hochschullehrer

Der gekaufte Doktortitel existiert in mehreren Varianten. Besonders verwerflich ist der Erwerb direkt (oder indirekt auf dem Umweg über eine so genannte Promotionsagentur) von einem deutschen Hochschullehrer, der sich gegen Zahlung einer bestimmten Summe bereit erklärt, für die Verleihung des Titels Sorge zu tragen oder – einfacher und weniger auffällig – eine schwachbrüstige Doktorarbeit, die eigentlich den Promotionsanforderungen nicht genügt, »durchzuwinken«, ohne näher hinzusehen, und für einen passenden Zweitvotanten zu sorgen. Bekannt geworden ist für eine solche Praxis insbesondere ein später vom LG Hildesheim strafgerichtlich verurteilter Hannoveraner Juraprofessor (Hannover besitzt als Reaktion darauf heute die wohl strengste Promotionsordnung aller juristischen Fakultäten). Für den Außenstehenden erschreckend war insbesondere, wie billig es für die Interessenten war und wie niedrig die verlangten Summen waren. Sie waren nicht einmal fünfstellig, sondern betrugen 2.000 € für die Übernahme der Betreuung und weitere 2.000 € für den erfolgreichen Abschluss der Promotion. Insgesamt bekam jener Professor für 69 Fälle 184.000 € von einer Promotionsagentur in Bergisch Gladbach.[4] Es zeigt sich das typische Dreieck: Aspirant, Consultant und Conspirant, treffend als »Trio infernale« zu bezeichnen.[5] Erst die Summe vieler Promotionen machte das Modell für den Professor, welcher das Hauptrisiko trägt, interessant und verschaffte die nötigen Anreize.[6]

Für jeden beteiligten Hochschullehrer ist Titelverkauf mit einem hohen persönlichen Risiko verbunden: Er verliert seine Stelle, ihm droht eine strafgerichtliche Verurteilung, und seine persönliche Reputation ist auf ewig dahin; sein Name wird in Wissenschaftskreisen auf Jahrzehnte zum Flüsterwitz und zur Lachnummer. Das schreckt in aller Regel ab, so dass sich nur eine ausgesprochen geringe Zahl von Hochschullehrern bereit erklären wird, dieses üble Spiel mitzuspielen. Wer sich als Hochschullehrer in die Fänge so genannter Promotionsagenturen begibt und seine Dienste von diesen in entsprechenden Anzeigen (diskret) anbieten lässt, ist bereits unter die wissenschaftliche Schamgrenze gesunken.

2. Erwerb im Ausland

Die zweite Variante ist der Erwerb des Titels von einer ausländischen (angeblichen) Hochschulinstitution gegen Bezahlung[7] (selbst den Dr. h.c. nicht gerechnet[8]). Die Zahl der einschlägigen Internet-Angebote ist Legion und nicht mehr zu überschauen.[9] Es ist nicht auszuschließen, dass sich tatsächlich bestehende ausländische Institutionen dafür hergeben, zumal in generell korruptionsanfälligen Staaten. Typischerweise handelt es sich aber bei den titelvergebenden »Institutionen« um Briefkastenfirmen oder eigens zum Titelhandel gegründete, nur auf dem Papier stehende Einrichtungen. Hier kommen etwa die EuroSwiss Universität, angeblich im Berner Oberland, später in Schaffhausen, die Pädagogische Universität Moskau, später Landesuniversität Moskau,[10] oder die Universität für Bildungswissenschaften Innsbruck ins Spiel. Am bekanntesten ist wohl die Schweizer Universität Teufen.[11] Doktortitel aus Kirgistan sollen 15.000 €, aus Rumänien 70.000 € und aus der Schweiz 130.000 € kosten.[12] Eitelkeit macht ungeduldig[13] – und kann teuer sein.

Immerhin einen Schritt »seriöser« wird es, wenn der Interessent wenigstens eine Magisterarbeit vorweisen, eine »Doktorarbeit« vor Ort im Ausland und einige Blockseminare als Rigorosumsvorbereitung absolvieren muss. Einschlägige Promotionsberater arbeiten etwa mit Universitäten in der Slowakei, Tschechien, Zypern (allesamt EU-Staaten!) und Mexiko zusammen.[14] Der Titel kostet 10.000 € Honorar für den Berater und 20.000 € »Studiengebühren« für die beteiligte Universität.[15]

Der angebliche ausländische Grad hat von vornherein für den geltungssüchtigen Interessenten den Nachteil, dass er ihn als ausländischen Grad ausweisen und mit einer Angabe der verleihenden Institution qualifizieren muss. Wer dies auf seiner Visitenkarte (also dort, wo es interessant wird) nicht tut, gerät zumindest in die Nähe der Strafbarkeit wegen unberechtigten Führens eines akademischen Grades. Dies geschieht vollkommen zu

Recht, denn jeder dubiose Dr. h.c. aus dem Ausland samt
der mit ihm einhergehenden Hochstapelei bringt mittelbar auch korrekt erworbene Ehrendoktorate angesehener
Hochschulen in Misskredit.[16]

3. Ein bitteres Ende

In einem Zeitungsbericht über eine Gerichtsverhandlung
lesen sich ein Versuch des Titelkaufs und seine Folgen so:
»Unternehmensberater Matthias Ludwig M. (49) erzählt, wie er zu einem Doktortitel kommen wollte, die
Spannung im Saal steigt: Er habe auf eine Zeitungsanzei-
ge hin Kontakt mit einem Dr. Paul J. (43) aufgenommen.
Matthias Ludwig M. überwies 40 000 Mark auf ein Treu-
handkonto des Rechtsanwalts Wolfgang M.-H. (44) –
weg war das Geld. Nun wird der Fall vor Gericht verhandelt.«[17] Der Unternehmensberater, der als Zeuge vor dem
Strafrichter als Grund für seinen Wunsch nach dem
Dr.-Titel angab: »Im Beratungsgeschäft ist es nicht von
Nachteil, wenn man die zwei Buchstaben hat«, hatte
zwar von der Ukrainischen Wirtschaftsuniversität Kiew
den Dr. oec. erhalten[18], aber die zuständige deutsche Kul-
tusbehörde versagte die nach dem Gesetz notwendige
Anerkennung.[19] Der Unternehmensberater fühlte sich
getäuscht; gegen den Vermittler wurde Anzeige wegen
Betruges, gegen den Rechtsanwalt Anzeige wegen Un-
treue erstattet. In einem Zivilprozess hatte der verhinderte Doktor bereits Schadensersatz zugestanden bekommen.[20]

Im Übrigen ist der gewerblich vermittelte Doktortitel
nicht entziehungsfest, sondern extrem bedroht, wenn der

Titelkauf ruchbar wird.[21] Mit Recht wird betont, dass die Bestechung eines Professors eine ansonsten nicht bestehende Möglichkeit zur Promotion eröffnet.[22] Besonderen Unwert hat ein Notendispens als Folge einer Bestechung.[23]

XVI. Dr. honoris causa und Dr. pecuniae causa

> »Dass es bei öffentlichen Ehrungen nicht
> ohne Verlegenheiten abgehen kann, zeigt
> sich auch an ihrem unvermeidlichen Ze-
> remoniell. Der Ehrendoktorhut sitzt
> schief auf der Glatze des Industriellen, der
> Preisträger steht etwas linkisch zwischen
> den Lorbeerbäumchen, und der frisch ge-
> kürte Ehrenbürger hört sich mit eingezo-
> genen Schultern die Laudatio auf seine
> gut gebügelte Karriere an.«
>
> Hans Magnus Enzensberger[*]

Die Verleihung des Dr. h.c. (Doktor honoris causa) hat
eine alte Tradition, inzwischen aber leider auch eine gewisse Inflation.[1] Die Spannweite der mit dem Ehrendoktor Ausgezeichneten reicht z. B. von dem weltbekannten
Philosophen Hans-Georg Gadamer, geehrt von zahlreichen in- und ausländischen Universitäten, bis hin zu dem
nicht ganz unbekannten ehemaligen Spion Günter
Guillaume, dem die »Juristische Hochschule« des Ministeriums für Staatssicherheit der DDR 1985 den Dr. jur.
h.c. verlieh.[2]

1. Dr. h.c. und Dr. h.c. mult.

Die ursprüngliche, eigentliche akademische Praxis war, mit der Verleihung des Ehrendoktors einen über die nationalen Grenzen hinaus bekannten Gelehrten für bahnbrechende Forschung auszuzeichnen. Die internationale Reputation brachte folgerichtig nicht nur den Dr. h.c. heimischer Hochschulen ein, sondern auch (oft sogar: gerade) die Ehrung durch eine ausländische Universität. So erhielt der zuletzt in Princeton lehrende Kunsthistoriker Erwin Panofsky (1892–1968) nicht weniger als 13mal den Ehrendoktor, unter anderem von den Universitäten Utrecht, Uppsala, Harvard, Freie Universität Berlin, Bonn[3]; sein Sohn, der Physiker Wolfgang Panofsky, erwarb immerhin sechs Ehrendoktortitel, darunter von Columbia (N. Y.), Princeton und Hamburg.[4] Hans-Georg Gadamer wurde von elf Universitäten mit dem Dr. h.c. geehrt, nämlich von Bamberg, Leipzig, Marburg, Tübingen, Boston, Ottawa, St. Petersburg, Prag, Breslau, Washington (D. C.) und McMaster (Ontario/Kanada).[5] Der Römischrechtler Max Kaser (1906–1997) folgt Gadamer, was die Zahl der Ehrendoktorate betrifft, mit zehn dicht auf den Fersen (Bordeaux, Camerino, Glasgow, Graz, Innsbruck, Madrid, Neapel, Paris, Pretoria, Rio de Janeiro).[6] Viktor E. Frankl, Neurologe, Psychiater und Begründer der Logotherapie, brachte es auf mehr als 20; die bei mehrmaliger Verleihung gängige Abkürzung Dr. h.c. mult. ist in Bezug auf Frankl wahrlich keine Übertreibung, und ab 20 hört der Sinn des Zählens insoweit vielleicht auf.

Falsch ist übrigens, mehrere Ehrendoktortitel als »Dres. h.c.« abzukürzen. »Dres. h.c.« würde sich auf mehrere

Personen beziehen. Wer auf seiner Visitenkarte »Dres.
h.c.« aufführt, setzt sich damit also selber ungewollt dem
Verdacht der Schizophrenie aus.[7] »Dres. h.c. mult.« ist ab
dem dritten Ehrendoktortitel einzig richtig, wobei das
»mult.« für »multiplex« steht, nicht für »multi«. So viel
Latein muss sein. »Dres. h.c.« dürfte aus der Not derer
geboren sein, die »nur« zwei Ehrendoktortitel ihr eigen
nennen können.[8] Ein kleiner Test: Kein in zwei Fächern
»richtig« Doppelpromovierter würde auf die Idee kommen, sich »Dres.« statt »Dr. Dr.« zu nennen.[9] Zwei Ehrendoktortitel sind »Dr. h.c. Dr. h.c.« abzukürzen, ohne dass
sich irgendein Problem ergeben würde.

Große Geister befruchten nicht nur die eigene Wissen-
schaftsdisziplin, sondern auch benachbarte Wissen-
schaftsgebiete. So erhielt der Staatsrechtler Rudolf Smend
nicht nur die Würde eines Dr. iur. h.c. (Basel), sondern
auch die eines D. theol. (Friedrich-Wilhelm-Universität
Berlin) und eines Dr. rer. pol. h.c. (Freie Universität Berlin; Tübingen).[10] Der frühere Präsident des Bundesverfassungsgerichts, Gebhard Müller, war Ehrendoktor der
Philosophischen Fakultät der Universität Freiburg und
Ehrendoktor der Katholisch-Theologischen Fakultät der
Universität Tübingen. Als der Physiker Albert Einstein
von der Medizinischen Fakultät der Universität Rostock
mit dem Dr. med. h.c. geehrt wurde, bedankte er sich
dafür in einem Schreiben an den Dekan mit nicht unhöf-
licher, aber doch unübersehbarer Ironie: »Von einer Reise
aus Holland zurückgekehrt fand ich Ihre freundliche und
ehrenvolle Einladung vor, der ich gern Folge leiste. Dass
meine Verdienste um die medizinische Wissenschaft
wohl stets im Reiche der Zukunft ihren würdigen Platz
haben werden, tut dabei nichts zur Sache«.[11]

Große Geister werden im Übrigen für ihre Leistungen nicht nur mit einem oder mehreren Ehrendoktoraten gewürdigt, sondern sie sind Objekt auch anderer hoher Auszeichnungen. Hans-Georg Gadamer war Mitglied der Friedensklasse des Ordens »Pour le Mérite« der Akademien der Wissenschaften von Leipzig, Heidelberg, Athen, Budapest, Brüssel, Rom, Turin und London, der Deutschen Akademie für Sprache und Dichtung, Ehrenmitglied der American Academy of Arts and Sciences in Boston, Ehrenprofessor der Universität Moskau und Ehrenbürger von Heidelberg, Neapel, Palermo und Syrakus.[12] Max Kaser war Mitglied in zehn Wissenschaftlichen Akademien und Empfänger von drei Festschriften.[13] Rudolf Smend wurde 1910 vom König von Preußen der Kronenorden IV. Klasse verliehen, 1967 vom Bundespräsidenten das Große Verdienstkreuz des Verdienstordens der Bundesrepublik Deutschland mit Stern.[14] Dieselbe Auszeichnung der Bundesrepublik wurde auch dem Göttinger Professor für Römisches Recht, Bürgerliches Recht und neuere Privatrechtsgeschichte, Franz Wieacker, zuteil, Dr. h.c. mult. (u.a. Freiburg i.Br., Glasgow, Uppsala, Barcelona und Rom), den die Stadt Göttingen 1992 zu ihrem Ehrenbürger ernannte.[15] Über den Übersetzer, Literaturvermittler und langjährigen Leiter des Deutschen Polen-Instituts in Darmstadt, Karl Dedecius, wurde anlässlich seines 80. Geburtstages berichtet, dass seine »Preise, Auszeichnungen und Ehrendoktorwürden nicht zu zählen sind«.[16]

2. Dr. h.c. und Mitehrung der Fakultät des Geehrten

Was die an einer Ehrendoktorverleihung beteiligten Fakultäten betrifft, so gehört der mit dem Dr. h.c. Ausgezeichnete selbst, sofern es sich um einen »Hochschulmenschen« handelt, einer Fakultät an. Mit der Verleihung des Ehrendoktors wird also indirekt auch die Fakultät, der er angehört, geehrt. Gewiss richtet sich die Qualität (neudeutsch: das »Ranking«[17]) einer Fakultät nicht nur oder auch nur primär danach, wie viele Ehrendoktoren sie unter ihren Mitgliedern aufweist. Aber ein Indiz für einen überdurchschnittlichen Rang ist es schon, wenn z. B. von den im Vorlesungsverzeichnis der Ludwig-Maximilians-Universität München für das Sommersemester 2006 aufgeführten 46 ord. Universitätsprofessoren der Juristischen Fakultät 15 (also fast ein Drittel) einen oder mehrere Ehrendoktoren hatten.[18]

Umgekehrt kann festgestellt werden, dass eine relativ unbekannte Fakultät nicht dadurch an Renommee gewinnt, dass sie den Dr. h.c. verleiht. Die Versuchung, sich damit profilieren zu wollen, ist verständlich, aber vergeblich. Eine wenig bekannte Universität verändert sich nicht durch Ehrendoktoren. Man muss wohl schon ein besonders guter Kenner der Universitätslandschaft sein, um angemessen würdigen zu können, dass dem Präsidenten des Gerichtshofs der Europäischen Gemeinschaften, Gil Carlos Rodriguez Iglesias, der Ehrendoktor unter anderem der Universität »Babes-Bolyai«, Cluj Napoca (Rumänien), verliehen wurde.

3. Ausweitung des Kreises der Ehrungswürdigen

Von einer gewissen Inflation hinsichtlich der Verleihung des Ehrendoktors war bereits die Rede. Am Anfang dieser Inflation stand die Öffnung der mit dem Dr. h.c. auszeichnungsfähigen Berufe bis hin zum Kriegshelden. Der Stockholmer Historiker Sven Lindqvist schildert die Folgen der Schlacht von Omdurman (Sudan) im September 1898: »Auf britischer Seite wurden 48 Soldaten getötet. Auf sudanesischer Seite starben 10 000, und noch etwa 10 000 verwundete Kriegsgefangene wurden in den nächsten Tagen von den Briten liquidiert. Nach dem Sieg kehrte General Kitchener nach England zurück. Ende Oktober traf er, von jubelnden Menschenmassen umgeben, in London ein. Ende November empfing Kitchener die Ehrendoktorwürde in Cambridge, und in den nächsten Wochen folgten Empfänge im ganzen Land.«[19] Harry S. Truman war als Präsident der USA 1945 für den Abwurf der Atombomben auf Hiroshima und Nagasaki verantwortlich; im Jahre 1956 erhielt Truman einen Ehrendoktor in Oxford. Kein Präsident, sondern nur ein Oberfeldwebel a.D. war Michail Kalaschnikov, dem wegen seiner »Verdienste für die Wissenschaft und Technik in der Udmurtischen Autonomen Sozialistischen Sowjetrepublik« 1971 der Doktor im Fach technische Naturwissenschaften verliehen wurde; mit keinem anderen Waffentyp sind im 20. Jahrhundert mehr Menschen getötet worden als mit dem von ihm entwickelten und nach ihm benannten Sturmgewehr AK-47.[20]

Ein friedlicher Ehrendoktor ist der als »Dübel-König« bekannt gewordene gelernte Kunstschlosser Artur Fischer aus Tumlingen im Schwarzwald. Seine Erfolgsbilanz sind 5700 Patente, von denen der Dübel und die Fischer-Metallbaukästen die bekanntesten sind.[21] Ein Unternehmer anderer Art ist der Bauunternehmer Ignaz Walter, dessen (nach ihm benannte) Unternehmensgruppe zu den größten Anbietern der Branche gehörte, bevor die Unternehmensgruppe später in Konkurs ging. Er musste sich unbequemen Fragen nach der Herkunft seines Ehrendoktors stellen; die von ihm in drei großformatigen Zeitungsanzeigen gegebene Antwort: Die Ukrainische Freie Universität (UFU) in München, eine staatlich anerkannte Privatuniversität, habe ihm 1982 den Titel verliehen.[22]

Keine Zweifel an der Bonität der verleihenden Institution bestanden dagegen in unzähligen anderen Fällen, z.B.: Königin Nur, die Witwe des jordanischen Königs Hussein, erhielt die Ehrendoktorwürde der Brown-Universität in Rhode Island.[23] Ehrendoktor der Columbia University New York wurde der einstige Boxweltmeister im Schwergewicht, Muhammad Ali (Cassius Clay), sowie der damalige Commissioner der Nordamerikanischen Basketball-Profiliga NBA, David Stern.[24] Franz Beckenbauer bekam den Dr. h.c. der Nationalen Sportakademie,[25] und die Universität Zürich ließ es sich nicht nehmen, dem 162 kg schweren Präsidenten und Geschäftsführer der Schweizerischen Adipositas-Stiftung Heinrich von Grüningen den Ehrendoktor zu verleihen (wegen seiner Verdienste um die Aufklärung der »Volkskrankheit« Übergewicht).[26] Dem italienischen Schauspieler und Regisseur Roberto Benigni verlieh die Ben-Gurion-Universität in Beerschewa (Israel) einen Ehrendoktor nach seinem Holocaust-Film »Das Leben ist schön«; bei der Verleihungsfeier, so wurde berichtet, sei

Benigni »wild gestikulierend« auf die Bühne gestiegen und habe ausgerufen: »Israel ist für mich das heiligste und erotischste Land der Welt.«[27] Der Verleger Rudolf Augstein erhielt einen Ehrendoktor u. a. von der Musikhochschule Moskau.[28] Die Liste der Namen aus der Verlagsbranche, insbesondere aus den Wissenschaftsverlagen, mit Dr. h.c. ist generell lang.[29]

Die übliche Feier anlässlich der Verleihung eines Ehrendoktors ist zwar keine Spaßveranstaltung, aber die Ehrung selbst kann durchaus auch Persönlichkeiten aus der Humor-»Fakultät« zuteil werden. Dem Karikaturisten Vicco von Bülow (Künstlername: Loriot) wurde von der Bergischen Universität Wuppertal der Dr. phil. h.c. verliehen; seine Dankesrede wurde unter der Überschrift »Dr. humoris causa« veröffentlicht.[30] Der amerikanische Komiker Bob Hope gilt mit mehr als zweitausend Medaillen und gut fünfzig Ehrendoktorwürden als der wohl meistgeschmückte Entertainer der Welt.[31]

4. Politiker und Ehrendoktorate

Entertainer sind auf ihre Art auch Politiker, und auch von ihnen bringen es einige auf eine stattliche Anzahl von Ehrendoktorhüten. Als Bundeskanzler Helmut Kohl von der Brandeis-Universität in den USA geehrt wurde, waren seine Mitarbeiter sich nicht ganz sicher, ob dies sein 23. oder 24. Ehrendoktorhut war.[32] Die nur einige Wochen später erfolgte Auszeichnung durch die Universität Cambridge wurde als die 25. Ehrung dieser Art gemeldet. Nach einigen Querelen im Vorfeld – der Bundeskanzler war zunächst von der Vorschlagsliste gestrichen worden, weil elf Fakultätsmitglieder es für unangebracht hielten, die Auszeichnung mitten im deutschen Bundestagswahlkampf des Sommers 1998 vorzunehmen – erfolgte die Verleihung[33], wobei der Kanzler der Universität, Prinz Philipp, als Laudator Kohls dessen »beispiellosen Einsatz für Europa« einerseits und »seine Kennerschaft englischer Weine« andererseits hervorhob.[34] Selbst die CDU-Spendenaffäre 2000 hinderte weitere Verleihungen von Ehrendoktoraten an den (nunmehr) Alt-Bundeskanzler und Ehrenwortgeber nicht: »Es gibt keinen Grund, die Entscheidung zu ändern« wird der Dekan der Theologischen Fakultät der Universität Breslau, Ignacy Dec, zitiert; die Auszeichnung mit dem Ehrendoktor erhalte Kohl für seine Verdienste um die Einheit Europas und die Annäherung von Polen und Deutschen.[35] Die Verleihung des Ehrendoktors der Reichsuniversität Groningen an Helmut Kohl musste zunächst wegen Terminschwierigkeiten verschoben werden, konnte aber später stattfinden.[36] Nach unserer Zählung muss dies ungefähr sein 27. Ehrendoktorhut gewesen sein – Fortsetzung nicht ausgeschlossen. In ähnlicher Größenordnung, nämlich bei nicht weniger als 30 Ehrendoktorwürden, bewegt sich auch Alt-Bundeskanzler Helmut Schmidt. Im Dezember 2003 verlieh ihm die Universität der Bundeswehr Hamburg nicht nur einen weiteren (den 23.) Ehrendoktor (wogegen nichts einzuwenden ist), sondern sie benannte sich gleichzeitig – also gewissermaßen in einer Doppelpackehrung – in »Helmut-Schmidt-Universität – Universität der Bundeswehr Hamburg« um. Dies geschah in einer Stadt, in der aufgrund einer guten Tradition nicht einmal ein öffentlicher Weg nach einer lebenden Person benannt werden darf.[37]

Mit dem gebührenden Abstand zwischen Kanzler und Vizekanzler folgt Hans-Dietrich Genscher: »Seine sechzehn Ehrendoktorhüte[38] verwahrt Hans-Dietrich Genscher in einer Vitrine fürs Museum der Geschichte«, schreibt der frühere Kulturdezernent der Stadt Frankfurt am Main und spätere Präsident des Goethe-Institutes Inter nationes, Hilmar Hoffmann, selber Ehrendoktor, in seinen Erinnerungen an Prominente[39], und zum diesbezüglichen Wettstreit zwischen Lech Walesa und Boris Jelzin gibt Hilmar Hoffmann zum Besten: »Nach seinem Verhältnis zu Boris Jelzin befragt, improvisierte er absurdes polnisches Theater: Er habe weit mehr Ehrendoktorhüte und Professorentitel ›als der‹ und natürlich auch mehr Orden und deren so viele, dass diese Kollektion auf seiner Brust nicht genügend Platz fände, ja, der eiserne Ballast des Ordenssegens würde seinen aufrechten Gang behindern.«[40] Als Polens Außenminister Bronislaw Geremek seinen 13. Ehrendoktor erhielt, sagte er dazu bescheiden: »Zahlen spielen keine Rolle.«[41] Der frühere Präsident der EWG-Kommission Walter Hallstein wurde 18mal mit dem Dr. h.c. bedacht.[42] Rekordverdächtig dürften die mehr als 100 Ehrendoktortitel für Nobelpreisträger Elie Wiesel sein.[43]

Den »Multis« stehen diejenigen gegenüber, die aus konkreten oder aus grundsätzlichen Erwägungen auf die Annahme einer Ehrendoktorwürde verzichtet haben. Der englische Dramatiker Alan Bennett nahm die Auszeichnung der Universität Oxford nicht an, weil die Universität sich von dem Mediengiganten Rupert Murdoch eine Stiftungsprofessur für Kommunikationswissenschaft hatte stiften lassen.[44] Der 1999 mit dem Flugzeug abgestürzte John F. Kennedy Jr. hatte einen Ehrendoktor mit dem Bemerken abgelehnt, er verdiene diese Ehrung nicht.[45] Von dem früheren Bundesaußenminister Klaus Kinkel wird berichtet, dass er aus protestantischer Moralität prinzipiell auf Ehrendoktorwürden und Orden verzichtet habe, die ihm im Ausland in sechsjähriger Amtszeit »am laufenden Band« angeboten worden seien.[46]

Für viele Politiker ist Selbstdarstellung wichtig. Deshalb ist die Verleihung einer Ehrendoktorwürde für sie durchaus attraktiv. Die Auszeichnung durch eine Hochschule bringt den so Geehrten auch in eine Verbindung zur Wissenschaft, d. h. zu dem Teil der Gesellschaft, dem in der öffentlichen Meinung nicht nur Prestige, sondern auch (im Gegensatz zur Politik)[47] die Merkmale Rationalität, Objektivität und Neutralität beigelegt werden. Gerade für den Politiker, der im und vom Parteilichen lebt und damit auch im und vom Parteiischen, wird deshalb die »überparteiliche« Verleihung eines Ehrendoktors durch eine wissenschaftliche Hochschule eine Veranstaltung sein, die seinen »Marktwert« erhöht. Nicht zu unterschätzen ist schließlich die öffentliche Aufmerksamkeit, also die Darstellung in den Medien, die jede feierliche Verleihung eines Ehrendoktors in Gegenwart von hohen Würdenträgern und im Angesicht von Talaren und goldenen Amtsketten mit sich bringt. Als dem damaligen Bundeskanzler Helmut Schmidt im Februar 1981 die Ehrendoktorwürde der Sorbonne verliehen wurde, erklang bei der Feier das Te Deum Laudamus, das schon im königlichen Zeremoniell des französischen Ancien Régime seinen Platz hatte.[48]

Werden Politiker also verständlicherweise die Verleihung des Ehrendoktors als eine persönliche Genugtuung und als angenehme Werbung empfinden, so ist eine andere Frage, in welchem Maße Hochschulen sich zu solchen Public Relations-Aktionen für Politiker hergeben sollten. Sehr phantasievolle Begründungen, weshalb ausgerechnet dieser Politiker denn ehrendoktorwürdig sei,[49] tragen jedenfalls nicht zur Renommeeförderung bei. Vermutlich ist es in diesem Zusammenhang sinnvoll, zwischen ausländischen Ehrungen und inländischen Ehrungen zu unterscheiden sowie zwischen amtierenden Politikern und ehemaligen Politikern. Die Ehrung amtierender Politiker aus dem Inland lebt mit mehreren Hypotheken: zum einen mit der Frage, ob vergangenes oder zukünftiges Wohlverhalten des Politikers gegenüber der verleihenden Fakultät oder Universität prämiert werden soll;[50] zum anderen mit der Gefahr, dass sich die verleihende Institution gemein macht oder identifiziert wird mit politischen Inhalten der Partei, welcher der Geehrte angehört.[51]

Die Ehrung durch eine ausländische Hochschule[52] wird in aller Regel diese Hochschule nicht in eine Nähe zur inländischen Parteipolitik rücken. Zugleich ist eine solche Ehrung auch ein Beitrag zur Völkerverständigung und ein Beweis für die internationale Offenheit der Hochschulen. Die Auszeichnung eines ausländischen Politikers mit dem Ehrendoktor einer inländischen Hochschule erscheint besonders angebracht, wenn bereits aus der Vor-Politikzeit des Ausgezeichneten enge Verbindungen zu der betreffenden Hochschule bestehen. Ein Beispiel für eine solche gute Entscheidung war die Verleihung des Dr. iur. h.c. an den griechischen Ministerpräsidenten Konstantinos Simitis durch die Juristische Fakultät der Universität Marburg, an der Simitis Jura studiert hatte und an der er mit einer Dissertation zum Thema

»Gute Sitten und Ordre public« mit der Note summa cum laude promoviert worden war.[53]

Pech hatte dagegen vor etlichen Jahren ein westdeutscher juristischer Fachbereich, dem aus dem Bereich der Politik bedeutet worden war, dass eine Auszeichnung des damaligen Generalsekretärs der Vereinten Nationen, Boutros Boutros-Ghali, gern gesehen würde. Der Fachbereich folgte der Anregung und teilte seinen Beschluss der Verleihung dem Dr. iur. h.c. in spe mit. Dieser fand jedoch nie einen Termin, zur Verleihungsfeier jenen Fachbereich aufzusuchen. Inzwischen hat auch der Fachbereich die Lust an der Geschichte dieses »Bestellt aber nicht abgeholt« verloren; er sieht die Angelegenheit als erledigt (= hinfällig) an, was juristisch richtig ist, da die Verleihung des Ehrendoktors nicht durch den innerorganisatorischen Beschluss und nicht durch die Anfrage bei dem Betreffenden, ob er gewillt sei, die Auszeichnung anzunehmen, erfolgt, sondern erst durch den Akt der Verleihung selbst, also mit der Aushändigung der Urkunde.

Ein anderer problematischer Fall spielte ebenfalls in Hamburg und ist mit den Worten »peinlich« und »Blamage« ganz außerordentlich zurückhaltend-freundlich umschrieben.[54] Angesprochen ist hiermit die vom Fachbereich Wirtschaftswissenschaften der Universität Hamburg beschlossene Verleihung der Ehrendoktorwürde an den russischen Staatspräsidenten Wladimir Putin, an einen Politiker also, mit dem sich immerhin ein Völkermord in Tschetschenien und eine »gelenkte Demokratie« in Rußland (neben anderen problematischen Vorkommnissen) verbinden. Zudem schien eine Revanche beabsichtigt für die Verleihung des St. Petersburger Dr. h.c. an den damaligen Bundeskanzler Gerhard Schröder; Hamburg wurde wohl als Partnerstadt St. Petersburgs für die »Gegengabe« ausgewählt.[55] Nachdem sich in der Universität Hamburg Widerstand unter Professoren und Studenten gegen die beabsichtigte Ehrung regte,[56] wurde die Verleihung wegen angeblicher Terminschwierigkeiten verschoben.[57] Zu den nicht wenigen Absonderlichkeiten des Falles »Dr. h.c. put«[58] gehört auch, dass ein ehemaliger Hamburger Bürgermeister den Kritikern jener merkwürdigen Ehrung entgegenhielt: »Maul halten«,[59] bemerkenswert auch deshalb, weil der »Maulhalten«-Aufforderer der Partei angehört, die einmal aus dem Munde eines ihrer früheren Vorsitzenden das Motto propagierte: »Mehr Demokratie wagen.«

Anders als der Fall Putin ist eine frühere Begebenheit aus Zürich kaum bekannt. Bevor Winston Churchill im Jahre 1946 in der Universität Zürich seine historische Rede über ein geeintes Europa hielt, hatte die Universität darüber debattiert, ob Churchill bei seinem Aufenthalt in Zürich ein Ehrendoktorat verliehen werden solle. Wegen Churchills Rolle im Bombenkrieg stieß das Vorhaben in der Juristischen Fakultät auf Kritik, so dass die Ehrenpromotion unterblieb.[60] Jedoch wurde einige Jahre später eine große Tafel zur Erinnerung an Churchills Auftritt in der Aula maxima an gut sichtbarer Stelle angebracht.[61]

Nicht unproblematisch ist die Sache vor allem dann, wenn es sich um die Ehrung eines amtierenden Politikers durch eine Hochschule seines eigenen Landes handelt. Eine solche Ehrung hat ein »Gschmäckle«; denn in diesem Fall drängt sich der Eindruck auf, dass dem betreffenden Politiker entweder für frühere Gunsterweisungen Dank abgestattet wird, oder dass man sich künftig Wohlwollen sichern will. Als der Tübinger Juristischen Fakultät indirekt angesonnen wurde, dem seinerzeitigen Ministerpräsidenten Hans Filbinger den Ehrendoktor zu verleihen, trat die Fakultät dem nicht näher, weil Filbinger damals noch im Amt war.

5. »Wissenschaftliche Verdienste«

Eine Bremse für allzu viele Ansinnen und Erwartungen hinsichtlich der Verleihung eines Dr. h.c. enthalten diejenigen Promotionsordnungen, die als Voraussetzung der Verleihung bestimmte Leistungen des Auszuzeichnenden, etwa wissenschaftliche Veröffentlichungen, fordern. So verlangt z.B. die Promotionsordnung der Technischen Universität München, dass die dafür in Betracht gezogenen Persönlichkeiten »außergewöhnliche wissenschaftliche, technische oder künstlerische Leistungen hervorgebracht haben« müssen. In der Urkunde, mit deren Aushändigung die Technische Universität München dem ehemaligen bayerischen Finanzminister und späteren Präsidenten der Bayerischen Landesbank, Dr. iur. Dr. rer. pol. h.c. Ludwig Huber, den Dr. med. h.c. verlieh, war das in der Promotionsordnung enthaltene Wort »außergewöhnliche« auffallenderweise weggelassen. Der danach befragte damalige Präsident der Technischen Universität München, Otto Meitinger, bezeichnete die Änderung des Urkundentextes als »unbedacht« und behauptete: »Dahinter darf man nichts vermuten.«[62]

Ehrlicher und konsequenter ist man z.B. am Fachbereich Physik der Ludwig-Maximilians-Universität: Ehrendoktortitel gibt es nur für ausgewiesene Wissenschaftler von Standing, nicht für Politiker. Mit rein politischen Angelegenheiten, die nichts mit wissenschaftlichen Leistungen zu tun haben, möchte man dort nichts zu tun haben.[63]

6. Dr. h.c. und finanzielle Zuwendungen

Die erwähnten Barrieren in Promotionsordnungen sind vor allem auch dann nützlich, wenn ein Dr. h.c. verliehen werden soll, der in Wahrheit eher ein Dr. p.c. (= pecuniae causa) ist. Die Rede ist hier nicht von gekauften »einfachen« Doktortiteln, die auf einem offensichtlich prosperierenden Markt nachgefragt und beschafft werden, sondern von den Ehrendoktortiteln, die – als Dank für finanzielle Zuwendungen an eine Universität – von dieser an den Wohltäter verliehen werden.[64] Diesbezügliche Anregungen oder Wünsche, die man auf Küchenlateinisch mit dem Satz »do ut des« umschreiben könnte, nutzen nicht selten die finanzielle Armut von Hochschulen in den post-sozialistischen Staaten aus, in dem Wissen, dass Hochschulen nicht selten bereit sind, für die Einrichtung einer (Stiftungs-)Professur oder für andere geldwerte Leistungen in der Währung Ehrendoktor zu zahlen. Auch in der westlichen Universitätslandschaft ist der Dr. h.c. für Mäzene alles andere als unbekannt: Die Universität Potsdam verlieh ihn an SAP-Gründer Hasso Plattner und die Universität Hildesheim gar an AWD-Gründer Carsten Maschmeyer. Hübsch ist auch, angebliche wissenschaftliche Verdienste durch einen Transfer wissenschaftlicher Erkenntnisse in die Praxis der Unternehmensführung herauszustreichen.[65] Trotzdem wäre die Schenkung an die Universität edelmütiger, wenn sie nicht in Erwartung einer ehrenden Gegenleistung erfolgte. Ein Titel als »Ehrensenator« der betreffenden Universität wäre in solchen Fällen sicherlich angemessener, da nicht auf irgendwelche fachlichen Leistungen bezogen, als ein Ehrendoktortitel – und obendrein noch seltener und damit schmückender, zumal weil ihn die Gesamtuniversität und nicht nur eine Fakultät verleihen würde.

7. Kirchliche »Ehrendoktorate« aus den USA

Wer keinen Dr. h.c. auf unbedenklichem Wege bekommt, kann sich in die Nähe des Titelhandels bewegen und versuchen, einen so genannten kirchlichen Dr. h.c. zu erwerben. Verliehen wird dieser von einer angeblichen Kirche, z.B. von der Miami Life Development Church (MLDC)[66] oder von The California Church & University Institute (CCUI) (ohne eigene Website in den USA und nur von Deutschland aus betrieben)[67] – am 15.6. 2013 zum Angebotspreis von nur 35 €! Jede eingetragene und anerkannte Kirche in den USA habe das Recht, so genannte Honorary Degrees zu verleihen. Freilich haben »Doktortitel« wie der »Doctor h.c. of Motivation«, der »Doctor h.c. of Angel Therapy«, der »Doctor h.c. of Immortality«, der »Doctor h.c. of Aromatherapy«, der »Doctor h.c. of Exorcism«, der »Doctor h.c. of Ufology« oder der »Doctor h.c. of Feng Shui« mehr als nur etwas unfreiwillig Komisches an sich.[68] Weitaus gefährlicher, weil verwechslungsträchtiger ist der vor allem über Groupon vertriebene »Dr. h.c. of Religious Science«.[69] Ob sich wegen Titelmissbrauchs strafbar macht, wer einen solcherart konstruierten und für billig' Geld erkauften »Dr. h.c.« in Deutschland führt, ist näherer Betrachtung wert und wohl zu bejahen.[70]

Ironisch-satirisch verarbeitet das Phänomen übrigens eine deutschsprachige Website,[71] deren Angebot gar in einem »patentierten Doktorzeugnis-Generator« gipfelt, der bequem und ohne jede Anstrengung zum »Dr. kauf« führt.[72]

8. Zu guter Letzt

Am Ende gilt: Wer immer sein Leben beschließt, ohne einen Dr. h.c. erhalten zu haben, der mag sich mit dem Schicksal des berühmten Moralphilosophen und Nationalökonomen Adam Smith (1723–1790) trösten: »Im August 1746 befreite sich Smith aus der Gefangenschaft fetter Lendenbraten und faulenzender Universitätslehrer und kehrte zu einer philosophisch interessierten Gesellschaft zurück. Nach Oxford kam er nie wieder; auch zeigte Oxford kein Interesse an ihm. Obwohl im 18. Jahrhundert neben Edward Gibbon, dem großen Historiker, der bedeutendste Student der Universität, wurde Smith der Titel eines Ehrendoktors nie verliehen.«[73]

XVII. Böses Nachspiel:
Entziehung des Doktorgrades

> »Hätte er damals schon eine betrügerische
> Neigung gehabt, so hätte er sich bessere
> Ergebnisse zurechtfälschen können.«
>
> Ernst Bucher*

Glücklicherweise nur sehr selten kommt es zu einem
Nachspiel der bösesten Art: der Entziehung des Doktorgrades[1] (womit hier nur die Entziehung aus einem anderen Grunde als Plagiat gemeint ist). Eine Entziehung er-
niedrigt mehr, als die Verleihung je erhöhen könnte.[2] Auf
welche Gründe sich eine Entziehung stützen kann, regeln
die Landesgesetze und die Promotionsordnung der Fakultät, welche den Titel verliehen hat. Hauptgrund für
die Entziehung ist Unwürdigkeit. An diesem Tatbestand
sind mehrere Aspekte unschön: Erstens ist er ein Relikt
aus der NS-Zeit.[3] Die Mehrzahl der Anwendungen rich-
tete sich gegen jüdische Doktoren, und der Vorwurf der
Unwürdigkeit stützte sich auf ihr Judentum.[4] Besonders
unrühmlich taten sich die Universitäten Wien und Breslau hervor, letztere mit 262 Entziehungen.[5] Oft geschah
die Entziehung, um mit dem Verlust des akademischen
Grades das berufliche Fortkommen und die gesellschaft-
liche Integration von Emigranten im Ausland zu behindern.[6] Zweitens ist der Tatbestand so unbestimmt, dass es
rechtsstaatlich sehr schwer ist, auf ihn eine haltbare Ent-

ziehung der Doktorwürde zu stützen.[7] Allerdings ist es nicht unmöglich, und das Würdigkeitskriterium ist auf vielen Gebieten anerkannt und etabliert, da es der Konkretisierung durch Auslegung zugänglich ist.[8] Drittens bedarf es bei ganz strikter Betrachtung eigentlich einer spezielleren Rechtsgrundlage für die Aufhebung eines ursprünglich rechtmäßig ergangenen Verwaltungsakts aufgrund eines dem Erlass nachfolgenden Fehlverhaltens.[9] Viertens steht in Rede, ob nicht ein Wissenschaftsbezug des Fehlverhaltens zu verlangen ist.[10]

Im historischen Kontext der Bundesrepublik konnte sich die Unwürdigkeit vor allem aus dem Verhalten des Promovierten im Dritten Reich ergeben. Bluturteile, Aufsichtspositionen in Konzentrationslagern, Menschenversuche oder die Beteiligung an Euthanasieprogrammen sind nur die Spitze denkbarer Verfehlungen.[11] Diese historischen Kontexte sind im Lauf der Zeit in den Hintergrund gerückt. Ein Einzelfall war die Entziehung wegen Drogendelikten.[12] Heute steht der Verleihung des Doktorgrades nachlaufendes berufliches Fehlverhalten im Vordergrund.[13]

Heute kann Doctores iuris der Vorwurf der Unwürdigkeit insbesondere treffen, wenn sie als Rechtsanwälte oder Notare ihnen anvertraute Mandantengelder veruntreut haben. Neben den Verlust der Zulassung, also die berufsrechtliche Sanktion, tritt dann der Verlust des Doktortitels als akademische Sanktion. Der wohl spektakulärste und bekannteste Fall dieser Art spielte in der zweiten Hälfte der 1980er in Hamburg.

Doctores medicinae droht die Unwürdigkeit, wenn sie sich bei Studien und Testreihen einseitig den Interessen der Pharmaindustrie verschreiben und insbesondere, wenn sie Testergebnisse bewusst verfälschen. Außerdem können ihnen wiederholte Fehlbehandlungen (»Ärztepfusch«) zum Verhängnis werden.

Auch schwerwiegendes wissenschaftliches Fehlverhalten nach der Promotion kann Unwürdigkeit begründen. So hat die Universität Konstanz mit Recht[14] einem »Forschungsbetrüger«, nämlich dem seinerzeit aufstrebenden Star am Himmel der Physik Jan Hendrik Schön, den Titel entzogen, der 1997 an ihr promoviert und später nachweislich die Ergebnisse von Experimenten gefälscht hatte.[15] Der Begriff der Unwürdigkeit kann eben auch wissenschaftsbezogen ausgelegt werden und dadurch die verfassungsrechtlich nötigen Konturen gewinnen.[16] Unwürdigkeit liegt in dieser Hinsicht vor, wenn sich der durch den Doktortitel begründete Anschein wissenschaftskonformen Arbeitens aufgrund gravierender Verstöße gegen die Grundsätze guter wissenschaftlicher Praxis und Redlichkeit als unzutreffend herausgestellt hat und zum Schutz vor Irreführung korrigiert werden muss.[17] Die Entziehung des Doktorgrades erfolgt im Interesse einer funktionstauglichen Wissenschaft und dient damit dem Schutz eines überragend wichtigen Gemeinschaftsinteresses.[18]

Anmerkungen

Einführung

* Martin Walser, Ehen in Philippsburg. Roman. Frankfurt a.M. 1957, S. 220.

1 Heinrich Wölfflin (1864–1945) war 1893 (als Nachfolger von Jacob Burckhardt) Professor in Basel geworden, 1901 in Berlin, 1912 in München und 1924 in Zürich.

2 Erwin Seitz, Der Mensch braucht Platz, um sich auszudehnen. Daher gefällt ihm die Architektur: Heinrich Wölfflins Dissertation ist nachgedruckt worden, in: FAZ Nr. 182 vom 8.8.2000, S. 49.

3 Heinrich Wölfflin, Prolegomena zu einer Psychologie der Architektur, neu herausgegeben von Helmut Geisert/Fritz Neumeyer mit einem Nachwort von Jasper Cepl, Berlin 1999.

4 Näher unten Kapitel XVI.

5 Angabe in: Capital 5/2002, S. 92. Nach Schätzungen von Manuel René Theisen kommt auf 100 Promotionen in Deutschland ein »falscher Doktor«.

6 Notiz in: FAZ Nr. 94 vom 23.4.2001, S. 14.

7 Den Fall einer dubiosen Praxis angeblicher Vermittlung eines Doktorvaters schildert anschaulich Christoph Welter, Vater gesucht, zahle bar. Innenansichten einer Promotionsberatung, in: Forschung & Lehre 11/98, S. 580f.

8 Stefan Zweig, Marie Antoinette. Bildnis eines mittleren Charakters. Frankfurt a.M., 21. Aufl., 1999, S. 18.

9 Hans Harald Bräutigam, Beruf: Frauenarzt. Erfahrungen und Erkenntnisse eines Gynäkologen. Hamburg 1998, S. 132/133.

10 Dazu o.V., Heimliche Sehnsucht nach Blut. Lübecker Lite-

raturwissenschaftler forscht über Vampire/Halsschlagader erst spät entdeckt, in: FAZ Nr. 131 vom 9. 6. 1998, S. 14.

11 Wenn hier vom »Doktorvater und seinen Kollegen« die Rede ist, so ist damit selbstverständlich auch die Doktormutter und die Kollegin gemeint.

12 Vorworte zu Dissertationen sind eine Fundgrube nicht nur für hochschulpolitische Informationen, sondern auch für die Schilderung familiärer Verhältnisse; menschlich anrührend z. b. die Danksagung im Vorwort der Dissertation von Götz-Karsten Weimann, Das Selbstbestimmungsrecht und die Landansprüche der indigenen Bevölkerung Kanadas, Hamburg 1966: »Meiner Mutter danke ich für ihre zeitintensive und unermüdliche Suche nach Rechtschreibfehlern.«

13 Vgl. dazu Franz Böhm, Die Luxemburger Wiedergutmachungsverträge und der arabische Einspruch gegen den Israelvertrag (1953), in: Ernst-Joachim Mestmäcker (Hrsg.), Franz Böhm. Reden und Schriften über die Ordnung einer freien Gesellschaft, einer freien Wirtschaft und über die Wiedergutmachung. Karlsruhe 1960, S. 216 ff.

14 Zu Adenauers diesbezüglicher Entscheidung (»eine der großen einsamen Entscheidungen seiner Kanzlerschaft«) siehe Hans-Peter Schwarz, Adenauer. Der Aufstieg 1876–1952. Stuttgart 1986, S. 902.

15 Honoré de Balzac, Oberst Chabert (1830). Deutsche Übersetzung Hamburg 1950, S. 78.

16 Laut DUDEN ist sowohl die Form »ich habe promoviert« als auch »ich bin promoviert worden« gebräuchlich.

17 Preiser, Franz Oppenheimer. Gedenkrede zur 100. Wiederkehr seines Geburtstages, in: Franz Oppenheimer zum Gedächtnis. Frankfurter Universitätsreden Heft 35. Frankfurt am Main 1964, S. 11 ff. (S. 25).

18 Weltmeistertitel werden im Boxen von mehreren Verbänden vergeben. Wladimir Klitschko hält gegenwärtig (September 2013) den Titel von nicht weniger als vier der fünf Weltverbände, nämlich WBA, WBO, IBF und IBA. Sein Bruder Vitali besitzt den Titel des fünften Verbandes, des

WBC, und ist ebenfalls mit einer sportwissenschaftlichen Arbeit in Kiew promoviert.

19 In: Vitali Klitschko im F.A.Z.-Sportgespräch: »Es ist ein gefährlicher Sport, ein Beruf für richtige Männer.« Der Boxweltmeister über Freunde, Familie und Lebensziele, in: FAZ Nr. 76 vom 30. 3. 2000, S. 48.

20 Bericht »Dr. Faust« stellt Dissertation über Sportler-Talente vor, in: Die Welt vom 13. 3. 2000, S. 43.

21 Marcel Reich-Ranicki, Mein Leben. München 2000, S. 378.

22 Hans Peters, Lehrbuch der Verwaltung. Berlin 1949, S. 140.

23 Dazu Arno Lustiger, Nach der Amputation blieb der Phantomschmerz aus. Wer rehabilitiert sie? Die Nationalsozialisten entzogen Tausenden ihre akademischen Titel, in: FAZ Nr. 291 vom 14. 12. 2005, S. 40.

24 Vgl. dazu Milos Vec, Aberkennung aberkannt. Die Humboldt-Universität inspiziert ihre Doktor-Titel, in: FAZ Nr. 158 vom 11. 7. 1998, S. 42.

25 Zum Folgenden Ludwig Jäger, Seitenwechsel. Der Fall Schneider/Schwerte und die Diskretion der Germanistik. München 1998; Helmut König (Hrsg.), Der Fall Schwerte im Kontext. Wiesbaden 1998; Claus Leggewie, Von Schneider zu Schwerte. Das ungewöhnliche Leben eines Mannes, der aus der Geschichte lernen wollte. München 1998; Sprache und Literatur. Sonderheft Der Fall Schneider/Schwerte, hrsg. von Hans-Jürgen Heringer/Ludwig Jäger/Gerhard Kurz/Georg Stötzel, 1997; Jochen Hörisch, Die Fatalität des Guten. Bücher über einen SS-Mann, der zu einem andern wurde, in: Neue Zürcher Zeitung Nr. 10 vom 14. 1. 1999, S. 35; Heinz Schlaffer, Ein zweites Ende. Zum Tod von Hans Schwerte alias Hans Ernst Schneider, in: FAZ Nr. 303 vom 29. 12. 1999, S. 43.

26 Vgl. dazu Matthias Arning, Hans Schneider darf Dr. Schwerte bleiben. Erlangener Universität erkennt unter falscher Identität erworbenen Titel nicht ab, in: Frankfurter Rundschau Nr. 188 vom 14. 8. 1996, S. 4.

27 Zitiert nach J.A., Eitel wie im Mittelalter. Weitere Debat-

ten um Dr. Elisabeth Teissier, in: FAZ Nr. 188 vom 15. 8. 2001, S. 45.

28 Statistisches Bundesamt (Hrsg.), Bildung im Zahlenspiegel. Wiesbaden 2004, S. 34 f.

29 Notiz in: FAZ Nr. 265 vom 14. 11. 1998, S. 55 – Vgl. auch (zu weiteren diesbezüglichen Promotionsorten: Martin Riemer, Promotion in Public Health, Jura 2004, 788.

30 Vgl. dazu ausführlich Katrin Hofer, Akademische Grade, Abschlüsse und Titel an künstlerischen Hochschulen. Frankfurt am Main 1996, S. 194 ff.

31 Katrin Hofer (En. 30), S. 247.

32 Katrin Hofer (En. 30), S. 197, mit weiteren Nachweisen.

33 Lorenz Jäger, Natur-Lehre. Überbringer der Flaschenpost: Alfred Schmidt wird siebzig, in: FAZ Nr. 116 vom 19. 5. 2001, S. 41.

34 Cornelius Torp, Max Weber und die preußischen Junker. Tübingen 1998, S. 9.

35 Peter Häberle, Rezension, Juristenzeitung 51 (1996), S. 719.

36 Manfred Franke, Wann Rezensenten streiken (Leserbrief), in: FAZ Nr. 140 vom 21. 6. 1999, S. 55.

37 Rainer Maria Kiesow, Die unfrohe Wissenschaft. Alles, was uns Recht ist. Rezension von Robert Schnabl, Der O.J. Simpson-Prozeß. Das strafprozessuale Vorverfahren und dessen Auswirkungen in rechtsvergleichender Darstellung. Berlin 1999, in: FAZ Nr. 25 vom 31. 1. 2000, S. 53.

38 Franz-Georg Evers, Besprechung von Matthias Manthei, Die Scheidungsreform von 1976 im Spiegel der Presse (Baden-Baden 1999), Zeitschrift für das gesamte Familienrecht 47 (2000), S. 1559.

39 Conrad Bornhak, Rezension von Bruno Schmidt, Der schwedisch-mecklenburgische Pfandvertrag über Stadt und Herrschaft Wismar (Leipzig 1901), Archiv des öffentlichen Rechts 16 (1901), 468, 469.

40 Urteil vom 24. 10. 1957, in: Entscheidungen des Bundesverwaltungsgerichts Bd. 5, S. 291 ff. (es ging um einen Berliner »behelfsmäßigen Personalausweis«).

41 Urteil vom 18. 8. 1992, zitiert nach Hamburger Morgenpost vom 19. 8. 1992, S. 6.

42 Zur einschlägigen Praxis: Günther Felix, Aufschriften und Unterschriften mit Vornamen der erkennenden Urteils-Richter und einschlägige Lehren aus dem Bundesgesetz-blatt, Neue Juristische Wochenschrift 1996, 1723 (1723).

I. Ein Mensch mit Doktortitel — etwas Besonderes?

* Arnold Stadler, Ein hinreißender Schrotthändler. Roman. Köln, 2. Aufl. 1999.

1 Thea Dorn, Berliner Aufklärung. Hamburg 1994. Dazu Jochen Schmidt, Mord in Datteln. Viel Masse, aber nur wenig Klasse: Die Regionalisierung des deutschen Kriminalromans, FAZ Nr. 251 vom 28. 10. 2000, S. IV.

2 Thea Dorn (En. 1), S. 40 f.

3 Volker Kaminski, Spurwechsel. Stuttgart/München, 2001, S. 33.

4 Zitiert im Vorwort der Dissertation von Stefan Simon, Autonomie im Völkerrecht. Ein Versuch zum Selbstbestimmungsrecht der Völker, Baden-Baden 2000, S. 2.

5 Tut er dies doch, so wird der Doktortitel besonders erwähnt, so z.B. in einem Artikel über kuriose Begründungen von Einsprüchen gegen das Ergebnis der Parlamentswahl in Hamburg 2001: »Ein Hamburger mit Doktortitel will mit seinem Einspruch die Vergangenheit wieder lebendig machen. Er beruft sich nicht auf die gültigen Vorschriften, sondern meint, das Wahlgesetz von 1850(!) müsse in Kraft bleiben.« (Hamburger Abendblatt vom 7. 2. 2002, S. 14: Elf Bürger fechten die Wahl an).

6 Sebastian Haffner, Geschichte eines Deutschen. Die Erinnerungen 1914–1933. Stuttgart/München, 2000, S. 139. Auf die Zweifel daran, ob dieses Buch tatsächlich von Sebastian Haffner stammt, kann hier nicht eingegangen werden.

7 Thomas Delekat, in: Die Welt vom 1. 2. 1999, S. 15.

8 Lateinisch doctrix, nicht doctora; Verwaltungsgericht

Hannover 22. 3. 2000 – 6 A 1529/98 http://www.recht
sprechung.niedersachsen.de,

9 Vgl. dazu die Notiz: »Isabell Werth beginnt Leben ohne
den ›Doktor‹«, in FAZ Nr. 251 vom 29. 10. 2001, S. 44.

10 Vgl. dazu Mark Siemons, Im Falle eines Fallbeilfalles. Heiner Müller und die Gladow-Bande am Tatort Berlin, FAZ
Nr. 13 vom 16. 1. 1999, S. 41

11 Dazu eingehend Eva Bosbach, Promotion in den Geisteswissenschaften, Wiesbaden 2011.

12 Ferdinand Knauß, Lasst das Promovieren sein!, Zeit online
3. 4. 2013.

13 Conrad Bornhak, Das monarchische Titelverleihungsrecht
und die akademischen Grade, Verwaltungsarchiv Bd. 21
(1913), 63, 65 f.; Winfried Kluth, Verfassungsrechtliche Aspekte des Promotionsrechts, in: Festschrift für Hartmut
Schiedermair, Heidelberg 2001, S. 569, 571.

14 Siehe nur Nathalie Huber/Susan Böhmer, Karrierewege
von Promovierten in der Wissenschaft, in: Nathalie Huber/
Anna Schelling/Stefan Hornbostel (Hrsg.), Der Doktortitel
zwischen Status und Qualifikation, iFQ-Working Paper
No. 12, November 2012, S. 69; Reinhard Kreckel, Die For-
schungspromotion: Internationale Norm und nationale
Realisierungsmöglichkeiten, in: Nathalie Huber/Anna
Schelling/Stefan Hornbostel (Hrsg.), Der Doktortitel zwi-
schen Status und Qualifikation, iFQ-Working Paper
No. 12, November 2012, S. 141, 155.

15 Vgl. die Kritik des Wissenschaftsrates im Positionspapier
»Anforderungen an die Qualitätssicherung in der Promotion« vom 14. 11. 2011, S. 29 unter B X und Julia Bönisch, Dr.
med. Dünnbrettbohrer, SZ vom 17. 5. 2010; Martin Spiewak, Flachforscher, Die Zeit Nr. 35 vom 25. 8. 2011, S. 31.

16 Josef Joffe, Der Doktortitel als Versuchung, Zeit online
13. 2. 2013; vgl. Rainer Christoph Schwinges, Promotionen
in historischer Perspektive: Organisation und Gesellschaft,
in: Nathalie Huber/Anna Schelling/Stefan Hornbostel
(Hrsg.), Der Doktortitel zwischen Status und Qualifikation, iFQ-Working Paper No. 12, November 2012, S. 15;

Heinrich Lange, Vom Adel des Doktors, in: Klaus Luig/ Detlef Liebs (Hrsg.), Das Profil des Juristen in der europäischen Tradition, Ebelsbach 1980, S. 279.

17 Heinrich Best, Promotionen von Politikern im historischen und internationalen Vergleich, in: Nathalie Huber/Anna Schelling/Stefan Hornbostel (Hrsg.), Der Doktortitel zwischen Status und Qualifikation, iFQ-Working Paper No. 12, November 2012, S. 33, 35.

18 Ulrich Karpen, Akademische Grade, Titel, Würden, in: Christian Flämig (Hrsg.), Handbuch des Wissenschaftsrechts, Bd. I, 2. Aufl. Berlin 1996, S. 795, 800; Rainer Christoph Schwinges, Promotionen in historischer Perspektive: Organisation und Gesellschaft, in: Nathalie Huber/Anna Schelling/Stefan Hornbostel (Hrsg.), Der Doktortitel zwischen Status und Qualifikation, iFQ-Working Paper No. 12, November 2012, S. 15, 19.

19 Elmar Tenorth/Helmut Fend, »Eine gravierende Fehleinschätzung«, Zeit online 17. 10. 2012.

20 René Matzdorf, bei: Eva Keller, Irgendwann ruft jeder mal Heureka, duz Magazin 11/2011, 15.

21 Vgl. Wissenschaftsrat Positionspapier »Anforderungen an die Qualitätssicherung in der Promotion« vom 14. 11. 2011, S. 22 f. unter B IV; Reinhard Kreckel, bei: Johann Osel, Die überhitzte Doktorandenschmiede, duz Magazin 4/2011, 9. Siehe aber auch Andreas Sentker, Doktor-Prüfung, Die Zeit Nr. 20 vom 12. 5. 2011, S. 37.

22 91. Deutscher Juristen-Fakultätentag (23./24.6.2011) Beschluss DJFT 2011/III unter 2; Walter Bayer, Editorial, notar 4/2011; Randi Gunzenhäuser/Erika Haas, Promovieren mit Plan, 2. Aufl. Opladen/Farmington Hills 2006, S. 45.

23 Johann Osel, Die überhitzte Doktorandenschmiede, duz Magazin 4/2011, 9, 11; Reinhard Kreckel, Die Forschungspromotion: Internationale Norm und nationale Realisierungsmöglichkeiten, in: Nathalie Huber/Anna Schelling/ Stefan Hornbostel (Hrsg.), Der Doktortitel zwischen Status und Qualifikation, iFQ-Working Paper No. 12, November 2012, S. 141.

24 Stefan Hornbostel (Direktor des Instituts für Forschungsinformation und Qualitätssicherung IFQ), bei: Johann Osel, Die Aufgabe der Promotion, duz Magazin 11/2011, 9.

25 Annette Schavan (CDU), bei: Johann Osel, Die Aufgabe der Promotion, duz Magazin 11/2011, 9.

26 Dieter Wiefelspütz (SPD), bei: Johann Osel, Die Aufgabe der Promotion, duz Magazin 11/2011, 9.

27 Eingehend Melanie Berkl, Zur Eintragungsfähigkeit akademischer Grade in die Personenstandsregister, Das Standesamt 2013, 177.

28 Dafür Oberlandesgericht Nürnberg 17. 3. 2010 – 11 W 229/10, Das Standesamt 2010, 148; Oberlandesgericht Nürnberg 8. 8. 2012 – 11 W 1282/12, Das Standesamt 2012, 374.

29 Dafür OLG Celle 5. 2. 2013 – 17 W 9/12, BeckRS 2013, 03927 mit weiteren Nachweisen; OLG Karlsruhe 11. 12. 2012 – 11 Wx 42/10, Neue Juristische Wochenschrift 2013, 1099.

30 Christian Bode/Werner Becker/Rainer Klofat (Hrsg.), Universitäten in Deutschland/Universities in Germany, München 1997, S. 300.

31 Angaben nach: Die Welt vom 13. 10. 2001, S. 37.

32 Zitiert nach: FAZ Nr. 114 vom 17. 5. 2000, S. 4.

33 Kristine August, Macht ein Doktor-Titel reich?, Welt am Sonntag Nr. 17 vom 24. 4. 2011, S. 62.

34 Statistisches Bundesamt: Fachserie 11 Bildung und Kultur, Reihe 4.2: Prüfungen an Hochschulen 2009, Wiesbaden 2010.

35 Kristine August, Macht ein Doktor-Titel reich?, Welt am Sonntag Nr. 17 vom 24. 4. 2011, S. 62.

36 Johann Osel, Die überhitzte Doktorandenschmiede, duz Magazin 4/2011, 9, 10.

37 Statistisches Bundesamt: Fachserie 11 Bildung und Kultur, Reihe 4.2: Prüfungen an Hochschulen 2009, Wiesbaden 2010.

38 Kalle Hauss u. a., Promovierende im Profil: Wege, Strukturen und Rahmenbedingungen von Promotionen in

Deutschland, iFQ-Working Paper No. 13 (November 2012)
http://www.forschungsinfo.de/Publikationen/Download/
working_paper_13_2012.pdf.

39 Jürgen Kaube, Dr. inflationis causa, FAZ Nr. 196 vom 25. 8.
2009, S. 27; Stefan Bach, Stoppt die Doktortitel-Inflation,
Zeit online 25. 1. 2013; Ferdinand Knauß, Lasst das Promovieren sein!, Zeit online 3. 4. 2013.

40 Wolfgang Adamczak, Ich liebe meinen Professor, duz Magazin 4/2011, 12, 13.

41 Eva Bosbach, Von Bologna nach Boston?, Leipzig 2009,
S. 157; Sandra Beaufaÿs, Zugänge zur Promotion. Welche
selektiven Mechanismen enthält die wissenschaftliche Praxis?, in: Nathalie Huber/Anna Schelling/Stefan Hornbostel (Hrsg.), Der Doktortitel zwischen Status und Qualifikation, iFQ-Working Paper No. 12, November 2012, S. 163
(163).

II. Warum promovieren? Gründe dafür und dagegen

1 Zum Promovieren im Einzelnen und zu Auswirkungen auf
die Karrierechancen: Jürgen Enders/Lutz Bornmann, Karriere mit Doktortitel? Frankfurt/New York 2001; Barbara
Messing/Klaus-Peter Huber, Die Doktorarbeit: Vom Start
zum Ziel. Lei(d)tfaden für Promotionswillige, 3. Aufl. Ber-
lin/Heidelberg/New York 2004. – Vgl. ferner: Kienbaum
High-Potentials-Studie 2004

2 Britta Stahlberg, Dieter Wedel – Der Vater der Affäre Semmeling, in: Die Welt vom 5. 1. 2002, S. 42.

3 Bernhard von Gersdorff, Ernst von Pfuel. Freund Heinrich
von Kleists, General, Preußischer Ministerpräsident 1848.
Berlin 1981, S. 11.

4 Theodor Fontane, Der Stechlin, 1899. Nachdruck Zürich
1999, S. 174.

5 Sibylle Tönnies, Die Alten und die Jungen, in: 52 Merkur
1998, Nr. 591, S. 545 ff.

6 Die folgenden Ausführungen stützen sich insbesondere auf Peter Moraw, Der deutsche Professor vom 14. bis zum 20. Jahrhundert, in: Alexander von Humboldt-Stiftung. Mitteilungen (AvH-Magazin) 72/1998, 15, und Rainer A. Müller, Geschichte der Universität. Von der mittelalterlichen Universität zur deutschen Hochschule, München 1990. – Zur späteren Entwicklung: Marita Baumgarten, Professoren und Universitäten im 19. Jahrhundert. Zur Sozialgeschichte deutscher Geistes- und Naturwissenschaftler, Göttingen 1997.

7 Der Ausdruck »Artisten« hatte also hier eine andere Bedeutung als heute, etwa in dem Titel des Filmes von Alexander Kluge, Artisten in der Zirkuskuppel: ratlos (1968).

8 Vgl. dazu Rainer A. Müller (En. 6), S. 27.

9 In der Rangskala der Fakultäten nahm die theologische Fakultät den höchsten Rang ein; Rainer A. Müller (En. 6), S. 27.

10 Ein Student, der aus begütertem Hause stammte und die entsprechenden Kenntnisse bei einem Hauslehrer schon erworben hatte, konnte allerdings sogleich »oben«, d. h. bei einer der höheren Fakultäten mit dem Studium beginnen; vgl. dazu Peter Moraw (En. 6), S. 19.

11 Rainer A. Müller (En. 6), S. 27.

12 Vgl. dazu Peter Moraw (En. 6), S. 20.

13 Vgl. dazu – für die Doktoren der juristischen Fakultäten – Dietmar Willoweit, Die Juristische Fakultät der Albertus-Universität zu Königsberg, in: Festschrift für Gerhard Ritter, Würzburg 1995, S. 173, 176.

14 Peter Moraw (En. 6), S. 21.

15 Rainer A. Müller (En. 6), S. 28.

16 Dazu Ingo von Münch, Wie wird man Professor? Der Weg dorthin – die Habilitation – ist oft kritisiert worden, in: Die Zeit Nr. 50 vom 10. 12. 1982, S. 33/34.

17 Vgl. dazu §§ 44–48 Hochschulrahmengesetz i.d. Fassung der Bekanntmachung vom 16. 2. 2002, Bundesgesetzblatt 2002 I, S. 693.

18 Dazu Hermann Weber, Anwaltliche Vertretung in Kir-

chensachen nach kirchlichem und staatlichem Recht, Anwaltsblatt 1994, S. 345, 346.

19 Zit. bei Anke Müller, Neue Strukturen für das Chemiestudium, in: Die Welt vom 10. 8. 1998, S. 9.

20 Siehe: Kaum Chemiker ohne Doktortitel (Notiz), in: FAZ Nr. 182 vom 7. 8. 2004, S. 49.

21 Constantin Gillies, Mit Doktorhut ins Labor der Zukunft. Unternehmen der Biotechnologie suchen so viele Wissenschaftler wie nie zuvor, in: Die Welt vom 12. 5. 2001, S. B 1.

22 Rüdiger Marquardt (DECHEMA), zitiert bei Gillies (En. 21), S. B 1.

23 Zitiert bei Karen Horn, Die Promotion ist kein Blankoscheck für eine bessere Karriere. Nach dem Examen den richtigen Weg einschlagen: Genaue Planung und ehrliche Selbsteinschätzung wichtig, in: FAZ Nr. 169 vom 24. 7. 1999, S. 59.

24 Promovierte verdienen mehr, Tabelle in: FAZ Nr. 211 vom 10./11. 9. 2011, S. C 4.

25 Eine Promotion zahlt sich in der Wirtschaft aus, in: FAZ Nr. 227 vom 29. 9. 2001, S. 69. – Allgemein: Jürgen Enders/ Lutz Bornmann, Karriere mit Doktortitel? Ausbildung, Berufsverlauf und Berufserfolg von Promovierten, Frankfurt a. M. 2002.

26 Johann Osel, Die überhitzte Doktorandenschmiede, duz Magazin 4/2011, 9, 10.

27 Eugen Dietrich Graue, Die rechtswissenschaftliche Promotion, in: Dagmar Schreiber/Hans-Uwe Erichsen/Klaus Geppert/Philip Kunig/Harro Otto/Klaus Schreiber, Jura Extra: Das Jura-Studium, 2. Aufl. Berlin/New York 1993, S. 149.

28 Thorsten Reinhard, Juristen zieht es nach wie vor in die Kanzleien. Problemloser Einstieg meist nur mit Prädikatsexamen – Große Sozietäten erwarten unternehmerisches Denken, in: Die Welt vom 31. 7. 1999, S. BR 1.

29 Zitiert in: Promovierte Juristen »mit Ecken und Kanten« gesucht, Die Welt vom 28. 12. 1999, Hamburg-Teil, S. 42.

30 Doktortitel als Karrierevorteil? Nicht unbedingt, in: Die Welt vom 26. 5. 2001, S. B 1.

31 Allerdings sind die Rekrutierungsmechanismen für Wirtschaftseliten nicht ganz so einfach und rekurrieren doch gern auf Herkunft, Manieren und »Stallgeruch«; der Promovierte muss nicht zwingend »dazu gehören«; näher Michael Hartmann/Johannes Kopp, Elitenselektion durch Bildung oder durch Herkunft? – Promotion, soziale Herkunft und der Zugang zu Führungspositionen in der deutschen Wirtschaft, Köner Zeitschrift für Soziologie und Sozialpsychologie Bd. 53 (2001), 436.

32 Guido Heineck/Britta Matthes, Zahlt sich der Doktortitel aus? Eine Analyse zu monetären und nicht-monetären Renditen der Promotion, in: Nathalie Huber/Anna Schelling/Stefan Hornbostel (Hrsg.), Der Doktortitel zwischen Status und Qualifikation, iFQ-Working Paper No. 12, November 2012, S. 85, 92–95.

33 Jürgen Enders/Lutz Bornmann, Karriere mit Doktortitel?, Frankfurt/New York 2001.

34 Guido Heineck/Britta Matthes, Zahlt sich der Doktortitel aus? Eine Analyse zu monetären und nicht-monetären Renditen der Promotion, in: Nathalie Huber/Anna Schelling/Stefan Hornbostel (Hrsg.), Der Doktortitel zwischen Status und Qualifikation, iFQ-Working Paper No. 12, November 2012, S. 85, 95 f.

35 Guido Heineck/Britta Matthes, Zahlt sich der Doktortitel aus? Eine Analyse zu monetären und nicht-monetären Renditen der Promotion, in: Nathalie Huber/Anna Schelling/Stefan Hornbostel (Hrsg.), Der Doktortitel zwischen Status und Qualifikation, iFQ-Working Paper No. 12, November 2012, S. 85, 96.

36 Dazu Ingo von Münch, Auf der Suche nach der gestohlenen Zeit, Neue Juristische Wochenschrift 1996, 1390.

37 Aufgelistet bei und zitiert nach Wolfgang Adamczak, Ich liebe meinen Professor, duz Magazin 4/2011, 12 f.

38 Dieter Schwanitz, Der Campus, 1995.

39 Randi Gunzenhäuser/Erika Haas, Promovieren mit Plan,

2. Aufl. Opladen/Farmington Hills 2006, S. 15; Euge Buß, Die Akademisierung der Vordstandsetagen, in: Nathalie Huber/Anna Schelling/Stefan Hornbostel (Hrsg.), Der Doktortitel zwischen Status und Qualifikation, iFQ-Working Paper No. 12, November 2012, S. 25.

40 Vgl. aus Anlass des Falles v. Guttenberg Pia Lorenz, Der überforderte Nicht-Wissenschaftler ohne Vorsatz, Legal Tribune Online 28. 2. 2011.

41 Randi Gunzenhäuser/Erika Haas, Promovieren mit Plan, 2. Aufl. Opladen/Farmington Hills 2006, S. 15.

42 Randi Gunzenhäuser/Erika Haas, Promovieren mit Plan, 2. Aufl. Opladen/Farmington Hills 2006, S. 32.

III. Doktorvater und Doktormutter

1 Brief vom 9. 2. 1907, in: Theodor Heuss/Elly Knapp, So bist Du mir Heimat geworden. Eine Liebesgeschichte in Briefen aus dem Anfang des Jahrhunderts. Herausgegeben von Hermann Rudolph. Stuttgart 1986, S. 149.

2 Brief vom 28. 4. 1907 (En. 1), S. 180.

3 Vgl. dazu Ulla Hofmann, Auch »Bimbes« und »McJob« stehen jetzt im Duden. Der »Pomadenhengst« wurde gestrichen/Aufnahme von 5000 neuen Wörtern, in: FAZ Nr. 196 vom 24. 8. 2000, S. 17.

4 Christine Windbichler, Promovieren an der Juristischen Fakultät der Humboldt-Universität zu Berlin, in: Humboldt-Universität zu Berlin – Juristische Fakultät, Studienführer, 2. Aufl., Berlin 1997, S. 133.

5 Harrison George Mwakyembe, Tanzania's Eighth Constitutional Amendment and its Implications on Constitutionalism, Democracy and the Union Question, Münster 1995, Preface.

6 Vgl. das Vorwort zu der Dissertation von Johan Rabe, Equality, Affirmative Action, and Justice. Hamburg 2001: »I specially wish to thank Prof. Karpen for acting as my ›Doktor Vater‹ and his support with this project« (S. 5).

7 Gabriele Gast, Die politische Rolle der Frau in der DDR, Düsseldorf 1973.

8 Gabriele Gast, Kundschafterin des Friedens. 17 Jahre Top-spionin der DDR beim BND, Frankfurt am Main 1999, S. 47/48.

9 Zitiert nach: Neue Juristische Wochenschrift 52 (1999), Heft 31 (Anzeigenteil).

10 Zitiert nach: Neue Juristische Wochenschrift 52 (1999) Heft 31 (Anzeigenteil).

11 Zitiert nach: Neue Juristische Wochenschrift 27 (1974) Heft 10 (Anzeigenteil).

12 Helmut K.J. Ridder, Vom allzu zeitigen Ausverkauf der Grundrechte. Bemerkungen zu den »Sünderin«-Entschei-dungen der Landesverwaltungsgerichte Münster und Rheinland-Pfalz sowie des OVG Lüneburg, Juristenzei-tung 1953, 249, 250.

13 Frank Thiess, Verbrannte Erde. Wien/Hamburg 1963, S. 231. Den berühmten Philologen Erich Schmidt, im Jubi-läumsjahr der Friedrich-Wilhelm-Universität deren Rek-tor, schildert Thiess so: »... ein ungewöhnlich schöner, stol-zer und selbstbewußter Herr –, (er) sprach über Goethe, als habe er ihn entdeckt, und verfügte, wie die meisten seiner Kollegen, über eine wahre Meisterschaft darin, die armseli-gen Baumäffchen, zu denen seine Rede aus olympischer Wolke niederrieselte, überhaupt nicht zu bemerken« (a.a.O., S. 230/231).

14 Friedrich Karl Fromme, Gewissheiten aus der Welt der Buddenbrooks. Wärme war seine Sache nicht, aber er dul-dete Widerspruch, als der Widerspruch noch keine Mode war – Erinnerung an Theodor Eschenburg, in: Die Welt vom 1. 3. 2000, S. 36.

15 Gemeint ist damit vermutlich die Zahlung des damaligen sogenannten Kolleggeldes.

16 Henry Adams, Erziehung des Henry Adams, 1953, S. 123 f.

17 Vgl. dazu: Grenzüberschreitende Persönlichkeit. Prof. Dr. Dr. h.c. mult. Herbert Oelschläger zum Ehrendoktor er-nannt, in: Uni-Journal Jena Heft 10/2000, S. 5.

18 Vgl. dazu Peter Gilles, Gerhard Schiedermair, in: Bernhard Diestelkamp/Michael Stolleis (Hrsg.), Juristen an der Universität Frankfurt am Main, Baden-Baden 1989, S. 292, 302.

19 Vgl. dazu Gert Nicolaysen, Hans Peter Ipsen, in: Recht und Juristen in Hamburg, herausgegeben von Jan Albers/Klaus Asche/Jürgen Gündisch/Hans-Joachim Seeler/Werner Thieme, Köln usw., Bd. II, 1999, S. 417, 432.

20 Wissenschaftsrat, Positionspapier »Anforderungen an die Qualitätssicherung in der Promotion« vom 14. 11. 2011, S. 19 f.

21 Stefan Hornbostel, Warum Karl Marx nach Jena ging, duz Magazin 11/2011, 12, 13.

22 Wissenschaftsrat, Positionspapier »Anforderungen an die Qualitätssicherung in der Promotion« vom 14. 11. 2011, S. 20.

23 Karl d'Ester (1881–1960), gilt als einer der Begründer der Publizistikwissenschaft in Deutschland.

24 Otto B. Roegele, Rückblicke auf die Universität, wie sie war, in: Festschrift für Nikolaus Lobkowicz zum 65. Geburtstag, Berlin 1996, S. 409.

25 Thea Dorn, Berliner Aufklärung, Hamburg 1994, S. 78.

IV. Thema der Dissertation

* Zitiert bei Wolfgang Clemen, Keine Grenzen des Bücherwachstums? Wie Sekundärliteratur die Literatur zu überwuchern droht, in: Süddeutsche Zeitung Nr. 76 vom 30./31. 3. 1974, S. 97.

1 Friedrich-Christian Schroeder, Die Last des Kommentators. Zum strafrechtlichen Publikationswesen in der Bundesrepublik Deutschland, in: Festschrift für Herbert Tröndle, Berlin/New York 1989, S. 77, 87.

2 Ein Beispiel hierfür ist die Dissertation von Michael Bartsch, Software und das Jahr 2000, Baden-Baden 1998. Die Dissertation beruht auf einem Gutachten, das der Ver-

fasser für die Kölnische Rückversicherungsgesellschaft AG
erstellt hat.

3 Randi Gunzenhäuser/Erika Haas, Promovieren mit Plan,
2. Aufl. Opladen/Farmington Hills 2006, S. 17.

4 Randi Gunzenhäuser/Erika Haas, Promovieren mit Plan,
2. Aufl. Opladen/Farmington Hills 2006, S. 17.

5 Götz Landwehr, Max Kaser in Hamburg 1959–1971, Zeitschrift der Savigny-Stiftung für Rechtsgeschichte (Roma-
nistische Abteilung), 115. Bd. (1998), 10, 17.

6 Siehe nur Randi Gunzenhäuser/Erika Haas, Promovieren
mit Plan, 2. Aufl. Opladen/Farmington Hills 2006, S. 17.

7 Siehe nur Peter Derleder, Ex promotione lux?, myops 11
(2011), 12, 16.

8 Randi Gunzenhäuser/Erika Haas, Promovieren mit Plan,
2. Aufl. Opladen/Farmington Hills 2006, S. 17.

9 Randi Gunzenhäuser/Erika Haas, Promovieren mit Plan,
2. Aufl. Opladen/Farmington Hills 2006, S. 41.

10 Leserbrief von Dr. med. Dieter Schulte, Münster; in: FAZ
Nr. 116 vom 19. 5. 2001, S. 49. Nachdruck mit freundlicher
Genehmigung des Leserbriefschreibers.

11 Zeruya Shalev, Liebesleben. Roman. Aus dem Hebräischen
von Mirjam Pressler. Berlin 2000, S. 78.

12 Thorsten Eichenauer, Das Notbewilligungsrecht des Bundesministers der Finanzen. Inaugural-Dissertation zur Er-
langung des Grades eines Doktors der Rechte der Rechtswissenschaftlichen Fakultät der Christian-Albrechts-Universität zu Kiel. Kiel 1983, S. 183.

13 Beispiel für »eigenmächtiges Geldwechseln« im Sinne des
Strafrechts: Jemand entnimmt aus einem fremden Portemonnaie ohne Wissen des Eigentümers mehrere Geldmün-
zen und legt dafür einen Geldschein im selben Wert in das
Portemonnaie.

14 Friedrich-Christian Schroeder (En. 1), S. 85.

15 Siehe nur Peter Derleder, Ex promotione lux?, myops 11
(2011), 12, 16.

16 Siehe nur Peter Derleder, Ex promotione lux?, myops 11
(2011), 12, 15.

17 Marcel Reich-Ranicki, Mein Leben. München 2000, S. 508.
18 Paul Ingendaay, Der Sieger geht leer aus. Künstler und Popfigur: Vor hundert Jahren wurde Ernest Hemingway geboren, in: FAZ Nr. 163 vom 17. 7. 1999, Bilder und Zeiten I.
19 Thema der Dissertation von Otto C. Hartmann, Hamburg 1979.
20 Thema der Dissertation von Susanne Lühn-Irriger, Münster/Hamburg/London 1999.
21 Thema der Dissertation von Jochen Springer, Hamburg 2000.
22 Titel der Dissertation von Bernd Wermeckes, Baden-Baden 2000.
23 Vgl. dazu Hans Leyendecker, Verfassungsschutz beschlagnahmt Memoiren von Hansjoachim Tiedge. Staatsgefährdende Lebensbeichte. Der in Moskau abgetauchte Ex-BND-Mann liefert ein wenig Geraune in holpriger Agentenprosa, in: Süddeutsche Zeitung Nr. 204 vom 5./6. 9. 1998, S. 10. Tiedge befindet sich laut diesem Bericht seit August 1990 in Moskau, wo er ein Buchmanuskript mit dem Titel »Der Überläufer – Eine Lebensbeichte« geschrieben hat.
24 Sabine Lisicki: Fräulein Furchtlos mit dem Sieger-Gen, Badische Zeitung vom 4. 7. 2013.
25 Sabine Lisicki: Fräulein Furchtlos mit dem Sieger-Gen, Badische Zeitung vom 4. 7. 2013.
26 Helmut Kohl, Die politische Entwicklung in der Pfalz und das Wiedererstehen der Parteien nach 1945, Diss. Heidelberg 1958.
27 Norbert Lammert, Lokale Organisationsstrukturen innerparteilicher Willensbildung. Fallstudie am Beispiel eines CDU-Kreisverbandes im Ruhrgebiet, Bonn 1976.
28 Thema der Dissertation von Oliver Wirth, Münster/Hamburg/London 2000.
29 Thema der Dissertation von I-Shan Lin, Hamburg 1999.
30 Thema der Dissertation von Vassilios Gikas, Hamburg 1993.

31 Peter Derleder, Ex promotione lux?, myops 11 (2011), 12, 16.

32 Hans Ulrich Gumbrecht, Vom Leben und Sterben der großen Romanisten. Karl Vossler, Ernst Robert Curtius, Leo Spitzer, Erich Auerbach, Werner Krauss. München/Wien 2002, S. 8.

33 Holger Bloehte, Lady Bitch Ray bekommt Studienpreis für Doktorarbeit, BILD online vom 25. 7. 2013.

34 Nicholas Shakespeare, Bruce Chatwin. Eine Biographie. Deutsche Übersetzung von Anita Krätzer und Bernd Rullkötter, Reinbek 2000, S. 141.

V. Doktorandenbetreuung

1 Eine Aufstellung des Zeitaufwandes dazu bringt Michael Martinek, Der faule Rechtsprofessor – eine Entlarvung oder: non difficile est satiram scribere, Juristische Schulung 1997, 281, 282 f.

2 Siehe nur Winfried Kluth, Verfassungsrechtliche Aspekte des Promotionsrechts, in: Festschrift für Hartmut Schiedermair, Heidelberg 2001, S. 569, 578 f.

3 Eingehend Verwaltungsgericht Schwerin 9. 11. 2010 – 3 A 795/09.

4 Hartmut Maurer, Promotion, in: Christian Flämig (Hrsg.), Handbuch des Wissenschaftsrechts, Bd. 1, 2. Aufl. Berlin u. a. 1996, S. 753, 772; Winfried Kluth, Verfassungsrechtliche Aspekte des Promotionsrechts, in: Festschrift für Hartmut Schiedermair, Heidelberg 2001, S. 569, 579.

5 So aber Bundesgerichtshof 14. 1. 1959 – III ZR 117/58, Neue Juristische Wochenschrift 1960, 911; Hans Fertig, Die Rechtsstellung des Doktoranden, Deutsches Verwaltungsblatt 1960, 881, 883.

6 Hartmut Maurer, Promotion, in: Christian Flämig (Hrsg.), Handbuch des Wissenschaftsrechts, Bd. 1, 2. Aufl. Berlin u. a. 1996, S. 753, 772; Winfried Kluth, Verfassungsrechtli-

che Aspekte des Promotionsrechts, in: Festschrift für Hartmut Schiedermair, Heidelberg 2001, S. 569, 579.

7 Vgl. auch Wissenschaftsrat Positionspapier »Anforderungen
an die Qualitätssicherung in der Promotion« vom 14. 11.
2011, S. 20f. unter B II.

8 Reinhard Singer/Jan Wünschmann, Plagiarism and Its Ef-
fects on the German Ph.D., in: Festschrift für Artur-Axel
Wandtke, Berlin/New York 2013, S. 113, 117,

9 Empfehlungen der Deutschen Forschungsgemeinschaft
für das Erstellen von Betreuungsvereinbarungen http://
www.dfg.de/download/programme/graduiertenkollegs/
sonstige_vordrucke/l_90/l_90.pdf.

10 Udo Reifner, Juristenausbildungsdiskussion am Ende, Zeitschrift für Rechtspolitik 1999, 43, 44.

11 Zitiert nach: Marco Finetti/Armin Himmelrath, Der Sün-
denfall. Betrug und Fälschung in der deutschen Wissenschaft, Bonn 1999, S. 51.

12 Wolfgang Graf Vitzthum, Erinnerung an Werner von Simson, in: Peter Häberle/Jürgen Schwarze/Wolfgang Graf
Vitzthum (Hrsg.), Der Staat als Teil und als Ganzes. Semi-
nar zum Gedenken an Professor Werner von Simson am 21.
Februar 1998 in Freiburg, Baden-Baden 1998, S. 9, 15.

13 In: FAZ Nr. 286 vom 8. 12. 1999, S. 55. Die Todesanzeige ist
unterzeichnet von den Prof. Dres. H.J. Becker (Regens-
burg), G. Dilcher (Frankfurt am Main), G. Dolezalek
(Leipzig), E. Kaufmann (Marburg), U. Kornblum (Stuttgart), W. Sellert (Göttingen), D. Werkmüller (Marburg).

14 Vgl. Sandra Beaufaÿs, Zugänge zur Promotion. Welche
selektiven Mechanismen enthält die wissenschaftliche Praxis?, in: Nathalie Huber/Anna Schelling/Stefan Hornbostel (Hrsg.), Der Doktortitel zwischen Status und Qualifikation, iFQ-Working Paper No. 12, November 2012, S. 163,
166f.

15 Erhebungen bei Kalle Hauss u. a., Promovierende im Profil:
Wege, Strukturen und Rahmenbedingungen von Promotionen in Deutschland, iFQ-Working Paper No. 13, November 2012, S. 102–114.

16 H. Pardun, 50 Jahre DGF – Erinnerungen an die Gründung und die Jahre des Aufbaus der Gesellschaft, in: Fette, Seifen, Anstrichmittel, 88. Jg. (1986), Nr. 11, S. 455 ff. (S. 456). Die Abkürzung DGF steht für Deutsche Gesellschaft für Fettforschung (d. Verf.).

17 Wissenschaftsrat, Positionspapier »Anforderungen an die Qualitätssicherung in der Promotion« vom 14.11.2011, S. 19.

18 Sebastian Haffner, Geschichte eines Deutschen. Die Erinnerungen 1914–1933. Stuttgart/München 2000, S. 219.

19 Helmut Quaritsch, Hans Peter Ipsen zum Gedenken, Archiv des öffentlichen Rechts 123 (1998), 1, 17.

20 Zutreffend deshalb Heinrich Hubmann, Der Schutz der schöpferischen Leistung. Das Urheberrecht im universitären Bereich, Mitteilungen des Hochschulverbandes 26 (1978), 189 (189): »Da Doktoranden ihre Dissertation selbständig anfertigen müssen, werden sie in der Regel Alleinurheber sein.«

21 Wissenschaftsrat, Positionspapier »Anforderungen an die Qualitätssicherung in der Promotion« vom 14.11.2011, S. 18.

22 Wissenschaftsrat, Positionspapier »Anforderungen an die Qualitätssicherung in der Promotion« vom 14.11.2011, S. 18.

23 So z.B. Wissenschaftsrat Positionspapier »Anforderungen an die Qualitätssicherung in der Promotion« vom 14.11. 2011, S. 22 f. unter B IV.

24 Randi Gunzenhäuser/Erika Haas, Promovieren mit Plan, 2. Aufl. Opladen/Farmington Hills 2006, S. 13.

25 Friedrich Karl Fromme, Von der Weimarer Verfassung zum Bonner Grundgesetz. Die verfassungspolitischen Folgerungen des Parlamentarischen Rates aus Weimarer Republik und nationalsozialistischer Diktatur. Berlin, 3. Aufl., 1999.

26 Helga Knigge-Illner, Der Weg zum Doktortitel, 2. Aufl. Frankfurt/New York 2009, S. 50.

27 Helga Knigge-Illner, Der Weg zum Doktortitel, 2. Aufl. Frankfurt/New York 2009, S. 51.

28 Vgl. Helga Knigge-Illner, Der Weg zum Doktortitel, 2. Aufl. Frankfurt/New York 2009, S. 53 f.

29 Siehe nur Kalle Hauss u. a., Promovierende im Profil: Wege, Strukturen und Rahmenbedingungen von Promotionen in Deutschland, iFQ-Working Paper No. 13, November 2012, S. 96.

30 Vgl. Eva Bosbach, »And How Do I Fly, Exactly?«, in: Nathalie Huber/Anna Schelling/Stefan Hornbostel (Hrsg.), Der Doktortitel zwischen Status und Qualifikation, iFQ-Working Paper No. 12, November 2012, S. 125, 128.

31 Siehe nur Johannes Moes, Die strukturierte Promotion in Deutschland, in: Margret Wintermantel (Hrsg.), Promovieren heute, Hamburg 2010, S. 42; Cornelia Fraune/Simon Hegelich, Promovieren in Kollegs und Zentren: Entwicklung, Zielsetzungen und Angebote verschiedener Modell strukturierter Promotion, in: Franziska Grünauer/Anne Krüger/Johannes Moes/Torsten Steidten/Claudia Koepernik (Hrsg.), GEW-Handbuch Promovieren mit Perspektive, 2. Aufl. Bielefeld 2012.

32 Winfried Kluth, Verfassungsrechtliche Aspekte des Promotionsrechts, in: Festschrift für Hartmut Schiedermair, Heidelberg 2001, S. 569, 592.

33 Walter Bayer, Editorial, notar 4/2011.

34 Vgl. z. B. Wissenschaftsrat Positionspapier »Anforderungen an die Qualitätssicherung in der Promotion« vom 14. 11. 2011, S. 22 f. unter B IV.

35 Vgl. zu dieser Gruppe Randi Gunzenhäuser/Erika Haas, Promovieren mit Plan, 2. Aufl. Opladen/Farmington Hills 2006, S. 13.

36 Reinhard Kreckel, Die Forschungspromotion: Internationale Norm und nationale Realisierungsmöglichkeiten, in: Nathalie Huber/Anna Schelling/Stefan Hornbostel (Hrsg.), Der Doktortitel zwischen Status und Qualifikation, iFQ-Working Paper No. 12, November 2012, S. 141, 154.

37 Ebenso Reinhard Zimmermann, Juristische Bücher des Jahres: Eine Leseempfehlung, Neue Juristische Wochenschrift 2011, 3557, 3558.

38 Vgl. insoweit die Vermengung in 91. Deutscher Juristen-Fakultätentag (23./24. 6. 2011) Beschluss DJFT 2011/III unter 1.

39 Conrad S. Conrad, Dritter Promovierendentag an der Fakultät für Rechtswissenschaft – von der Einsamkeit im Elfenbeinturm (7. 12. 2011) http://www.jura.uni-hamburg.de/magazin/2011/12/.

40 Siehe nur Peter Derleder, Ex promotione lux?, myops 11 (2011), 12, 16.

41 Randi Gunzenhäuser/Erika Haas, Promovieren mit Plan, 2. Aufl. Opladen/Farmington Hills 2006, S. 58–62.

42 Eva Bosbach, »And how do I fly, exactly?«, in: Nathalie Huber/Anna Schelling/Stefan Hornbostel (Hrsg.), Der Doktortitel zwischen Status und Qualifikation, iFQ-Working Paper No. 12, November 2012, S. 125, 127.

43 Eva Bosbach, »And how do I fly, exactly?«, in: Nathalie Huber/Anna Schelling/Stefan Hornbostel (Hrsg.), Der Doktortitel zwischen Status und Qualifikation, iFQ-Working Paper No. 12, November 2012, S. 125, 127.

44 https://www.tu-braunschweig.de/Medien-DB/fk6/Be treuungsvereinbarung.pdf.

45 Wissenschaftsrat, Positionspapier »Anforderungen an die Qualitätssicherung in der Promotion« vom 14. 11. 2011, S. 19.

46 Randi Gunzenhäuser/Erika Haas, Promovieren mit Plan, 2. Aufl. Opladen/Farmington Hills 2006, S. 27.

47 Helga Knigge-Illner, Der Weg zum Doktortitel, 2. Aufl. Frankfurt/New York 2009, S. 54.

48 Andreas Krammig, Das Recht der Bankenaufsicht in Deutschland und Südafrika. Ein Rechtsvergleich über ausgewählte Themen, Baden-Baden 2001, S. 7.

VI. Finanzierung der Promotion

★ Renate Schostack, Hinter Wahnfrieds Mauern. Gertrud Wagner. Ein Leben, Hamburg 1998, S. 410.

1 Die traurige, aber köstlich geschriebene Geschichte von H. W., Aus dem Tagebuch eines Wirtschaftswissenschaftlichen Doktoranden, in: Orestes V. Trebeis (Hrsg.), Nationalökonomologie, 7. Aufl., Tübingen 1994, S. 57, 61, schließt mit der Eintragung: »13. März: Fünften Jahrestag meiner Dissertation schlicht gefeiert. Lissy versprochen, dass unser Sohn nie promovieren darf.«

2 Kallo Hauss u. a., Promovierende im Profil: Wege, Strukturen und Rahmenbedingungen von Promotionen in Deutschland, iFQ-Working Paper No. 13, November 2012, S. 124.

3 Vgl. dazu Heinz P. Galler/G. Wagner, Empirische Forschung und wirtschaftspolitische Beratung, in: Festschrift für Hans-Jürgen Krupp, Frankfurt/New York 1998, S. 17, 22 Fn. 7: »Der Doktorvater Hans-Jürgen Krupps, Adam Horn, hat sich damit ein kleines Denkmal gesetzt, da er – so erzählt es Hans-Jürgen Krupp – seinen Doktoranden darauf hinwies, er möge doch das häßliche Wort ›allerdings‹ vermeiden; wenn die entsprechende Redewendung schon nicht vermeidbar sei, dann möge er doch wenigstens den schöneren Begriff ›freilich‹ benutzen.«

4 Randi Gunzenhäuser/Erika Haas, Promovieren mit Plan, 2. Aufl. Opladen/Farmington Hills 2006, S. 18 f.

5 Siehe nur Randi Gunzenhäuser/Erika Haas, Promovieren mit Plan, 2. Aufl. Opladen/Farmington Hills 2006, S. 18 f.

6 Randi Gunzenhäuser/Erika Haas, Promovieren mit Plan, 2. Aufl. Opladen/Farmington Hills 2006, S. 19.

7 Vgl. Randi Gunzenhäuser/Erika Haas, Promovieren mit Plan, 2. Aufl. Opladen/Farmington Hills 2006, S. 12.

8 Zu damit zusammenhängenden juristischen Fragen vgl. Ulrike Seiler, Promotionsförderung bei Drittmittelverträgen, WIPRINFO (Personalrat des wissenschaftlichen Personals der Universität Hamburg [ohne UKE]), Februar 1998, S. 3.

9 Miriam Wolters/Sven Schmiedel, Promovierende in Deutschland, Statistisches Bundesamt, Wirtschaft und Statistik Juni 2012, 485, 491.

10 Notiz in: Die Welt vom 19. 4. 2000, S. 41.
11 Reinhard Jahn, Wir brauchen mehr Stipendien, FAZ
   Nr. 159 vom 11. 7. 2012, S. N5; Ralph Bollmann, Doktoranden können sich vor Staatsgeld kaum retten, FAZ Nr. 38
   vom vom 22. 9. 2013, S. 31.
12 Randi Gunzenhäuser/Erika Haas, Promovieren mit Plan,
   2. Aufl. Opladen/Farmington Hills 2006, S. 22.
13 Ralph Bollmann, Doktoranden können sich vor Staatsgeld
   kaum retten, FAZ Nr. 38 vom vom 22. 9. 2013, S. 31, 4800
   Stipendien 2011 gegenüber 3000 Stipendien 2005.
14 Vgl. FAZ Nr. 305 vom 31. 12. 1999, S. 61.
15 Hiermit wird ein binationales Promotionsverfahren bezeichnet, welches in mehreren Ländern die Verleihung der
   Doktorwürde und die Betreuung durch einen Hochschullehrer aus jedem beteiligten Land mit sich bringt.
16 Vgl. FAZ Nr. 303 vom 30. 12. 2000, S. 65.
17 Kallo Hauss u. a., Promovierende im Profil: Wege, Strukturen und Rahmenbedingungen von Promotionen in
   Deutschland, iFQ-Working Paper No. 13, November 2012,
   S. 124.
18 Randi Gunzenhäuser/Erika Haas, Promovieren mit Plan,
   2. Aufl. Opladen/Farmington Hills 2006, S. 39.
19 http://www.audi.de/de/brand/de/unternehmen/karriere
   _bei_audi/einstieg_bei_audi/absolventen/promotion.html
20 Siehe Forschung. Mitteilungen der DFG 4/1997, S. 3 ff.
   (S. 4).
21 Vgl. dazu esh, Promovieren in nur drei Jahren. Graduiertenkolleg I: 129 Doktoranden arbeiten an der Universität
   Hamburg, in: Die Welt vom 14. 3. 2000, S. 42.
22 Forschung. Mitteilungen der DFG (En. 17).
23 Kurzer Überblick über die Einführung von Graduiertenkollegs in Deutschland bei Kalle Hauss/Marc Kaulisch,
   Alte und neue Promotionswege im Vergleich, in: Nathalie
   Huber/Anna Schelling/Stefan Hornbostel (Hrsg.), Der
   Doktortitel zwischen Status und Qualifikation, iFQ-Working Paper No. 12, November 2012, S. 173, 174 f.
24 Zitiert nach Stephanie Dornschneider, Auf den Spuren

kleinster Festkörper. Graduiertenkolleg II: Wie ein Projekt im Fachbereich Physik funktioniert, in: Die Welt vom 14. 3. 2000, S. 42. – Vgl. dazu auch: Ruth Kunz-Brunner, Raus aus der Einsamkeit. In Teamarbeit zum Doktorhut, in: Post Skript (herausgegeben vom DAAD), 1/02, S. 4 ff.

25 Der Ausdruck »band of brothers« stammt aus William Shakespeare, King Henry V, Act 4, Scene III, und wurde insbesondere verwendet von dem seinerzeitigen Konteradmiral Vincent Horatio Nelson. Bei Nelson bezeichnet er die Kapitäne der englischen Linienschiffe in jenem von Nelson geführten Geschwader der Mittelmeerflotte, das 1798 die Schlacht von Aboukir gewann.

26 Vgl. Kallo Hauss u. a., Promovierende im Profil: Wege, Strukturen und Rahmenbedingungen von Promotionen in Deutschland, iFQ-Working Paper No. 13 (November 2012) S. 78.

27 Wiebke Toeblmann, Massig Klasse, Die Zeit Nr. 26 vom 22. 6. 2011, S. 73.

28 Susanne Schmidt, bei: Birgitta v. Lehn, Doktoranden auf der Schulbank, FAZ Nr. 111 vom 12./13. 5. 2012, S. C 4.

29 Heinz-Elmar Tenorth, Die Promotion in der Krise, FAZ Nr. 167 vom 21. 7. 2011, S. 8.

30 Birgitta v. Lehn, Doktoranden auf der Schulbank, FAZ Nr. 111 vom 12./13. 5. 2012, C 4.

31 Siehe nur Kallo Hauss/Marc Kaulisch, Alte und neue Promotionswege im Vergleich, in: Nathalie Huber/Anna Schelling/Stefan Hornbostel (Hrsg.), Der Doktortitel zwischen Status und Qualifikation, iFQ-Working Paper No. 12, November 2012, S. 173, 177; Kallo Hauss u. a., Promovierende im Profil: Wege, Strukturen und Rahmenbedingungen von Promotionen in Deutschland, iFQ-Working Paper No. 13, November 2012, S. 80 f. mit weiteren Nachweisen.

32 Kallo Hauss/Marc Kaulisch, Alte und neue Promotionswege im Vergleich, in: Nathalie Huber/Anna Schelling/Stefan Hornbostel (Hrsg.), Der Doktortitel zwischen Status

und Qualifikation, iFQ-Working Paper No. 12, November
2012, S. 173, 179.

33 Vgl. Sandra Beaufaÿs, Zugänge zur Promotion. Welche
selektiven Mechanismen enthält die wissenschaftliche Praxis?, in: Nathalie Huber/Anna Schelling/Stefan Hornbostel (Hrsg.), Der Doktortitel zwischen Status und Qualifikation, iFQ-Working Paper No. 12, November 2012, S. 163,
170.

34 Jürgen Enders/Andrea Kottmann, Neue Ausbildungsfor-
men – andere Werdegänge?, Bonn 2009.

35 Eva Bosbach, »And how do I fly, exactly?«, in: Nathalie Hu-
ber/Anna Schelling/Stefan Hornbostel (Hrsg.), Der Doktortitel zwischen Status und Qualifikation, iFQ-Working
Paper No. 12, November 2012, S. 125, 130.

36 Dazu: Humboldt Kosmos 86/2005, Nachrichten S. 52.

37 Vgl. Wissenschaftsrat, Positionspapier »Anforderungen an
die Qualitätssicherung in der Promotion« vom 14. 11. 2011,
Fn. 1.

38 Eva Bosbach, »And how do I fly, exactly?«, in: Nathalie Hu-
ber/Anna Schelling/Stefan Hornbostel (Hrsg.), Der Doktortitel zwischen Status und Qualifikation, iFQ-Working
Paper No. 12, November 2012, S. 125, 126,

39 Siehe Marian Füssel, Gelehrtenkultur als symbolische Praxis, Darmstadt 2006, S. 176–179; ders., Prüfungs- und Graduierungsrituale in unterschiedlichen Kulturen. Selektion
– Initiation – Distinktion, in: Nathalie Huber/Anna Schel-
ling/Stefan Hornbostel (Hrsg.), Der Doktortitel zwischen
Status und Qualifikation, iFQ-Working Paper No. 12, November 2012, S. 101, 105,

40 Hans-Werner Prahl/Ingrid Schmidt-Harzbach, Die Universität. Eine Kultur- und Sozialgeschichte, München/Lu-
zern 1981, S. 39.

41 Bernhard vom Brocke, Universitäts- und Wissenschaftsfi-
nanzierung im 19./20. Jahrhundert, in: Rainer Schwinges
(Hrsg.), Finanzierung von Wissenschaft in Vergangenheit
und Gegenwart. Basel 2005, S. 343 ff. (S. 396).

42 Stefan Hornbostel, Warum Karl Marx nach Jena ging, duz Magazin 11/2011, 12.
43 Ulrich Rasche, Die deutschen Universitäten und die ständische Gesellschaft, in: Rainer A. Müller (Hrsg.), Bilder – Daten – Promotionen, Stuttgart 2007, S. 150, 248–255; Marian Füssel, Prüfungs- und Graduierungsrituale in unterschiedlichen Kulturen. Selektion – Initiation – Distinktion, in: Nathalie Huber/Anna Schelling/Stefan Hornbostel (Hrsg.), Der Doktortitel zwischen Status und Qualifikation, iFQ-Working Paper No. 12, November 2012, S. 101, 105.
44 Hans-Werner Prahl/Ingrid Schmidt-Harzbach (En. 37), S. 70.
45 Stefan Hornbostel, Warum Karl Marx nach Jena ging, duz Magazin 11/2011, 12.
46 Stefan Hornbostel, Warum Karl Marx nach Jena ging, duz Magazin 11/2011, 12, 13.
47 Conrad Bornhak, Geschichte der preußischen Universitätsverwaltung bis 1810, Berlin 1900, S. 93; zitiert auch bei Hans-Werner Prahl/Ingrid Schmidt-Harzbach (En. 37), S. 71.
48 Bernhard vom Brocke (En. 38), S. 397. – Vgl. auch allg. Ulrich Rasche, Zur Promotion in absentia, in: Rainer C. Schwinges (Hrsg.), Examen, Titel, Promotionen. Akademisches und staatliches Qualifikationswesen vom 13. bis zum 21. Jahrhundert, Basel 2006, S. 275.

VII. Unvollendete Dissertationen

1 Lily Brett, Einfach so. Roman. Wien/München 1998.
2 Eduard Dreher, Theodor Kleinknecht, in: Juristen im Portrait. Verlag und Autoren in 4 Jahrzehnten. Festschrift zum 225jährigen Jubiläum des Verlages C. H. Beck. München 1988, S. 477 ff. (S. 482).
3 Wieland Freund, In der Mitte sitzen, abwarten, halten … wie der Kaiser von China. Zu Besuch bei dem Buchhändler

Heribert Tenschert, dem künftigen Nachlaßwalter Martin Walsers, in: Die Welt (Die literarische Welt) vom 4. 8. 2001, S. 8.

4 Eckhart Kauntz, Nach Lafontaine, in: FAZ Nr. 262 vom 11. 11. 1998, S. 16.

5 Herbert Klein, Der Mann hinter seinem Bruder, in: FAZ Nr. 202 vom 31. 8. 2000, S. 24.

6 Peter Schilder, An der Seite des Präsidenten, in: FAZ Nr. 118 vom 25. 5. 1999, S. 22.

7 Skizze namentlich bei Clemens Blümel/Stefan Hornbostel/ Sanne Schondelmeyer, Wirklichkeit und Praxis der Doktorandenerfassung und Qualitätssicherung von Promotionen an deutschen Hochschulen, in: Stefan Hornbostel (Hrsg.), Wer promoviert in Deutschland?, iFQ Working Paper No. 14, November 2012, S. 51, 78–80.

8 Siehe nur Kolja Briedis, bei: Sarah Sommer, Zwischen Büro und Bibliothek, FAZ Nr. 211 vom 10./11. 9. 2011, S. C 4.

9 Sarah Sommer, Zwischen Büro und Bibliothek, FAZ Nr. 211 vom 10./11. 9. 2011, S. C 4.

10 Sarah Sommer, Zwischen Büro und Bibliothek, FAZ Nr. 211 vom 10./11. 9. 2011, S. C 4.

11 Wolfgang Adamczak, Ich liebe meinen Professor, duz Magazin 4/2011, 12, 13.

VIII. Die Dauer des Schreibens

★ Zitiert bei Patrick Bahners, Die Zeit, in der nicht tot zu sein ein Vorwurf ist. Geschichte mit prophetischem Hintergrundgeräusch: Zum hundertsten Geburtstag des Historikers Hermann Heimpel, in: FAZ Nr. 221 vom 22. 9. 2001, Bilder und Zeiten I.

1 Michael Mielke, Der Selbstmörder-Klub. 1927 sorgte die »Steglitzer Schülertragödie« für Schlagzeilen, in: Die Welt vom 27. 11. 1999, Die Literarische Welt, S. 12.

2 Schopenhauer schrieb die Arbeit in Rudolstadt; vgl. dazu: Wolfgang Schuller, Die Kartoffel als Manna der Thüringer.

Bis hierher hat mich Gott gebracht: Wer nach Rudolstadt fährt, reist in die Geschichte, in: FAZ Nr. 192 vom 20. 8. 1998, S. 34.

3 Ein »Annus mirabilis«. Die Geniestreiche des Albert Einstein (Notiz), in: FAZ Nr. 97 vom 27. 4. 2005, S. N2.

4 Nach Angaben des Instituts für Wissenschaftsberatung Dr. Frank Grätz in Bergisch Gladbach hatte eine wirtschaftswissenschaftliche Dissertation im Jahre 1950 durchschnittlich einen Umfang von 69 Seiten, 1975 von 174 Seiten und 1995 sogar 278 Seiten; vgl. Die Welt vom 22. 7. 1999, S. 32.

5 Vgl. Klaus Lüderssen, Joseph Heimberger (1865–1933), in: Bernhard Diestelkamp/Michael Stolleis (Hrsg.), Juristen an der Universität Frankfurt am Main, Baden-Baden 1989, S. 31 ff. (S. 36).

6 Bibliographie der Veröffentlichungen von Arnold Köttgen, in: In Memoriam Arnold Köttgen. Gedächtnisfeier am 10. November 1967. Göttingen 1968, S. 24.

7 Wolfgang Pühs, Der Vollzug von Gemeinschaftsrecht. Formen und Grenzen eines effektiven Gemeinschaftsrechtsvollzuges und Überlegungen zu seiner Effektuierung. Berlin 1997.

8 Lothar Weyhe, Levin Goldschmidt. Ein Gelehrtenleben in Deutschland. Grundfragen des Handelsrechts und der Zivilrechtswissenschaft in der zweiten Hälfte des 18. Jahrhunderts. Berlin 1996 (Veröffentlichungsdatum; 1995 war das Jahr der Promotion).

9 Notiz in: FAZ Nr. 61 vom 13. 3. 1999, S. 45. Auslober des Wettbewerbs war danach das Antiquariat Dr. Grätz in Bergisch Gladbach.

10 Zitiert in: Deutsches Ärzteblatt, Heft 46 vom 11. 11. 1971, S. 3115.

11 Kurt Reumann, Stein des Anstoßes: die Habilitation. Wie die Universitäten ihren Nachwuchs schneller qualifizieren sollen, in: FAZ Nr. 290 vom 14. 12. 1998, S. 14.

12 Zitiert nach: Akademische Feier aus Anlaß der Überreichung einer Festschrift zum 65. Geburtstag von Herrn Professor Dr. Dres. h.c. Klaus Stern am 14. Februar 1997. Her-

ausgegeben vom Verein zur Förderung der Rechtswissenschaft. Köln 1997, S. 33.

13 Dies verkennt etwa Eva Bosbach, »And how do I fly, exactly?«, in: Nathalie Huber/Anna Schelling/Stefan Hornbostel (Hrsg.), Der Doktortitel zwischen Status und Qualifikation, iFQ-Working Paper No. 12, November 2012, S. 125.

14 Auf den Punkt Josef Joffe, Der Doktortitel als Versuchung, Zeit online 13. 2. 2013.

15 Reinhard Kreckel, Die Forschungspromotion: Internationale Norm und nationale Realisierungsmöglichkeiten, in: Nathalie Huber/Anna Schelling/Stefan Hornbostel (Hrsg.), Der Doktortitel zwischen Status und Qualifikation, iFQ-Working Paper No. 12, November 2012, S. 141, 152.

16 Peter Rieß, Vorstudien zu einer Theorie der Fußnote. Berlin/New York 1983, S. 3. – Zur Fußnotentechnik: Wilhelm Herschel, Die Fußnote, in: Juristenzeitung 31 (1976), S. 271 f.

17 Anthony Grafton, Die tragischen Ursprünge der deutschen Fußnote. München 1998, S. 17. – Vgl. dazu Lars-Peter Linke, Akademische Pflicht am Ende des Textes. Die Geschichte der Fußnote reicht bis in die Antike, in: Die Welt vom 21. 9. 1998, S. 7.

18 Frank Busch, Besprechung von Kurt Fricke, Spiel am Abgrund. Heinrich George – Eine politische Biographie. Halle 2000, in: FAZ Nr. 206 vom 5. 9. 2000, S. 50.

19 Einen Preis für die kürzeste 1998 an einer deutschen Universität abgeschlossene Dissertation hat das Institut für Wissenschaftsberatung Dr. Frank Grätz in Bergisch Gladbach ausgeschrieben. Erster Preisträger wurde der Bochumer Mathematiker Bernd Stretmann mit einer Dissertation von 32 Seiten. Vgl. dazu FAZ Nr. 286 vom 8. 12. 1999, S. 13.

20 Marcel Reich-Ranicki, Mein Leben. München 1999, S. 62.

21 Vgl. Die Welt vom 7. 7. 1999, S. 15.

IX. Die Dauer des Verfahrens

* Eugène Ionesco, Die Unterrichtsstunde. Komisches Drama in einem Akt. Aus dem Französischen übersetzt von Erica de Bary und Lore Kornell, Stuttgart 1989, S. 10/11.

1 Vgl. Reinhard Zimmermann, Juristische Bücher des Jahres: Eine Leseempfehlung, Neue Juristische Wochenschrift 2011, 3557, 3558; Peter Gaehtgens, Faules deutsches Promotionswesen, Die Zeit Nr. 29 vom 14. 7. 2011, S. 37.

2 Thomas Dreier/Ansgar Ohly, Lehren aus der Vergangenheit – Perspektiven für die Zukunft, in: Thomas Dreier/ Ansgar Ohly (Hrsg.), Plagiate – Wissenschaftsethik und Recht, Tübingen 2013, S. 155, 181.

3 Thomas Dreier/Ansgar Ohly, Lehren aus der Vergangenheit – Perspektiven für die Zukunft, in: Thomas Dreier/ Ansgar Ohly (Hrsg.), Plagiate – Wissenschaftsethik und Recht, Tübingen 2013, S. 155, 181.

4 Vgl. z. B. die Zahlenangabe bei Ulrich Loewenheim, Gerhard Schricker zum 70. Geburtstag: »... über 160 abgeschlossene Promotionen hat er betreut«, Neue Juristische Wochenschrift 2005, 1762.

5 Albrecht Randelzhofer, Friedrich Berber, in: Juristen im Portrait. Verlag und Autoren in 4 Jahrzehnten. Festschrift zum 225jährigen Bestehen des Verlages C. H. Beck. München 1988, S. 170 ff. (S. 171/172).

6 Gert Nicolaysen, Hans Peter Ipsen, in: Recht und Juristen in Hamburg. Herausgegeben von Jan Albers/Klaus Asche/ Jürgen Gündisch/Hans-Joachim Seeler/Werner Thieme. Band II. Köln/Berlin/Bonn/München 1999, S. 417, 418.

7 Abgedruckt bei Gert Nicolaysen (En. 6), S. 418. – Die votierte Dissertation trug den Titel »Widerruf gültiger Verwaltungsakte« und wurde 1932 veröffentlicht.

8 Reinhard Zimmermann, Juristische Bücher des Jahres: Eine Leseempfehlung, Neue Juristische Wochenschrift 2011, 3557, 3558.

9 Der Abschluss des Verfahrens hatte sich auch noch dadurch verzögert, weil wegen einer Benotungsdifferenz zwischen

Erstgutachter und Zweitgutachter zusätzlich ein Drittgutachter bestellt werden musste.

10 Ingo v. Münch, Ehre wem Ehre gebührt? – Zur Praxis der
Vergabe von Ehrendoktorwürden, in: Nathalie Huber/
Anna Schelling/Stefan Hornbostel (Hrsg.), Der Doktortitel
zwischen Status und Qualifikation, iFQ-Working Paper
No. 12, November 2012, S. 47, 53.

11 Wilhelm Karl Geck, Promotionsordnungen und Grundgesetz. Köln, 2. Aufl., 1969 – Vgl. auch Winfried Kluth, Verfassungsrechtliche Aspekte des Promotionsrechts, in: Festschrift für Hartmut Schiedermair, Heidelberg 2001, S. 569;
Hartmut Maurer, Promotion, in: Christian Flämig u.a.
(Hrsg.), Handbuch des Wissenschaftsrechts. Bd. 1. Berlin
u.a. 2. Aufl., 1996, S. 753.

12 Vgl. dazu Valerio Sangiovanni, Europarechtliche Fragen
bei der Zulassung zur Promotion an juristischen Fakultäten
in Deutschland, Wissenschaftsrecht 32 (1999), 127.

X. *Von non rite bis summa cum laude – die Benotung*

1 Dazu: Ingo von Münch, Die Promotion: eine gewöhnliche
oder ungewöhnliche Prüfung?, in: Klaus-M. Kodalle
(Hrsg.), Der geprüfte Mensch. Über Sinn und Unsinn des
Prüfungswesens. Kritisches Jahrbuch der Philosophie, Beiheft 6, 2005, S. 59, 60.

2 Vgl. dazu Ingo von Münch, Leistung muss sich lohnen!
Muss Leistung sich lohnen?, in: Klaus-M. Kodalle (Hrsg.),
Der Ruf nach Eliten. Kritisches Jahrbuch der Philosophie,
Beiheft 2, 1999, S. 87, 90.

3 Nicht voreingenommen, aber problematisch war eine Be-
notungsvorankündigung, die ein Doktorvater gegenüber
seinem Doktoranden wie folgt formulierte: »Das von Ihnen
gewählte Dissertationsthema ist ein dünnes Thema; es kann
als Note nur cum laude oder rite bringen.«

4 Vgl. dazu allgemein Helmut F. Spinner, Das »wissenschaftliche Ethos« als Sonderethik des Wissens. Über das Zusam-

menwirken von Wissenschaft und Journalismus im gesellschaftlichen Problemlösungsprozeß, Tübingen 1985.

5   Insbesondere Wissenschaftsrat, Positionspapier »Anforde-
    rungen an die Qualitätssicherung in der Promotion« vom
    14. 11. 2011, S. 25 unter B VII; A. Burchard, Hochschulfor-
    scher schockiert über Bestnoten-Inflation bei Doktorarbei-
    ten, Zeit online 3. 12. 2012; Noteninflation: Beim Doktor
    fehlt es an Standards (4. 12. 2012) http://www.wiwo.de/er-
    folg/campus-mba/noteninflation-beim-doktor-fehlt-es-
    an-standards/7477016.html. Statistisches Material aufberei-
    tet in: Kalle Hauss u. a., Promovierende im Profil: Wege,
    Strukturen und Rahmenbedingungen von Promotionen in
    Deutschland, iFQ-Working Paper No. 13 (November 2012)
    S. 28 Abbildung 8, S. 32 Abbildung 11 und unter iFQ http://
    www.forschungsinfo.de/promotionsnoten/Promotions
    noten-std.asp?ct=std.

6   Insbesondere Wissenschaftsrat, Positionspapier »Anforde-
    rungen an die Qualitätssicherung in der Promotion« vom
    14. 11. 2011, S. 25 unter B VII.

7   Die Regelung im Berliner Landeshochschulgesetz, wonach
    einer der beiden Gutachter ein externer sein muss, ist durch
    Urteil des Verfassungsgerichtshofs des Landes Berlin vom
    1. 11. 2004 für verfassungswidrig erklärt worden(Az. Verf-
    GH 210/03).

8   Es handelt sich hierbei um die §§ 20 (Ausgeschlossene Per-
    sonen) und 21 (Besorgnis der Befangenheit) Verwaltungs-
    verfahrensgesetz (VwVfG) vom 25. 5. 1976 (Bundesgesetz-
    blatt 1976 Teil I, S. 1253 ff.) in der Fassung der Bekanntma-
    chung vom 21. September 1998 (Bundesgesetzblatt 1998
    Teil I, S. 3050 ff.).

9   Helmut F. Spinner (En. 4), S. 53.

10 Statt »non rite« wird zuweilen auch die Bezeichnung »insuf-
    ficienter« gebraucht.

11 Statt »magna cum laude« wurde früher auch die Bezeich-
    nung »insigni cum laude« verwendet, so in der alten Promo-
    tionsordnung der Universität Heidelberg, abgedruckt in:

Georg Jellinek (Hrsg.), Gesetze und Verordnungen für die Universität Heidelberg, 1908, S. 99.

12 Veröffentlicht in: FAZ vom 4. 1. 2002, S. 43.

13 Zitiert nach: Frankfurter Allgemeine Sonntagszeitung Nr. 15 vom 14. 4. 2002, S. 31.

14 So die Promotionsordnung des Fachbereichs Geschichtswissenschaft der Universität Hamburg (§ 7) von 1979 (Amtlicher Anzeiger Nr. 66 vom 3. April 1979, S. 629 ff.).

15 Gero von Wilpert, Goethe-Lexikon. Stuttgart 1998, S. 225/226.

16 Im Jahre 2004 erhielten nur 0,2 % (!) der 12.976 in der Ersten Juristischen Staatsprüfung examinierten Kandidaten die Note »Sehr gut«. Zusammenstellung aller Ergebnisse der Ersten und Zweiten Juristischen Staatsprüfung in: Juristische Schulung 2005, S. 1147 f.

17 Andreas Sentker, Doktor-Prüfung, Die Zeit Nr. 20 vom 12. 5. 2011, S. 37.

18 Schreiben von Prof. Reinhard Bork vom 23. 1. 2001.

19 Vgl. z. B. die Notiz im Uni-Journal Jena, Heft 12/2000, S. 24 »Juristen-Examina«: »... Ein Blick auf die diesjährige Promotionsliste offenbart den kontinuierlichen Fortschritt der Jenaer Juristenfakultät in der Ausbildung des wissenschaftlichen Nachwuchses. 17 Mal wurde die Note »magna cum laude« (»sehr gut«) vergeben, nur zwei Doktoren bestanden mit »rite« (»ausreichend«).

XI. Die mündliche Prüfung

* Nicolaus Sombart, Rendezvous mit dem Weltgeist. Heidelberger Reminiszenzen 1945–1951. Frankfurt am Main 2000, S. 277.

1 Nicolaus Sombart (aaO), S. 277/278.

2 Am Fachbereich Rechtswissenschaft der Universität Hamburg ist dies jeweils der zweite Mittwoch zu Beginn und vor Ende des Semesters.

3 Lothar Weyhe, Levin Goldschmidt. Ein Gelehrtenleben in

Deutschland. Grundfragen des Handelsrechts und der Zivilrechtswissenschaft in der zweiten Hälfte des 19. Jahrhunderts. Berlin 1996, S. 48.

4 Lothar Weyhe (En. 3), S. 48 Fn. 170.

5 Notiz in: FAZ Nr. 303 vom 30. 12. 2000, S. 65.

6 Stefan Söhn, »Diese illiberalste Wissenschaft«. Heinrich Heine und die Juristerei, NJW 1998, 1359, 1361.

7 Lothar Weyhe (En. 3), S. 48.

8 Stefan Söhn (En. 6), S. 1360.

9 Lothar Weyhe (En. 3), S. 49. Bemerkenswert ist, dass sich unter den Opponenten neben zwei Juristen auch ein Medizinstudent befand.

10 Levin Goldschmidt hat demgemäß sein Rigorosum als »nicht schwer und ... in wenigen Stunden beendet« bezeichnet; Lothar Weyhe (En. 3), S. 49.

11 Randi Gunzenhäuser/Erika Haas, Promovieren mit Plan, 2. Aufl. Opladen/Farmington Hills 2006, S. 108 f.

12 Helga Knigge-Illner, Der Weg zum Doktortitel, 2. Aufl. Frankfurt/New York 2009, S. 227.

13 Peter Derleder, Ex promotione lux?, myops 11 (2011), 12, 15.

14 Vgl. dazu das Beispiel einer Doktorprüfung durch Savigny bei Iris Denneler, Friedrich Karl von Savigny. Preußische Köpfe. Berlin 1985, S. 8: »Für diese Atmosphäre des Vertrauens tut Savigny viel. Bis die ersten Fragen fallen, ist das Thema längst vorbereitet.« Ein anderer Schüler berichtet: »Mein Examen war herrlich; ich durfte nie fragen, was er eigentlich wollte, es war eine Freude, so gefragt zu werden.«

15 Vgl. dazu – im Zusammenhang mit juristischen Staatsprüfungen – das Urteil des Bundesverwaltungsgerichts vom 17. 7. 1987, in: Entscheidungen des Bundesverwaltungsgerichts, Bd. 78, 55 ff., und Ingo von Münch, Prüfungen, in: Neue Juristische Wochenschrift 1995, 2016 f.

16 Iris Denneler (En. 14), S. 89.

17 Eberhard Kipper, Johann Paul Anselm Feuerbach. Sein Leben als Denker, Gesetzgeber und Richter. 2. Aufl., Köln/Berlin/Bonn/München 1989, S. 56.

XII. Danach: Promotionsfeier, Veröffentlichung, Titelführung

* Krankheit der Jugend. Schauspiel von Friedrich Bruckner. 1926. Szene 2.

1 Schreiben von Dr. Rolf Müller (Hamburg) vom 11. 12. 2001 an den Verf.

2 Carl Friedrich Gethmann, Krise des Wissenschaftsethos, in: Max Planck Forum 2. Ethos der Forschung. Ringberg-Symposium Oktober 1999 (hrsg. von der Max-Planck-Gesellschaft), München o.J. (2000).

3 Z.B. unter <http://www.jostens.de>.

4 Von einem chinesischen Doktoranden, gefragt, ob seine in der Bundesrepublik Deutschland erschienene Dissertation nicht auch in einer chinesischen Übersetzung in einem Verlag in der Volksrepublik China erscheinen könnte, kam die folgende Antwort: »Der Verlag stellte die Bedingung, dass der Verfasser die Kosten selbst tragen müsste, und er gab eine Roh-Rechnung, die 18.000 Yuan RMB beträgt. Damals hatte ich Monatsgehalt 120 Yuan. D.h., dass ich für den Druck mit 12,5 Jahresgehalt hätte zahlen müssen, wenn mein Buch hier erschienen wäre! Von da an habe ich nie mehr daran gedacht. Ich kann mich nur mit der deutschen Ausgabe abfinden.« (Der Brief datiert vom 29. 9. 2000.)

5 Adolf Arndt, langjähriger Abgeordneter der SPD im Deutschen Bundestag, ist vor allem durch seine Tätigkeit als Prozessvertreter vor dem Bundesverfassungsgericht bekannt geworden; er galt als »der Kronjurist« der SPD.

6 Claus Arndt, Lebensdaten Adolf Arndts, in: Adolf Arndt zum 90. Geburtstag. Dokumentation der Festakademie in der Katholischen Akademie Hamburg. Hrsg. von Claus Arndt in Verbindung mit der Katholischen Akademie Hamburg und der Friedrich-Ebert-Stiftung. Hamburg 1995, S. 10.

7 Karl Otmar von Aretin, Nicht nur Bayern. Zum Tod des Historikers Gollwitzer, in: Frankfurter Allgemeine Zeitung Nr. 302 vom 28. 12. 1999, S. 46.

8 Birgit Lammersmann, Nachruf Marie Eremia, in: Neue Juristische Wochenschrift 53 (2000), S. 713 f. (S. 714).

9 Vgl. dazu Dieter Voigt u. a., Fragwürdigkeit akademischer Grade und Titel. Eine Analyse von Doktorarbeiten und Habilitationen 1950–1990, in: Heiner Timmermann (Hrsg.), DDR-Forschung. Bilanz und Perspektiven. Berlin 1995, S. 227 ff.

10 Dazu Wilhelm Bleek/Lothar Mertens, DDR-Dissertationen. Promotionspraxis und Geheimhaltung von Doktorarbeiten im SED-Staat, Opladen 1994; Dieter Voigt/Lothar Mertens (Hrsg.), DDR-Wissenschaft im Zwiespalt zwischen Forschung und Staatssicherheit. Berlin 1995.

11 Dietrich Schwanitz, Der Zirkel. Frankfurt am Main 1998, S. 335.

12 Vgl. dazu Dieter Voigt/Lothar Mertens (Hrsg.), a.a.O. (En. 10), S. 102, 105.

13 Die folgende Dokumentation basiert auf der Veröffentlichung von Günter Förster, Die Dissertationen an der »Juristischen Hochschule« des MfS. Eine annotierte Bibliographie. Der Bundesbeauftragte für die Unterlagen des Staatssicherheitsdienstes der ehemaligen Deutschen Demokratischen Republik (Hrsg.), Reihe A: Dokumente Nr. 2/1994, 2. Aufl. 1997.

14 Zu den im Laufe der Jahre verschiedenen Bezeichnungen der Hochschule vgl. Günter Förster, a.a.O. (En. 13), S. 5.

15 Vgl. die Aufstellung bei Günter Förster, a.a.O. (En. 13), S. 41.

16 Das Thema dieser Groß-Kollektivarbeit lautete: »Die Qualifizierung der politisch-operativen Arbeit des MfS zur vorbeugenden Verhinderung und Bekämpfung der gegen die Staats- und Gesellschaftsordnung der DDR gerichteten politischen Untergrundtätigkeit« (1979). Inhalt der Arbeit war u. a. der »Missbrauch« der Kunst und Kultur, speziell der Literatur; vgl. Günter Förster, a.a.O. (En. 13), S. 77 (Nr. 75).

17 Hierzu und zum folgenden: Günter Förster, a.a.O. (En. 13), S. 38 f.

18 Vgl. Wissenschaftsrat, Positionspapier »Anforderungen an

die Qualitätssicherung in der Promotion« vom 14. 11. 2011, S. 28 unter B IX.

19 Siehe nur Anke Weidmann, Doktor auf Raten, Zeit online vom 22. 10. 2007.

20 Vgl. Wissenschaftsrat, Positionspapier »Anforderungen an die Qualitätssicherung in der Promotion« vom 14. 11. 2011, S. 28 unter B IX.

21 Auskunft der Vorsitzenden des Vereins der Richter des Bundesverfassungsgerichts Richterin des BVerfG Dr. Christine Hohmann-Dennhardt an den Autor v. Münch.

22 Dazu Sven Felix Kellerhoff, Klios dunkle Vergangenheit. Dank geschickter Regie blieb der Eklat auf dem Historikertag aus, in: Die Welt vom 14. 9. 1998, S. 10.

23 Zitiert bei Ulrich Raulf, In ihrem alten Dieselton. Brummen im Kopf: Was deutsche Historiker in Fahrt bringt, in: FAZ Nr. 229 vom 2. 10. 2000, S. 53.

24 Günter Dürig, Die konstanten Voraussetzungen des Begriffs »Öffentliches Interesse«, Dissertation München 1949. Das Thema war später Gegenstand mehrerer Dissertationen und Habilitationsschriften.

25 Robert Uerpmann, Das öffentliche Interesse. Seine Bedeutung als Tatbestandsmerkmal und als dogmatischer Begriff. Tübingen 1999, S. 5.

26 Wiedergabe des Sachverhalts nach Hartmut Kistenfeger, Bremer Verhältnisse. Die Doktorarbeit von Bundesjustizministerin Herta Däubler-Gmelin (SPD) wurde nie veröffentlicht, in: FOCUS Nr. 46 vom 23. 11. 2000, S. 42.

27 Der Titel wird über den Online-Katalog OPAC (http://tamine.ddb.de:1001) gesucht; vgl. dazu Forschung & Lehre 11/1998, S. 563.

28 Karsten Schmidt, Zueignung aus Zuneigung, Juristenzeitung 1990, 1121, 1122.

29 Karsten Schmidt, Zueignung aus Zuneigung, Juristenzeitung 1990, 1121, 1122.

30 Vgl. Karsten Schmidt, Zueignung aus Zuneigung, Juristenzeitung 1990, 1121, 1123.

31 Vgl. Stefan Ernst, Rezension von Moritz Hennemann, Ur-

heberrechtsverletzung und Internet, Zeitschrift für Geistiges Eigentum 2012, 475, 477.

32 Karsten Schmidt, Zueignung aus Zuneigung, Juristenzeitung 1990, 1121, 1122.

33 Vgl. Manfred Rehbinder, Das Namensnennungsrecht des Urhebers, Zeitschrift für Urheber- und Medienrecht 1991, 220.

34 Vgl. Manfred Rehbinder, Das Namensnennungsrecht des Urhebers, Zeitschrift für Urheber- und Medienrecht 1991, 220.

35 Stefan Ernst, Rezension von Moritz Hennemann, Urheberrechtsverletzung und Internet, Zeitschrift für Geistiges Eigentum 2012, 475, 477.

36 Siehe Stefan Ernst, Rezension von Moritz Hennemann, Urheberrechtsverletzung und Internet, Zeitschrift für Geistiges Eigentum 2012, 475, 477.

37 Zu letzterem Johann Braun, Über den Umgang mit Widmungsexemplaren, Juristenzeitung 1991, 973, 974 f.

XIII. Summa cum fraude: Plagiate

★ Karl-Theodor Freiherr v. und zu Guttenberg.

1 Dazu umfassend Julian Waiblinger, »Plagiat« in der Wissenschaft, Baden-Baden 2012, sowie Anne-Kathrin Reulecke, Täuschend, ähnlich – Fälschung und Plagiat als Figuren des Wissens in Künsten und Wissenschaften, Würzburg 2012; Helmuth Schultze-Fielitz, Reaktionsmöglichkeiten des Rechts auf wissenschaftliches Fehlverhalten, Wissenschaftsrecht Beiheft 21 (2012), 1.

2 Thomas Dreier/Ansgar Ohly, Lehren aus der Vergangenheit – Perspektiven für die Zukunft, in: Thomas Dreier/ Ansgar Ohly (Hrsg.), Plagiate – Wissenschaftsethik und Recht, Tübingen 2013, S. 155 (155) mit Bezugnahme auf Volker Rieble, Erscheinungsformen von Plagiaten, ebd., S. 35, 49.

3 Erschienen 2009.

4   Peter Häberle, Pädagogische Briefe an einen jungen Verfassungsjuristen, 2010.

5   Roland Preuß/Tanjev Schulz, Guttenberg soll bei Doktorarbeit abgeschrieben haben, Süddeutsche Zeitung 16. 2. 2011 http://www.sueddeutsche.de/politik/plagiatsvorwurf -gegen-verteidigungsminister-guttenberg-soll-bei-doktor arbeit-abgeschrieben-haben-1.1060774.

6   Andreas Fischer-Lescano, Besprechung von Karl-Theodor v. und zu Guttenberg, Verfassung und Verfassungsvertrag (2009), Kritische Justiz 2011, 112.

7   Siehe nur Universität Bayreuth, Kommission »Selbstkontrolle in der Wissenschaft«, Bericht an die Hochschulleitung der Universität Bayreuth aus Anlass der Untersuchung des Verdachts wissenschaftlichen Fehlverhaltens von Herrn Karl-Theodor Freiherr zu Guttenberg vom 11. 5. 2011.

8   Siehe nur Jonas Leppin/Markus Verbeet, Doktor-Pfusch: Plagiatsvorwurf gegen Stoiber-Tochter, Spiegel online 30. 3. 2011 sowie Uni Konstanz: Stoiber-Tochter muss Doktortitel abgeben, Spiegel online 11. 5. 2011; Plagiatsfall Veronica Saß: Stoiber-Tochter unterliegt im Titelkampf, Spiegel online 24. 5. 2012.

9   Silvana Koch-Mehrin – Universität Heidelberg beschließt die Entziehung des Doktorgrades, Pressemitteilung Nr. 191/2011 der Universität Heidelberg vom 15. 6. 2011 http://www.uni-heidelberg.de/presse/news2011/pm20110 615_koch_mehrin.html.

10 Siehe nur Armin Himmelrath, FDP-Politiker Chatzimarkakis verliert Doktor-Titel, Spiegel online 13. 7. 2011.

11 Plagiatsfall: Uni Bonn entzieht Mathiopoulos den Doktortitel, Spiegel online vom 18. 4. 2012.

12 Plagiatsverdacht: Berliner CDU-Fraktionschef gibt Doktortitel ab, Spiegel online vom 27. 4. 2012; Berliner Plagiatsaffäre: Uni nimmt CDU-Fraktionschef Doktortitel, Spiegel online vom 2. 5. 2012.

13 Noch ein FDP-Politiker verliert Doktortitel, Zeit online vom 6. 3. 2012.

14 Martin Spiewak, Trübe Quellen, Die Zeit Nr. 28 vom 7. 7.

2011, S. 37; Volker Rieble, Plagiatsformenlehre am Fall Althusmann, FAZ Nr. 179 vom 4. 8. 2011, S. 8.

15 Dazu treffend Deutscher Juristen-Fakultätentag – Empfehlungen zur wissenschaftlichen Redlichkeit bei der Erstellung wissenschaftlicher Texte (2012) Grundregel 3.

16 Ingo v. Münch, Gute Wissenschaft, Berlin 2012, S. 123 f.

17 Heike Schmoll, Kultusminister Althusmann darf seinen Doktortitel behalten, FAZ Nr. 281 vom 2. 12. 2011, S. 4; Martin Spiewak, Nur Pfusch, kein Betrug, Die Zeit Nr. 50 vom 8. 12. 2011, S. 42.

18 Siehe nur CDU-Kultusminister soll von Student abgeschrieben haben (17. 7. 2011) http://www.rp-online.de/politik/deutschland/cdu-kultusminister-soll-von-student-abgeschrieben-haben-1.1351712.

19 Christine Prußky, Was taugt der Doktortitel wirklich noch?, duz Magazin 11/2011, 3.

20 Heinrich-Heine-Universität Düsseldorf: Aktuelle Sitzung des Fakultätsrats der Philosophischen Fakultät und Presseerklärung vom 5. 2. 2013 http://www.uni-duesseldorf. de/home/startseite/news-detailansicht/aricle/aktuelle-sitzung-des-fakultaetsrats-der-philosophischen-fakultaet-und-presseerklaerung.

21 Vgl. Wolfgang Löwer, Verjährungsfrist für Plagiatsvergehen?, Forschung und Lehre 2012, 550; Gerhard Dannemann, Verjährungsfrist für Plagiatsvergehen?, Forschung und Lehre 2012, 551; Thomas Dreier/Ansgar Ohly, Lehren aus der Vergangenheit – Perspektiven für die Zukunft, in: Thomas Dreier/Ansgar Ohly (Hrsg.), Plagiate – Wissenschaftsethik und Recht, Tübingen 2013, S. 155, 172 f. Manuel René Theisen, Doktortitel auf Zeit, duz Magazin 9/2013, 40 f. schlägt eine zehnjährige Befristung der Titelführung mit Widerrufsmöglichkeit und stillschweigender oder automatischer Verlängerung vor.

22 Ulrich Schnabel, Der Fluch der Fußnoten, Die Zeit Nr. 32 vom 1. 8. 2013, S. 27. Zum Fall Manuel Bewarder/Lars-Marten Nagel, Plagiatsvorwurf gegen Bundestagspräsident Lammert, Welt online vom 29. 7. 2013; Manuel Bewarder/

Karsten Kammholz, Doktor Lammert unter Verdacht, Hamburger Abendblatt vom 31. 7. 2013, S. 3. Inzwischen hat die Ruhr-Universität Bochum die Prüfung abgeschlossen; Lammert behält Doktor-Titel, SZ Nr. 237 vom 7. 11. 2013, S. 6.

23 Vgl. als bedenkenswerten Kompromiss die im Positionspapier des Allgemeinen Fakultätentages, der Fakultätentage und des Deutschen Hochschulverbandes vom 21. 5. 2013, S. 9 f. unter h) vorgeschlagene Verjährungsfrist von zehn Jahren für die verwaltungs- und hochschulrechtliche Verfolgbarkeit von Plagiaten.

24 Siehe die Liste zu VroniPlag Wiki (Stand: 4. 7. 2012) unter http://www.wikipedia.org/wiki/VroniPlag_Wiki.

25 Sozialdemokratische Ausnahme ist der ehemalige Bundesaußenminister und heutige SPD-Fraktionsvorsitzende im Bundestag Frank-Walter Steinmeier, der seine juristische Doktorarbeit nach schweren Vorwürfen von der Universität Gießen prüfen läßt; »Wir finden noch mehr bei Frank-Walter Steinmeier«, N24.de 30. 9. 2013 http://www.n24.de/nachrichten/Politik/d/3599146; Steinmeier lässt seine Doktorarbeit prüfen, Zeit online 30. 9. 2013; http://de.vroniplag.wikia.com/wiki/FWS; Neue Plagiatsvorwürfe gegen den SPD-Fraktionschef, Zeit online 17. 10. 2013. Inzwischen hat die Justus-Liebig-Universität Gießen die Prüfung abgeschlossen; Uni Gießen lässt Steinmeier den Doktor, hr online 5. 11. 2013.

26 Ingo v. Münch, Gute Wissenschaft, Berlin 2012, S. 111 f. »Prominenteste« Fälle aus der SPD waren bis September 2013 Uwe Brinkmann (z. B. Sven-Michael Veit, Der Fall des Dr. Uwe B., taz vom 19. 6. 2011 http://www.taz.de/!72703; cho., Chartzimarkakis, Althusmann et al., FAS Nr. 28 vom 17. 7. 2011, S. 8), ein Kandidat zur Hamburgischen Bürgerschaft, der zuvor als Büroleiter und Referent bei MdB Johannes Kahrs gearbeitet hat und Juso-Kreisvorsitzender gewesen war, und der seinerzeitige Jugendamtsleiter der Stadt Leipzig. Marc Jan Eumann (SPD), Staatssekretär für Medienfragen in der Staatskanzlei des Landes Nord-

rhein-Westfalen, soll seine Magisterarbeit im Rahmen seiner Dissertation doppelverwertet haben (Reiner Burger,
Die Prüfung, FAS Nr. 25 vom 23. 6. 2013, S. 6); dies ist aber
ein anderer Vorwurf als jener des Fremdplagiats (und übrigens auch als jener des »Selbstplagiats«); vgl. Deutscher Juristen-Fakultätentag – Empfehlungen zur wissenschaftlichen Redlichkeit bei der Erstellung wissenschaftlicher Texte (2012) Grundregel 7.

27 Im Deutschen Bundestag der 17. Legislaturperiode saßen
allerdings relativ mehr promovierte Abgeordnete der SPD
als der CDU/CSU, und den höchsten Promoviertenanteil
hatte die Fraktion der Linken; Ingo v. Münch, Gute Wissenschaft, Berlin 2012, S. 112.

28 Vgl. Julius Reimer, bei: Volker ten Haseborg, Alles kommt
raus, Hamburger Abendblatt vom 13. 5. 2011, S. 5. Anders
aber Debora Weber-Wulf, bei: Oliver Trenkamp, Streit
über VroniPlag-Gründer: »Verprellter Liebhaber oder SPD-
Mitglied, das ist egal«, Spiegel online 6. 8. 2011.

29 Armgard Seegers, Die Besserwisser sind so schlimm wie die
Betrüger, Hamburger Abendblatt Nr. 111 vom 13. 5. 2012,
S. 2.

30 Martin Heidingsfelder alias Goalgetter. Dessen Figur ist
durchaus schillernd und in der Plagiatsjägerszene mit einem
nicht zweifelsfreien Ruf belastet; Die Jagdlust des Anony-
mus – Das Milieu der Jäger, Die Zeit Nr. 32 vom 1. 8. 2013,
S. 29.

31 Der typische Plagiatsjäger soll 38 Jahre alt und männlich
sein; er soll im Zweifel einen Hochschulabschluss besitzen;
Volker ten Haseborg, Alles kommt raus, Hamburger
Abendblatt vom 13. 5. 2011, S. 5.

32 Zu beiden Khué Pham, Goalgetter und Dr. Klicken, Die
Zeit Nr. 29 vom 14. 7. 2011, S. 4.

33 Prof. Dr. Debora Weber-Wulff, promoviert 1996 an der
Christian-Albrechts-Universität Kiel, hat seit 2001 den
Lehrstuhl für Internationale Medieninformatik an der
Hochschule für Technik und Wirtschaft in Berlin inne.

34 Wichtigste Ausnahme dürfte der Fall Nina Haferkamp (Ju-

niorprofessorin für Kommunikationswissenschaft an der TU Dresden, promoviert in Duisburg-Essen) sein; siehe nur Martin Machowecz, Und weg war sie, Zeit online vom 27. 9. 2012; Eine Erzählung ohne Folgen (9. 11. 2012) http://strippel.wordpress.com/2012/11/09/eine-erzaehlung-ohne-folgen; Nina Haferkamp: Untersuchungskommission der Universität Dusiburg-Essen bestätigt Plagiatsverdacht (16. 3. 2013) http://www.flurfunk-dresden.de/2013/03/16/nina-haferkamp-untersuchungskommission-der-univer sitaet-duisburg-essen-bestaetigt-plagiatsverdacht.

35 http://www.mopo.de/politik--wirtschaft/er-brachte-sch avan-zu-fall-doktor-jaeger-heidingsfelder--jetzt-nimmt-er-sich-merkel-vor.

36 Andere Plagiatsjäger sind personell weniger beschränkt; die Taxe für eine gezielte Plagiatsjagd soll bei etwa 3.000 € liegen; Martin Machowecz, Und weg war sie, Zeit online vom 27. 9. 2012, über Plagiatsjäger Stefan Weber aus Dresden.

37 Siehe Kristian Klooß/Nils-Viktor Sorge, Doktortitel in der Wirtschaft: »Es gibt viele Leute, die jetzt zittern«, Spiegel online 16. 5. 2011.

38 Vgl. zur übergreifende Perspektive Heinrich Best, Promotionen von Politikern im historischen und internationalen Vergleich, in: Nathalie Huber/Anna Schelling/Stefan Hornbostel (Hrsg.), Der Doktortitel zwischen Status und Qualifikation, iFQ-Working Paper No. 12, November 2012, S. 33.

39 Wolfgang Löwer, »Bequeme Wege bieten wir nicht an«, bei: Vor der Entscheidung der Uni Bonn im Fall Chatzimarkakis, General-Anzeiger online 25. 10. 2011, S. 2.

40 Wolfgang Frühwald/Gerhart v. Graevenitz/Ludger Honnefelder/Reimar Lüst/Christoph Markschies/ Ernst Theodor Rietschel/Ernst-Ludwig Winnacker/Rüdiger Wolfrum, Zur Plagiatsdebatte, Süddeutsche Zeitung Nr. 135 vom 14. 6. 2012, S. 18.

41 Vgl. die Verteidigung von Elmar Tenorth/Helmut Fend, »Eine gravierende Fehleinschätzung«, Zeit online 17. 10. 2012. Kritisch aber Anja Kühne, Richtig zitieren: Die Re-

geln waren in den Siebzigern bekannt, Der Tagesspiegel vom 31. 1. 2013.

42 Vgl. Ingo v. Münch, Gute Wissenschaft, Berlin 2012, S. 125. Praxisgerecht Deutscher Juristen-Fakultätentag – Empfehlungen zur wissenschaftlichen Redlichkeit bei der Erstellung wissenschaftlicher Texte (2012) Grundregel 2.

43 Roland Preuß/Tanjev Schulz, Das Problem mit den Quellen, SZ Nr. 102 vom 5. 5. 2012, S. 5; Roland Preuß, Neuer Verdacht gegen Schavan, SZ Nr. 124 vom 31. 5. 2012, S. 5 einerseits und Dietrich Brenner/Heinz-Elmar Tenorth, Zitierfehler, aber kein Plagiat, FAZ Nr. 120 vom 24. 5. 2012, S. 8 andererseits.

44 Robert Schmidt lammertplag.worldpress.com.

45 Volker Rieble, bei: Roland Preuß, »Dies ist kein offenkundiges Textplagiat«, Süddeutsche Zeitung online vom 30. 7. 2013.

46 Philip Theisohn, bei: Martin Spiewak, Der falsche Maßstab, Die Zeit Nr. 32 vom 1. 8. 2013, S. 29.

47 Vgl. – wenn auch von anderem Ausgangspunkt aus und mit anderer Schlagrichtung – Rainer Maria Kiesow, Wir haben abgeschrieben!, Gegenworte 24 (2010), 48, 49 f.

48 Insbesondere Hans Michael Heinig/Christoph Möllers, Kultur der Kumpanei, FAZ vom 24. 3. 2011, S. 8; dieselben, Kultur der Wissenschaftlichkeit, FAZ Nr. 94 vom 21. 4. 2011, S. 7.

49 Insbesondere Peter M. Huber/Henning Radtke, Leistungsfähig und vorbildlich, FAZ vom 7. 4. 2011, S. 8; Claus-Wilhelm Canaris/Reiner Schmidt, Hohe Kultur, FAZ vom 7. 4. 2011, S. 8.

50 Versuch einer Synthese bei Reinhard Zimmermann, Juristische Bücher des Jahres: Eine Leseempfehlung, Neue Juristische Wochenschrift 2011, 3557, 3558 f.

51 Dazu z. B. Verwaltungsgericht Darmstadt 14. 4. 2011 – 3 K 899/10.DA Rn. 42; Thomas Hoeren, Hits 1999 und Tipps für erfolgreiches Wissenschaftsmarketing, MultiMedia und Recht 2000 Heft 3 S. V f.; Benjamin Lahusen, Rezension von Hans-Peter Schwintowski, Juristische Methodenlehre

(2005): Kritische Justiz 2006, 398, 405 f.; Volker Rieble, Das Wissenschaftsplagiat, Frankfurt 2010, S. 18 f.

52 Dazu z. B. Volker Rieble, Das Wissenschaftsplagiat, Frankfurt 2010, S. 18 f.

53 Ingo v. Münch, Gute Wissenschaft, Berlin 2012, S. 123 f.

54 Christian Fahl, Eidesstattliche Versicherung des Promovenden zur Bekämpfung des Plagiatsunwesens?, Zeitschrift für Rechtspolitik 2012, 7, 8.

55 Siehe VGH München 4. 4. 2006 – 7 BV 05.388, Bayerische Verwaltungsblätter 2007, 281.

56 Siehe VGH Mannheim 13. 10. 2008 – 9 S 494/08, Neue Zeitschrift für Verwaltungsrecht – Rechtsprechungs-Report 2009, 285.

57 Mustergültig Verwaltungsgericht Darmstadt 14. 4. 2011 – 3 K 899/10.DA mit weiteren Nachweisen.

58 Eingehend z. B. Markus Grottke (Hrsg.), Plagiatserkennung, Plagiatsvermeidung und Plagiatssanktionierung, Lohmar 2012; außerdem etwa Armin von Weschpfennig, Plagiate, Datenfälschung und kein Ende – Rechtliche Sanktionen wissenschaftlichen Fehlverhaltens, Humboldt Forum Recht 2012, 84, 93.

59 Vgl. zum einen Kyrill-A. Schwarz/Angelika Mangold, Verfahrensfragen bei der Aberkennung akademischer Grade, Deutsches Verwaltungsblatt 2013, 883, 885 mit zahlreichen Nachweisen unveröffentlichter Entscheidungen von Verwaltungsgerichten und zum anderen Allianz der Wissenschaftsorganisationen zu Grundsätzen der wissenschaftlichen Qualitätssicherung – Gemeinsame Erklärung vom 18. 1. 2013 http://www.hrk.de/allianz/erklaerungen/gemeinsame-erklaerung-vom-1812013/.

60 Dazu insbesondere Helmuth Schulze-Fielitz, Rechtliche Rahmenbedingungen von Ombuds- und Untersuchungsverfahren zur Aufklärung wissenschaftlichen Fehlverhaltens, Wissenschaftsrecht 2004, 100; Nadine Schiffers, Ombudsmann und Kommission zur Aufklärung wissenschaftlichen Fehlverhaltens an staatlichen Hochschulen, Baden-Baden 2012.

61 Vgl. Empfehlung »Gute wissenschaftliche Praxis an deutschen Hochschulen« der 14. HRK-Mitgliederversammlung am 14. 5. 2013. Kritisch dazu Ulrich Schnabel, Was gelernt aus dem Fall Schavan?, Die Zeit Nr. 26 vom 20. 6. 2013, S. 33.

62 Siehe Ulrike Beisiegel, bei: Manfred Götzke, Plagiate vertraulich aufspüren (11. 6. 2013) http://www.dradio.de/dlf/sendungen/campus/2139753/.

63 Volker Rieble, Das Wissenschaftsplagiat, 2010.

64 Siehe nur Christian Rath, Willkürlich am Pranger, taz vom 4. 3. 2011, S. 18.

65 Hermann Horstkotte, Plagiat: Anlehnen oder Abkupfern? (6. 2. 2011) http://www.faz.net/aktuell/feuilleton/forschung-und-lehre/plagiat-anlehnen-oder-abkupfern-1594900.html.

66 LG Hamburg 21. 1. 2011 – 324 O 358/10, Archiv für Presserecht 2011, 198 = Zeitschrift für Urheber- und Medienrecht 2011, 679.

67 Verglichen am 16. 4. 2013 vor dem OLG Hamburg unter 7 U 18/11 http://buskeismus-lexikon.de/7_U_18/11–16.4.2013_-_Verfassungsrichter_Rainhard_Gaier_gegen_Volker_Rieble.

68 Bundesverwaltungsgericht 21. 12. 2006 – 6 B 102.06, Buchholz 316 § 48 VwVfG Rn. 116; Bayerischer Verwaltungsgerichtshof 4. 4. 2006 – 7 BV 05.388, Bayerische Verwaltungsblätter, 2007, 281; Verwaltungsgericht Karlsruhe 4. 3. 2013 – 7 K 3335/11.

69 Thomas Dreier/Ansgar Ohly, Lehren aus der Vergangenheit – Perspektiven für die Zukunft, in: Thomas Dreier/Ansgar Ohly (Hrsg.), Plagiate – Wissenschaftsethik und Recht, Tübingen 2013, S. 155, 161.

70 Thomas Dreier/Ansgar Ohly, Lehren aus der Vergangenheit – Perspektiven für die Zukunft, in: Thomas Dreier/Ansgar Ohly (Hrsg.), Plagiate – Wissenschaftsethik und Recht, Tübingen 2013, S. 155, 163.

71 Thomas Dreier/Ansgar Ohly, Lehren aus der Vergangenheit – Perspektiven für die Zukunft, in: Thomas Dreier/

Ansgar Ohly (Hrsg.), Plagiate – Wissenschaftsethik und Recht, Tübingen 2013, S. 155, 164.

72 91. Deutscher Juristen-Fakultätentag (23./24.6.2011) Beschluss DJFT 2011/III unter 3.

73 Vgl. Christian Fahl, Eidesstattliche Versicherung des Promovenden zur Bekämpfung des Plagiatsunwesens?, Zeitschrift für Rechtspolitik 2012, 7 (7 f.).

74 Bayerischer Verwaltungsgerichtshof 4.4.2006 – 7 BV 05.388, Bayerische Verwaltungsblätter, 2007, 281; Verwaltungsgericht Sigmaringen 4.10.2007 – 8 K 1384/05 Rn. 83; Verwaltungsgericht Freiburg 23.5.2012 – 1 K 58/12; Verwaltungsgericht Karlsruhe 4.3.2013 – 7 K 3335/11.

75 Volker Rieble, bei: Ruth Kuntz-Brunner, »Plagiatskontrolle ist ein hartes Geschäft«, duz Magazin 4/2011, 14 (14); derselbe, Plagiatsformenlehre am Fall Althusmann, FAZ Nr. 179 vom 4.8.2011, S. 8.

76 Thomas Dreier/Ansgar Ohly, Lehren aus der Vergangenheit – Perspektiven für die Zukunft, in: Thomas Dreier/Ansgar Ohly (Hrsg.), Plagiate – Wissenschaftsethik und Recht, Tübingen 2013, S. 155, 167.

77 Wolfgang Löwer, bei Martin Spiewak, Vergleiche? Belege!, Die Zeit Nr. 29 vom 14.7.2011, S. 37.

78 Bernhard Kempen, Was ist ein akademischer Grad wert?, Juristische Arbeitsblätter 7/2011, I.

79 Siehe nur Debora Weber-Wulff, Technische Möglichkeiten der Aufdeckung von Plagiaten – Was kann wie und durch wen kontrolliert werden?, in: Thomas Dreier/Ansgar Ohly (Hrsg.), Plagiate – Wissenschaftsethik und Recht, Tübingen 2013, S. 135, 151 f.

80 Dies gesteht selbst Volker Rieble zu http://focus-online.de/politik/deutschland/plagiate-keine-uebeltaeter-sondern-arme-wuerstchen_aid_618743.html (14.4.2011).

81 Volker Rieble, Plagiatsformenlehre am Fall Althusmann, FAZ Nr. 179 vom 4.8.2011, S. 8.

82 Volker Rieble, Plagiatsformenlehre am Fall Althusmann, FAZ Nr. 179 vom 4.8.2011, S. 8.

83 Hans-Jochen Schlewer (Rektor der Albert-Ludwigs-Uni-

versität Freiburg), Wer seine Pflicht vernachlässigt, soll das Promotionsrecht verlieren, FAZ Nr. 141 vom 21. 6. 2013, S. 7.

84 So Hans-Jochen Schlewer, Wer seine Pflicht vernachlässigt, soll das Promotionsrecht verlieren, FAZ Nr. 141 vom 21. 6. 2013, S. 7.

85 Kommission Selbstkontrolle in der Wissenschaft der Universität Bayreuth, Bericht an die Hochschulleitung der Universität Bayreuth aus Anlass der Untersuchung des Verdachts wissenschaftlichen Fehlverhaltens von Herrn Karl-Theodor Freiherr zu Guttenberg vom 5. 5. 2011, S. 27 f.

86 Walter Bayer, Editorial, notar 4/2011.

87 Vgl. Kommission Selbstkontrolle in der Wissenschaft der Universität Bayreuth, Bericht an die Hochschulleitung der Universität Bayreuth aus Anlass der Untersuchung des Verdachts wissenschaftlichen Fehlverhaltens von Herrn Karl-Theodor Freiherr zu Guttenberg vom 5. 5. 2011, S. 29 f.

88 So treffend Kommission Selbstkontrolle in der Wissenschaft der Universität Bayreuth, Bericht an die Hochschulleitung der Universität Bayreuth aus Anlass der Untersuchung des Verdachts wissenschaftlichen Fehlverhaltens von Herrn Karl-Theodor Freiherr zu Guttenberg vom 5. 5. 2011, S. 27.

89 Debora Weber-Wulff, Technische Möglichkeiten der Aufdeckung von Plagiaten – Was kann wie und durch wen kontrolliert werden?, in: Thomas Dreier/Ansgar Ohly (Hrsg.), Plagiate – Wissenschaftsethik und Recht, Tübingen 2013, S. 135, 149, 152.

90 Satirisch Roland Schimmel, Von der hohen Kunst, ein Plagiat zu fertigen, Münster/Hamburg 2011.

91 Andere Produkte auf dem Markt sind gegenwärtig u. a. The Plagiarism Checker, Article Checker, Plagiatcheck, PlagAware, Plagiarism Finder, iThenticate, PlagScan, Ephorus.

92 Thomas Dreier/Ansgar Ohly, Lehren aus der Vergangenheit – Perspektiven für die Zukunft, in: Thomas Dreier/Ansgar Ohly (Hrsg.), Plagiate – Wissenschaftsethik und Recht, Tübingen 2013, S. 155, 165.

93 Dazu   http://plagiat.htw-berlin.de/software/2010–2/test

uebersicht/, http://plagiat.htw-berlin.de/software/2010 –2/kurzfassung/ und http.//plagiat.htw-berlin.de/soft ware-en/c12-en-results.

94 Debora Weber-Wulff, Technische Möglichkeiten der Aufdeckung von Plagiaten – Was kann wie und durch wen kontrolliert werden?, in: Thomas Dreier/Ansgar Ohly (Hrsg.), Plagiate – Wissenschaftsethik und Recht, Tübingen 2013, S. 135, 149, 151.

95 Debora Weber-Wulff, Technische Möglichkeiten der Aufdeckung von Plagiaten – Was kann wie und durch wen kontrolliert werden?, in: Thomas Dreier/Ansgar Ohly (Hrsg.), Plagiate – Wissenschaftsethik und Recht, Tübingen 2013, S. 135, 149, 151.

96 Debora Weber-Wulff, Technische Möglichkeiten der Aufdeckung von Plagiaten – Was kann wie und durch wen kontrolliert werden?, in: Thomas Dreier/Ansgar Ohly (Hrsg.), Plagiate – Wissenschaftsethik und Recht, Tübingen 2013, S. 135, 149, 150.

97 Vgl. Debora Weber-Wulff, Technische Möglichkeiten der Aufdeckung von Plagiaten – Was kann wie und durch wen kontrolliert werden?, in: Thomas Dreier/Ansgar Ohly (Hrsg.), Plagiate – Wissenschaftsethik und Recht, Tübingen 2013, S. 135, 150; Thomas Dreier/Ansgar Ohly, Lehren aus der Vergangenheit – Perspektiven für die Zukunft, in: Thomas Dreier/Ansgar Ohly (Hrsg.), Plagiate – Wissenschaftsethik und Recht, Tübingen 2013, S. 155, 165.

98 Volker Rieble, bei: Ruth Kuntz-Brunner, »Plagiatskontrolle ist ein hartes Geschäft«, duz Magazin 4/2011, 14 (14).

99 Carola Sonnet, Die Plagiat-Scanner, FAZ Nr. 54 vom 5./6.3.2011, S. C 4.

100 Wenn Wissenschaftler abschreiben: Kommission gegen Plagiate gefordert, NZZ 9.7.2013 http:///www.nzz.ch/ aktuell/schweiz/nationalfonds-fordert-schweizweite-kommission-gegen-plagiate-1.18112619.

101 Thomas Dreier/Ansgar Ohly, Lehren aus der Vergangenheit – Perspektiven für die Zukunft, in: Thomas Dreier/

Ansgar Ohly (Hrsg.), Plagiate – Wissenschaftsethik und Recht, Tübingen 2013, S. 155, 165.

102 Debora Weber-Wulff, Technische Möglichkeiten der Aufdeckung von Plagiaten – Was kann wie und durch wen kontrolliert werden?, in: Thomas Dreier/Ansgar Ohly (Hrsg.), Plagiate – Wissenschaftsethik und Recht, Tübingen 2013, S. 135, 141, 151.

103 Debora Weber-Wulff, Technische Möglichkeiten der Aufdeckung von Plagiaten – Was kann wie und durch wen kontrolliert werden?, in: Thomas Dreier/Ansgar Ohly (Hrsg.), Plagiate – Wissenschaftsethik und Recht, Tübingen 2013, S. 135, 150.

104 Vgl. Volker Rieble, bei: Ruth Kuntz-Brunner, »Plagiatskontrolle ist ein hartes Geschäft«, duz Magazin 4/2011, 14, 15.

105 Carola Sonnet, Die Plagiat-Scanner, FAZ Nr. 54 vom 5./6. 3. 2011, S. C 4.

106 Semiha Unlü, Die Rächer der Doktorwürde (31. 5. 2011) www.rp-online.de/digitale/rpplus/Die-Raecher-der-Doktorwuerde_aid_1004300.html.

107 Debora Weber-Wulff, Technische Möglichkeiten der Aufdeckung von Plagiaten – Was kann wie und durch wen kontrolliert werden?, in: Thomas Dreier/Ansgar Ohly (Hrsg.), Plagiate – Wissenschaftsethik und Recht, Tübingen 2013, S. 135, 149, 152.

108 Gerhard Schneider (Leiter des Rechenzentrums der Albrecht-Ludwigs-Universität Freiburg), bei: Frank van Bebber, Die Fußnoten-Brigade, duz Magazin 11/2011, 16, 17.

109 Z.B. Aktuelles zur akademischen Ghostwriter-Branche (19. 6. 2013) http://www.ghostwriter.nu/akademische-ghostwriter-branche/aktuelles.html.

110 Thomas Dreier/Ansgar Ohly, Lehren aus der Vergangenheit – Perspektiven für die Zukunft, in: Thomas Dreier/Ansgar Ohly (Hrsg.), Plagiate – Wissenschaftsethik und Recht, Tübingen 2013, S. 155, 166.

XIV. Die erste gern verschwiegene Grauzone: Ghostwriter

★ http://bs-delivery.com

1   Z.B. http:///www.acad-write.com/produkte/doktorarbeit,
    http://www.Die-Ghostwriter.com, http://www.textservice.
    de, http://www.ghostwriter.nu.

2   Z.B. Aktuelles zur akademischen Ghostwriter-Branche
    (19. 6. 2013)   http://www.ghostwriter.nu/akademische-
    ghostwriter-branche/aktuelles.html.

3   Siehe dort Christian Hesse, Dein Wort, mein Wort, FAS
    Nr. 25 vom 23. 6. 2013, S. 62.

4   Christian Hesse, Dein Wort, mein Wort, FAS Nr. 25 vom
    23. 6. 2013, S. 62.

5   Vgl. Rudolf Neumaier, Sind wir nicht alle ein bisschen
    Doktor?, SZ vom 27. 4. 2011.

6   Fabienne Hurst, »Ich verhelfe Nieten zum Karriereschub«,
    Spiegel online 13. 2. 2013.

7   Kommission Selbstkontrolle in der Wissenschaft der Uni-
    versität Bayreuth, Bericht an die Hochschulleitung der
    Universität Bayreuth aus Anlass der Untersuchung des Ver-
    dachts wissenschaftlichen Fehlverhaltens von Herrn
    Karl-Theodor Freiherr zu Guttenberg vom 5. 5. 2011, S. 26.

8   Grundsätze des Allgemeinen Fakultätentages, der Fakultä-
    tentage und des Deutschen Hochschulverbandes über die
    gute wissenschaftliche Praxis für das Verfassen wissen-
    schaftlicher Qualifikationsarbeiten vom 6. 7. 2012 Nr. 9.

9   Axel Metzger, Zulässigkeit und Bindungswirkung von
    Ghostwriter-Abreden, in: Thomas Dreier/Ansgar Ohly
    (Hrsg.), Plagiate – Wissenschaftsethik und Recht, Tübin-
    gen 2013, S. 99, 108.

10 Vgl. Volker Rieble, bei: Ruth Kuntz-Brunner, »Plagiats-
    kontrolle ist ein hartes Geschäft«, duz Magazin 4/2011, 14,
    15.

11 Ausführlich Volker Rieble, Das Wissenschaftsplagiat,
    Frankfurt 2010, S. 38–50.

XV. Die zweite gern verschwiegene Grauzone: Titelhandel

*   Motto der EuroSwiss Universität (frei nach Victor Hugo)

1   Handel mit Doktortiteln: Drei Jahre Haft für bestechlichen Jura-Professor (2. 4. 2008) http://www.spiegel.de/uni spiegel/studium/handel-mit-doktortiteln-drei-jahre-haft-für-bestechlichen-jura-professor-a-544898.html.

2   Manuel René Theisen, Das Trio Infernale als Promotions-technik, in: Nathalie Huber/Anna Schelling/Stefan Horn-bostel (Hrsg.), Der Doktortitel zwischen Status und Quali-fikation, iFQ-Working Paper No. 12, November 2012, S. 43, 44.

3   Vgl. Manuel René Theisen, Das Trio Infernale als Promo-tionstechnik, in: Nathalie Huber/Anna Schelling/Stefan Hornbostel (Hrsg.), Der Doktortitel zwischen Status und Qualifikation, iFQ-Working Paper No. 12, November 2012, S. 43, 46.

4   Vgl. Rudolf Neumaier, Sind wir nicht alle ein bisschen Doktor?, SZ vom 27. 4. 2011.

5   Zum angeblichen kirchlichen Dr. h.c. aus den USA unten Kapitel XVII (vorletzter Absatz).

6   Vgl. Armin Himmelrath, Promotionsbetrug im Selbstver-such: Wie ich mir einen Doktortitel erschummelte, Spiegel online vom 5. 7. 2012.

7   Egmont R. Koch, Beim Titelhändler, Die Zeit Nr. 20 vom 10. 5. 2012, S. 35.

8   Armin Lehmann, Der Doktormacher, Der Tagesspiegel vom 7. 4. 2011 http:///www.tagesspiegel.de/weltspiegel/ti-telhandel-der-doktormacher/4032398.html.

9   Vgl. Rudolf Neumaier, Sind wir nicht alle ein bisschen Doktor?, SZ vom 27. 4. 2011.

10   Ingo v. Münch, Ehre wem Ehre gebührt? – Zur Praxis der Vergabe von Ehrendoktorwürden, in: Nathalie Huber/ Anna Schelling/Stefan Hornbostel (Hrsg.), Der Doktortitel zwischen Status und Qualifikation, iFQ-Working Paper No. 12, November 2012, S. 47, 54.

11   Armin Lehmann, Der Doktormacher, Der Tagesspiegel

vom 7. 4. 2011 http:///www.tagesspiegel.de/weltspiegel/ti-telhandel-der-doktormacher/4032398.html.

12 Armin Lehmann, Der Doktormacher, Der Tagesspiegel vom 7. 4. 2011 http:///www.tagesspiegel.de/weltspiegel/ti-telhandel-der-doktormacher/4032398.html.

13 Ingo v. Münch, Ehre wem Ehre gebührt? – Zur Praxis der Vergabe von Ehrendoktorwürden, in: Nathalie Huber/ Anna Schelling/Stefan Hornbostel (Hrsg.), Der Doktortitel zwischen Status und Qualifikation, iFQ-Working Paper No. 12, November 2012, S. 47, 54.

14 Siehe Oberverwaltungsgericht Lüneburg 2. 12. 2009 – 2 KN 906/06; Verwaltungsgericht Köln 27. 10. 2011 – 6 K 3445/10 Rn. 81.

15 Verwaltungsgericht Köln 27. 10. 2011 – 6 K 3445/10 Rn. 81, 84.

16 Verwaltungsgericht Köln 27. 10. 2011 – 6 K 3445/10 Rn. 81.

XVI. Dr. honoris causa und Dr. pecuniae causa

* Hans Magnus Enzensberger, Preissturz. Tücken der Ehrungen, in: FAZ Nr. 106 vom 8. 5. 1999, S. 41.

1 Vgl. dazu Ingo von Münch, Runter mit den Ehrendoktor-hüten. Heute in Göttingen, morgen an allen anderen deutschen Universitäten: Zur Inflation des Dr. h.c., in: FAZ Nr. 135 vom 14. 6. 2005, S. 40.

2 Dazu Günter Förster, Die Dissertationen an der »Juristischen Hochschule« des MfS. Eine annotierte Bibliographie, in: Der Bundesbeauftragte für die Unterlagen des Staatssicherheitsdienstes der ehemaligen Deutschen Demokratischen Republik. Dokumente Reihe A Nr. 2/94, 3. Aufl. 1997, S. 40 Fn. 125, S. 107. Ein weiterer Dr. h.c. wurde von dieser Hochschule verliehen an Oberst Rudolf Iwanowitsch Abel, Mitarbeiter der sowjetischen Sicherheitsorgane.

3 Vgl. Elisabeth Kraus, Die Familie Mosse. Deutsch-jüdisches Bürgertum im 19. und 20. Jahrhundert. München 1999,

S. 554. Erwin Panofskys Lebensgefährtin war fast ein halbes Jahrhundert lang Dora Mosse.

4 Elisabeth Kraus (En. 3), S. 555.

5 Text der Todesanzeige in: FAZ Nr. 67 vom 20. 3. 2002, S. 50.

6 Karl-Heinz Ziegler, Nachruf auf Max Kaser, in: uni/hh 1997, Heft 1, S. 53.

7 Vgl. Volker Rieble, »Dres. h.c.«, FAZ vom 24. 7. 2009.

8 Volker Rieble, »Dres. h.c.«, FAZ vom 24. 7. 2009.

9 Volker Rieble, »Dres. h.c.«, FAZ vom 24. 7. 2009.

10 Axel Frhr. von Campenhausen, Rudolf Smend (1882–1975). Integration in zerrissener Zeit, in: F. Loos (Hrsg.), Rechtswissenschaft in Göttingen. Göttinger Juristen aus 250 Jahren. Göttingen 1987, S. 510 ff. (S. 510).

11 Abdruck des Schreibens in: Hubertus Knabe/Lothar Probst/Klaus Sieveking, Rostock. Stadt an der Warnow, Bremen 1989, S. 72.

12 Siehe oben En. 5.

13 Rolf Knütel, Nachruf auf Max Kaser, Neue Juristische Wochenschrift 1997, 1492, 1493.

14 Axel Frhr. von Campenhausen (En. 10), S. 510. – Dass der Dr. h.c. kein Orden ist, hat Hans Peter Ipsen betont: »Nach alter Überlieferung kann ich als hamburgischer Staatsdiener keine Orden annehmen. Es dürfte aber herrschender Lehre entsprechen, dass die Ehrenpromotion, wiewohl auch Auszeichnung, dem Ordensbegriff nicht unterfällt« (ders., Die europäische Integration in der Rechtswissenschaft, in: Festakt und Ehrenpromotionen aus Anlaß des vierzigjährigen Bestehens des Europa-Instituts der Universität des Saarlandes. Saarbrücken 1991).

15 Hermann Lange, Nachruf Franz Wieacker, Juristenzeitung 1994, 354.

16 Richard Kämmerlings, Lektor der Stille. Die Gegenwart des Gedichts: Der Übersetzer und Vermittler Karl Dedecius wird achtzig, in: FAZ Nr. 116 vom 19. 5. 2001, S. 43.

17 Zur Problematik von Hochschul-»Rankings« vgl. z.B. Jürgen Kaube, Infomüll. Tabellen, die niemand braucht: Das

neueste Hochschulranking, in: FAZ Nr. 92 vom 20. 4. 2002, S. 41; Ingo von Münch, Die ungleiche Gleichheit. Über Sinn und Unsinn des akademischen Rankings, in: FAZ Nr. 163 vom 17. 7. 1998, S. 38.

18 Vorlesungsverzeichnis der Ludwig-Maximilians-Universität München, Sommersemester 2006, S. 116 f. – »Torschützenkönig« in dieser Fakultät ist der Strafrechtler Claus Roxin mit 14 Ehrendoktoren (Univ. Hanyang, Seoul; Univ. Urbino; Univ. Coimbra; Univ. Complutense, Madrid; Zentraluniversität Barcelona; Univ. Komotini; Univ. Athen; staatl. Univ. Mailand; Univ. Lusiada, Lissabon; Nationales Institut für Strafrechtswissenschaften, Mexiko; Univ. Tabasco, Mexiko; Univ. Córdoba, Argentinien; Univ. del Norte, Asunción; Univ. Granada).

19 Sven Lindqvist, »Rottet die Bestien alle aus.« Auf den Spuren des Völkermordes, in: Uni-Journal Jena 7/99, 14 (14).

20 Fundstelle dafür bei Ingo von Münch, Die Promotion: eine gewöhnliche oder ungewöhnliche Prüfung?, in: Klaus-M. Kodalle (Hrsg.), Der geprüfte Mensch. Über Sinn und Unsinn des Prüfungswesens. Kritisches Jahrbuch der Philosophie, Beiheft 6, 2005, S. 59, 70 f.

21 Dazu die Berichte: Vom Tüftler zum Dübel-König – Artur Fischer wird 80 Jahre alt, in: Die Welt vom 31. 12. 1999, S. 11; »Jetzt hat Fischer wieder was erfunden«, in: FAZ Nr. 304 vom 30. 12. 1999, S. 14.

22 Vgl. dazu die Berichte: Die Aufklärung des Dr. h.c. Ignaz Walter, in: FAZ Nr. 113 vom 18. 5. 1999, S. 22; Bauunternehmer Ignaz Walter wehrt sich, in: Die Welt vom 17. 5. 1999; Ignaz Walter. Der Patriarch des deutschen Baus, in: FAZ Nr. 92 vom 20. 4. 2002, S. 16.

23 Notiz: Doktorhut für eine Königin, in: Die Welt vom 2. 6. 1999, S. 1.

24 Notiz in: FAZ Nr. 116 vom 21. 5. 1999, S. 39.

25 Alexander Stendel, Ja, ist denn heit schon Weihnachten?, Die Welt vom 22. 11. 2000, S. 10.

26 Rebekka Hafaeli, Ein untypischer Ehrendoktor. Heinrich

von Grüningen, Kämpfer gegen das Übergewicht, NZZ Nr. 110 vom 12. 5. 2011, S. 20.

27 Notiz in: Die Welt vom 8. 6. 1999, S. 12.

28 Auch war er Ehrenbürger der Freien und Hansestadt Hamburg.

29 Näher Ingo v. Münch, Ehre wem Ehre gebührt? – Zur Praxis der Vergabe von Ehrendoktorwürden, in: Nathalie Huber/Anna Schelling/Stefan Hornbostel (Hrsg.), Der Doktortitel zwischen Status und Qualifikation, iFQ-Working Paper No. 12, November 2012, S. 47, 49 f.

30 Vicco von Bülow, Dr. humoris causa, in: Forschung & Lehre 10/2001, S. 544.

31 Dazu Michael Althen, Bob Hope. Patriot der Stunde, in: FAZ Nr. 247 vom 24. 10. 2001, S. 60.

32 Notiz in: FAZ Nr. 120 vom 26. 5. 1998, S. 7.

33 Bericht in: Hamburger Abendblatt Nr. 145 vom 25. 6. 1998, S. 4, mit dem Hinweis, dass 52 Fakultätsmitglieder eine Petition mit dem Inhalt unterzeichnet hatten, Helmut Kohl wieder auf die Verleihungsliste zu setzen.

34 Notiz (Bildunterschrift) in: FAZ Nr. 144 vom 25. 6. 1998, S. 4.

35 Bericht in: Die Welt vom 6. 1. 2000, S. 4.

36 Notiz in: Die Welt vom 14. 9. 2000, S. 4. Vgl. dazu auch den Bericht »Unsagbar viel«, in: FAZ Nr. 20 vom 25. 1. 2000, S. 49.

37 Kritisch dazu schon Ingo von Münch (En. 1). Zum Streit über die geplante Verleihung eines Ehrendoktors der Universität Marburg an Helmut Schmidt im Jahre 2006 siehe: Debatte um Ehrendoktor. Altkanzler Schmidt umstritten, in: Frankfurter Rundschau FR-online.de Wissen & Bildung.

38 Die Zahl hat sich inzwischen erhöht, z. B. durch die Verleihung des Ehrendoktors der Universität Stettin.

39 Hilmar Hoffmann, Ihr naht Euch wieder, schwankende Gestalten. Erinnerungen, 2. Aufl. Hamburg 1999, S. 437.

40 Hilmar Hoffmann (En. 39), S. 404.

41 Zitiert in: Fischer und Geremek für zügige Erweiterung der

EU. Polens Außenminister wurde Ehrendoktor der FU, in: Die Welt vom 16. 1. 1999, S. 2.

42 Angabe bei Michael Kilian, Walter Hallstein: Jurist und Europäer, Jahrbuch des öffentlichen Rechts der Gegenwart Neue Folge 53 (2005), S. 369, 374.

43 Ingo v. Münch, Ehre wem Ehre gebührt? – Zur Praxis der Vergabe von Ehrendoktorwürden, in: Nathalie Huber/ Anna Schelling/Stefan Hornbostel (Hrsg.), Der Doktortitel zwischen Status und Qualifikation, iFQ-Working Paper No. 12, November 2012, S. 47, 51.

44 Notiz in: FAZ Nr. 23 vom 28. 1. 1999, S. 54.

45 Uwe Schmitt, Im Tod um sein Leben betrogen. Amerika stilisiert John F. Kennedy Jr. in eine Führungsrolle, die er nie hatte, in: Die Welt vom 21. 7. 1999, S. 16.

46 Hilmar Hoffmann (En. 39), S. 393.

47 Dazu Ingo von Münch, Wissenschaftler und Politiker. Gemeinsamkeiten und Unterschiede, Der Staat 45 (2006), 83.

48 Vgl. dazu Jürgen Hartmann, Staatszeremoniell. Köln/Berlin/Bonn/München, 2. Aufl. 1990, S. 96.

49 Ingo v. Münch, Ehre wem Ehre gebührt? – Zur Praxis der Vergabe von Ehrendoktorwürden, in: Nathalie Huber/ Anna Schelling/Stefan Hornbostel (Hrsg.), Der Doktortitel zwischen Status und Qualifikation, iFQ-Working Paper No. 12, November 2012, S. 47, 50.

50 Ingo v. Münch, Ehre wem Ehre gebührt? – Zur Praxis der Vergabe von Ehrendoktorwürden, in: Nathalie Huber/ Anna Schelling/Stefan Hornbostel (Hrsg.), Der Doktortitel zwischen Status und Qualifikation, iFQ-Working Paper No. 12, November 2012, S. 47, 56.

51 Ingo v. Münch, Ehre wem Ehre gebührt? – Zur Praxis der Vergabe von Ehrendoktorwürden, in: Nathalie Huber/ Anna Schelling/Stefan Hornbostel (Hrsg.), Der Doktortitel zwischen Status und Qualifikation, iFQ-Working Paper No. 12, November 2012, S. 47, 58.

52 Zur Genehmigungspflicht der Führung eines von einer ausländischen Universität an einen Deutschen verliehenen Akademischen Grades eines Dr. h.c. vgl. Urteil des Bundes-

verwaltungsgerichts vom 25.8.1993, in: Entscheidungen des Bundesverwaltungsgerichts, Bd. 94, 73 (Dr. h.c. der Universidad Católica Boliviana).

53 Notiz Personalien, Neue Juristische Wochenschrift 1997, Heft 21, S. XL.

54 Zu Hintergründen, Vorgang und Beurteilung vgl. z.B. Marianna Butenschön, Dr. Wladimir Wladimirowitsch Putin. Universität Hamburg. Heftiger Streit um die Verleihung einer Ehrendoktorwürde, in: Freitag 32 vom 30.7. 2004, S. 6; Jens Meyer-Wellmann/Christoph Rind, Uni erteilt Putin eine Absage. Ehrendoktor: Die geplante Würdigung des russischen Präsidenten fällt aus – er wollte den Preis wohl selbst nicht mehr, Hamburger Abendblatt vom 11.8.2004, S. 11; Christoph Rind, Absage an Putin blamiert die Uni, Hamburger Abendblatt vom 11.8.2004, S. 2. – Die folgenden Ausführungen zum Fall Putin auch schon bei Ingo von Münch (En. 17) S. 70.

55 Ingo v. Münch, Ehre wem Ehre gebührt? – Zur Praxis der Vergabe von Ehrendoktorwürden, in: Nathalie Huber/ Anna Schelling/Stefan Hornbostel (Hrsg.), Der Doktortitel zwischen Status und Qualifikation, iFQ-Working Paper No. 12, November 2012, S. 47, 59.

56 Der Hamburger Politikwissenschaftler Michael Th. Greven hatte eine Protestresolution initiiert, die schnell von vielen unterzeichnet wurde.

57 Der Text der von der Pressestelle der Universität Hamburg am 10.8.2004 verbreiteten Presseerklärung lautet: »Der Fachbereich Wirtschaftswissenschaften und das Präsidium der Universität Hamburg teilen mit, dass die Verleihung der Ehrendoktorwürde an den russischen Staatspräsidenten Putin nicht am 10.9.2004 stattfinden wird. Die in solchen Fällen notwendigen Vorbereitungen können bis zu diesem Termin nicht mehr abgeschlossen werden«. Kritisches Mitleid dazu in der Glosse: Hoppla. Wie Hamburgs Universität erklärt, dass Putin nicht Ehrendoktor wird, Süddeutsche Zeitung Nr. 185 vom 12.8.2004, S. 13.

58 So die Überschrift der diesbezüglichen Glosse von Jürgen Kaube, FAZ Nr. 183 vom 9. 8. 2004, S. 27.

59 Henning Voscherau (SPD): »Die der Meinung sind, dass die Ehrung Mist ist, die sollen jetzt das Maul halten«, zitiert bei Jens Meyer-Wellmann/Matthias Schmoock, Streit um Putin-Ehrung – der Ton wird schärfer, Hamburger Abendblatt vom 23. 7. 2004, S. 14.

60 Die Bandbreite der Einwände reichte allerdings weiter und war bemerkenswert; näher Ingo v. Münch, Ehre wem Ehre gebührt? – Zur Praxis der Vergabe von Ehrendoktorwürden, in: Nathalie Huber/Anna Schelling/Stefan Hornbostel (Hrsg.), Der Doktortitel zwischen Status und Qualifikation, iFQ-Working Paper No. 12, November 2012, S. 47, 60.

61 Diese Information entstammt einem freundlichen Hinweis von Herrn Rechtsanwalt Dr. iur. Rudolf Kappeler (Zürich).

62 Zitiert bei Katrin Sachse, Honoris is Causa. Eine Frage der Würde. Da ein bayerischer Ex-Minister nicht der Promotionsordnung entsprach, musste der Urkundentext zurechtgestutzt werden, Focus 2000, Heft 7, S. 76.

63 Dekan Axel Schenzle, bei: Nicola Holzapfel, »Für Ihre Leistungen in höchster Vollendung«, SZ online 17. 5. 2010.

64 Ein Beispiel für die enge Beziehung zwischen der Verleihung von Ehrendoktorwürde und der finanziellen Unterstützung einer Hochschule beim Ausbau ihrer Laboratorien in den 1920er Jahren schildert Bettina Gundler, Technische Bildung, Hochschule, Staat und Wirtschaft. Entwicklungslinien des technischen Hochschulwesens 1914–1930. Das Beispiel der TH Braunschweig. Hildesheim 1991, S. 459.

65 Vgl. Ingo v. Münch, Ehre wem Ehre gebührt? – Zur Praxis der Vergabe von Ehrendoktorwürden, in: Nathalie Huber/Anna Schelling/Stefan Hornbostel (Hrsg.), Der Doktortitel zwischen Status und Qualifikation, iFQ-Working Paper No. 12, November 2012, S. 47, 49 am Beispiel des Dr. h.c. der Wirtschaftswissenschaftlichen Fakultät der Fried-

rich-Schiller-Universität Jena für Personalvorstand Jürgen Radomski von der Siemens AG.

66 http://www.doktortitel-kaufen.net.

67 http://title-town.eu.

68 Vgl. Skurril: Doktortitel schon ab 39 Euro ganz legal im Internet kaufen (29. 2. 2012) http://www.vienna.at/skur ril-doktortitel-schon-ab-39-euro-ganz-legal-im-internet-kaufen.3182791; Armin Himmelrath, Promotionsbetrug im Selbstversuch: Wie ich mir einen Doktortitel erschummelte, Spiegel online vom 5. 7. 2012.

69 Vgl. Claudia Frickel, Doktoren laufen Sturm gegen Schnäppchen-Doktorentitel, Focus online 2. 3. 2012.

70 Christian Laustetter/Caroline Beige, »Dr. h.c. of Motivation« – Zur Strafbarkeit des Führens ausländischer kirchlicher Ehrendoktortitel nach § 132a StGB, Juristische Rundschau 2013, 93.

71 Dr. Satire, Die Zeit Nr. 20 vom 10. 5. 2012, S. 36.

72 http://www.titel-kaufen.de.

73 Gerhard Streminger, Adam Smith. Hamburg 1989, S. 21.

XVII. *Böses Nachspiel: Entziehung des Doktorgrades*

★ Ernst Bucher. Über die Doktorarbeit Jan Hendrik Schöns, bei Marco Evers/Gerald Traufetter, Ikarus der Physik, Spiegel online vom 7. 10. 2002.

1 Eingehend dazu Dieter Lorenz, Die Entziehung des Doktorgrades – ein altes Instrument in neuer Funktion, Deutsches Verwaltungsblatt 2005, 1242.

2 Paul Laband, Das Recht am Titel, Deutsche Juristenzeitung 1907 Spalte 201 (206).

3 Siehe nur Christian v. Coelln, Der Entzug des Doktorgrades, Forschung und Lehre 2011, 278.

4 Eingehend Stefanie Harrecker, Degradierte Doktoren, München 2007; Thomas Henne (Hrsg.), Die Aberkennung von Doktorgraden an der Juristenfakultät der Universität Leipzig 1933–1945, Leipzig 2009.

5 Michael Kunze/Kai Kranich, Die vergessenen Doktoren von Breslau, FAS Nr. 29 vom 21. 7. 2013, S. 10.

6 Michael Kunze/Kai Kranich, Die vergessenen Doktoren von Breslau, FAS Nr. 29 vom 21. 7. 2013, S. 10.

7 Siehe nur Paul Tiedemann, Entzug des Doktortitels bei wissenschaftlicher Unlauterkeit, Zeitschrift für Rechtspolitik 2010, 53; Christian v. Coelln, Der Entzug des Doktorgrades, Forschung und Lehre 2011, 278.

8 Verwaltungsgerichtshof Mannheim 14. 9. 2011 − 9 S 2667/10, Wissenschaftsrecht 2011, 305 unter Hinweis auf Bundesverfassungsgericht 8. 3. 1983 − 1 BvR 1078/80, Entscheidungen des Bundesverfassungsgerichts Bd. 63, 266, 286 f.; Bundesverfassungsgericht 21. 9. 2000 − 1 BvR 514/97, Monatsschrift für Deutsches Recht 2001, 57 und Bundesverfassungsgericht 30. 11. 1988 − 1 BvR 900/88; Bundesverfassungsgericht 18. 12. 1992 − 1 BvR 1475/92; Bundesverwaltungsgericht 7. 9. 1990 − 7 B 127/90; Bundesverwaltungsgericht 25. 8. 1992 − 6 B 31/91, Neue Zeitschrift für Verwaltungsrecht 1992, 1201.

9 Siehe nur Christian v. Coelln, Der Entzug des Doktorgrades, Forschung und Lehre 2011, 278.

10 Dafür Oberverwaltungsgericht Berlin 26. 4. 1990 − 3 B 19.89; Oberverwaltungsgericht Lüneburg 2. 12. 2009 − 2 KN 906/06 Rn. 42; siehe auch Verwaltungsgericht Köln 27. 10. 2011 − 6 K 3445/10 Rn. 50.

11 Vgl. Bundesverwaltungsgericht 25. 8. 1992 − 6 B 31.91.

12 VGH Mannheim 18. 3. 1981 − IX 1496/79, Juristenzeitung 1981, 661.

13 Wolfgang Löwer, Regeln guter wissenschaftlicher Praxis zwischen Ethik und Hochschulrecht, in: Thomas Dreier/Ansgar Ohly (Hrsg.), Plagiate − Wissenschaftsethik und Recht, Tübingen 2013, S. 51, 62 f.

14 Verwaltungsgerichtshof Mannheim 14. 9. 2011 − 9 S 2667/10, Wissenschaftsrecht 2011, 305.

15 Zur Sache Eugenie Samuel Reich, Plastic Fantastic: How the Biggest Fraud in Physics Shook the Scientific World, New York 2009.

16 Bundesverwaltungsgericht 31. 7. 2013 – 6 C 9.12; Verwaltungsgerichtshof Mannheim 14. 9. 2011 – 9 S 2667/10, Wissenschaftsrecht 2011, 305.

17 Bundesverwaltungsgericht 31. 7. 2013 – 6 C 9.12; Verwaltungsgerichtshof Mannheim 14. 9. 2011 – 9 S 2667/10, Wissenschaftsrecht 2011, 305.

18 Verwaltungsgerichtshof Mannheim 14. 9. 2011 – 9 S 2667/10, Wissenschaftsrecht 2011, 305.